衍生品信息披露制度及其实施状况的典型案例研究

邵丽丽　毕　鹏 ◎著

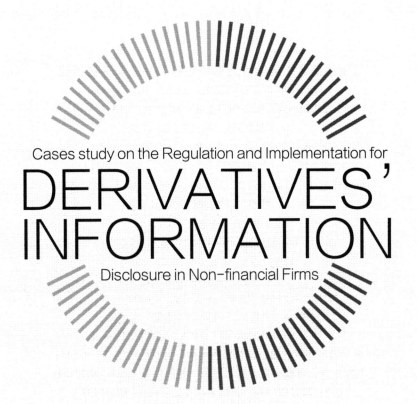

Cases study on the Regulation and Implementation for

DERIVATIVES' INFORMATION

Disclosure in Non-financial Firms

中国财经出版传媒集团

经济科学出版社
Economic Science Press
·北京·

图书在版编目（CIP）数据

衍生品信息披露制度及其实施状况的典型案例研究/
邵丽丽，毕鹏著．-- 北京：经济科学出版社，2024.9
ISBN 978 - 7 - 5218 - 5858 - 7

Ⅰ.①衍… Ⅱ.①邵…②毕… Ⅲ.①上市公司 - 会
计分析 - 研究 - 中国 Ⅳ.①F279.246

中国国家版本馆 CIP 数据核字（2024）第 085958 号

责任编辑：刘　丽
责任校对：靳玉环
责任印制：范　艳

衍生品信息披露制度及其实施状况的典型案例研究
YANSHENGPIN XINXI PILU ZHIDU JIQI SHISHI
ZHUANGKUANG DE DIANXING ANLI YANJIU

邵丽丽　毕　鹏　著
经济科学出版社出版、发行　新华书店经销
社址：北京市海淀区阜成路甲 28 号　邮编：100142
总编部电话：010 - 88191217　发行部电话：010 - 88191522
网址：www. esp. com. cn
电子邮箱：esp@ esp. com. cn
天猫网店：经济科学出版社旗舰店
网址：http：//jjkxcbs. tmall. com
北京季蜂印刷有限公司印装
710×1000　16 开　19.5 印张　270000 字
2024 年 9 月第 1 版　2024 年 9 月第 1 次印刷
ISBN 978 - 7 - 5218 - 5858 - 7　定价：98.00 元
（图书出现印装问题，本社负责调换。电话：010 - 88191545）
（版权所有　侵权必究　打击盗版　举报热线：010 - 88191661
QQ：2242791300　营销中心电话：010 - 88191537
电子邮箱：dbts@ esp. com. cn）

前言

　　中国式现代化建设要求我国企业具有经营弹性，拥有强大的抗风险能力。随着我国要素市场改革向纵深推进，价格在资源配置中基础性作用将进一步发挥，利率、汇率、商品价格波动将成为一种常态，开展套期保值业务管理上述波动，是上市公司适应市场经济条件生存和发展的必然要求，也是其核心竞争力之一。

　　实体企业套期保值业务的信息披露问题既是理论前沿，也是资本市场的关切热点。从理论研究的角度看，实体企业开展衍生工具业务的理论研究在过去20年间得到了蓬勃发展，但远未达到"充分、完全"的程度，信息披露是其中最值得深入挖掘的研究方向之一。从企业实践的角度看，随着上市公司开展衍生品业务的不断攀升，由于信息披露不规范而引发的资本市场"爆雷"案例也日渐增多，成为近年来资本市场热议点之一。从监管要求的角度看，2022年《中华人民共和国期货和衍生品法》正式施行以来，包括证券交易所在内的各方监管部门都陆续推进修订衍生品业务信息披露的相关监管规则。

　　然而，近年来资本市场出现一种现象，一旦上市公司公告涉及套期保值的相关信息，就可能会引发相关股票价格大幅波动，甚至引发某个股票板块大幅波动。这种现象一方面表明上市公司对其衍生品业务的信息披露质量不高，未能使相关方通过阅读所披露的信息，全面了解上市公司套期保值业务的开展情况；另一方面也表明投资者、新闻媒体及相关方面对上市公司套期保值业务的性质还不太了解，存在理解偏颇或过度反应等问题。因此，深入分析上市公司套期保值业务的信息披露现状，研究探讨如何提升相关业务的信息披露质量，是当前一项非常紧迫的任务，本书正是基于此研究目的而开展的。

本书针对上市公司套期保值业务的信息披露现状，立足于多环节、多角度、多类型、多层次，以丰富、真实、详尽的案例，系统研究了套期保值业务的信息披露问题。各章内容分别如下。

第 1 章为绪论，阐述本书的研究背景、研究内容和研究意义。

第 2 章为相关制度，汇总了上市公司开展衍生品业务时可能涉及的信息披露要求，以及外部监管机构对上市公司相关信息披露的监管要求。

第 3 章至第 7 章提供了大量来自我国 A 股上市公司的真实案例，其中，第 3 章展示了衍生品业务在财务报告中呈报较为完整的若干典型案例，分为以下四类：套期业务且执行套期会计的案例、套期业务但执行金融工具准则的案例、套期与非套期业务同时存在的案例，以及非套期业务且执行金融工具准则的案例。第 4 章展示了衍生品业务在财务报告中呈报不完善或有争议的若干典型案例，在"不完善的列报和披露"情形下涉及信息披露过于简单、披露内容的信息含量过低、前后年数据不一致、信息口径不一致、相关制度执行不完整，以及对会计准则的执行有误等问题。在"有争议的会计处理"情形下涉及衍生品损益的性质归属、衍生品公允价值层次的选择、衍生品在资产负债表上的列报、被套期项目在资产负债表上的列报、衍生品业务在现金流量报上的列报、不同时期适用相同的会计准则，以及相同时期适用不同的会计准则等问题。第 5 章分析了上市公司衍生品业务公告的典型案例，包括业务开展公告、可行性分析报告、内部控制制度、第三方核查意见、盈亏或预亏公告等。第 6 章整理了证券交易所对上市公司衍生品业务的部分问询函，以及上市公司的部分回复。第 7 章汇总了被注册会计师列为关键审计事项的衍生品业务，呈报了注册会计师对该类业务的审计风险判断及审计应对方法。在总结第 2 章的相关制度以及第 3 章至第 7 章众多实务案例研究发现的基础上，第 8 章从政策制定站位、制度配套衔接、会计准则、企业自身建设、投资者教育、审计准则、人才培养等多方面提出政策建议。

本书是上海市教育委员会 2021 年度"曙光计划"——"商品期货会计制度变迁的现状、动因及效果"以及 2023 年度上海市会计学会科研课题"衍生金融工具相关会计准则的应用案例和改革完善研究"的阶段性研究成果，凝结了两位作者多年来在企业风险管理理论研究和期货市场实务工作中的心得和体会，在撰写过程中吸收了国内外同行的研究成果，也得到了众多领导、同事的指导以及研究助理的协助，在此表示衷心的感谢。

本书难免存在疏漏之处，欢迎广大专家学者批评指正，也期待与广大读者共同交流探讨。

邵丽丽　毕　鹏
2024 年 2 月

目 录

第1章 绪 论

1.1 研究背景

随着要素市场化配置改革在"十四五"时期的深入推进，汇率、利率、商品等要素价格波动加剧不可避免，疫情冲击及国际局势日趋复杂等现实因素又会加剧要素价格波动的不确定性，给实体企业生产经营带来巨大压力（国务院新闻办公室，2022；商务部，2021）。实体企业避险需求激增，越来越多的企业试水商品期货业务（方星海，2021；中国证券监督管理委员会和中国期货业协会，2023；中国证券监督管理委员会上海监管局等，2023）。随着上市公司开展衍生品业务的不断攀升，由于准则执行不恰当、信息披露不规范，引发资本市场"爆雷"的案例也日渐增多，成为近年来资本市场热议点之一（曹国俊和唐家艺，2019；陶黎娟和梁爽，2022）。此时，通过充分、有效的信息披露，使利益相关者准确识别出衍生品业务的开展意图、可能的最大风险或收益等，或将有助于实体企业做好风险管理，也有助于投资者和监管者进行风险防范（中国人民银行南京分行会计财务处课题组，2023；Shao et al.，2019）。

然而，由于衍生品具有交易策略复杂、持有意图多样、高杠杆、高风险等特点，实体企业通常需要以报表附注的表外披露方式对表内确认的财务数据进行补充说明。学者们很早就注意到实体企业对此类业务的信息披露极不充分（Bodnar et al.，1995，1998；Froot et al.，1993；Smith & Stulz，1985），信息披露不足（葛家澍和占美松，2008）、晦涩难懂（王晓珂等，2020）、披露口径差异大（财政部会计司，2011；中国证监会重庆监管局调研组，2007），甚至虚假披露（刘淑莲，2009；刘任帆和于增彪，2014；Bartram et al.，2019）等现象是实体企业从事衍生品业务实践的顽疾。

与此同时，信息披露是资本市场一项重要的监管手段，对于高风险、高杠杆的衍生品而言，信息披露更为重要。《中华人民共和国期货和衍生品法》2022 年 8 月 1 日起正式施行。此后，为引导上市公司规范有序开展期货和衍生品交易，真实、准确、完整、及时地披露期货和衍生品交易相关信息，两大证券交易所于 2022 年 12 月起分别对《上海证券交易所上市公司自律监管指引第 5 号——交易与关联交易》和《深圳证券交易所上市公司自律监管指引第 7 号——交易与关联交易》进行修订，并向社会公开征求意见，专门针对上市公司参与期货和衍生品交易的信息披露规则进行修订，新增"第四节 期货和衍生品交易"，积极回应了资本市场对上市公司套期保值信息披露问题的关切，充分反映了我国资本市场监管者对上市公司参与衍生品市场、开展套期保值业务中信息披露质量的重视程度。

综上所述，实体企业套期保值业务的信息披露问题既是企业风险管理的理论研究前沿，又是资本市场的实务关切热点。然而，在中国知网中搜索"套期保值"为主题的学术期刊论文，可以发现 2001—2023 年共有 4 997 条记录，而再叠加上"信息披露"的主题时，该记录数锐减到 129 条，后者不到总记录数的 2.6%。如果将时间段缩短到 2020—2023 年，相关成果仅学术期刊 22 篇，报纸 7 篇，图书 0 本。正如坎贝尔等（Campbell et al.，2019）以及海尔斯顿和布鲁克斯（Hairston & Brooks，2019）在研究综述中指出的，由于信息较复杂且数据难获取，尽管衍生品领域的研究在过去 20 年间得到了蓬勃发展，但却远未达到"充分、完全"的程度，信息披露是其中最值得深入挖掘的研究方向之一。

　　有鉴于此，本书拟对非金融类 A 股上市公司套期保值业务信息披露开展典型案例研究，力图通过鲜活的实务案例，向读者展示上市公司在参与衍生品交易、开展套期保值业务过程中的信息披露状况，为理论界和实务界提供丰沛而真实的研究素材。

1.2　研 究 内 容

　　本书整体框架如图 1-1 所示。

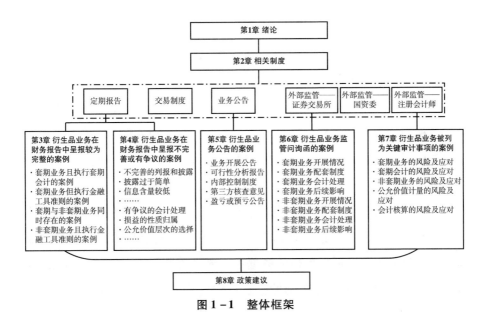

图 1-1　整体框架

　　如图 1-1 所示，本书共分 8 章。第 1 章为绪论，阐述本书的研究背景、研究内容和研究意义。第 2 章为相关制度，汇总了上市公司开展衍生品业务时可能涉及的信息披露要求（主要通过定期报告和业务公告形式发布），以及外部监管机构（主要是资本市场监管部门和社会审计）对上市公司相关信息披露的监管要求，其间也简要涉及上市公司开展衍生品业务的部分交易规则，以及国资委对国有企业套期保值业务信息披露的相关要求。

第 3 章至第 5 章分别对应了定期报告和业务公告等情景下，上市公司开展套期保值业务可能涉及的信息披露，第 6 章和第 7 章分别对应了证券交易所和注册会计师对上市公司衍生品业务信息披露的外部监管，另外，证券交易所和注册会计师对衍生品业务信息披露开展监管的同时，也能为投资者提供新增的补充性信息。第 3 章至第 7 章均提供了丰沛且真实的实务案例，每章写作结构总体类似，即第一节为该类信息披露的总体情况，第二节为该章案例汇总框架，第三节开始为具体案例的细节展示，在每种案例类型下都会列出两三个案例供读者参考，最后一节为该章所有案例的总结分析，从广泛的同类案例中推演一般性规律。

第 3 章至第 7 章的内容具体如下。第 3 章遴选了衍生品业务在财务报告中呈报较为完整的若干典型案例，分别涉及以下四种类型：套期业务且执行套期会计的案例、套期业务但执行金融工具准则的案例、套期与非套期业务同时存在的案例，以及非套期业务且执行金融工具准则的案例。第 4 章展示了衍生品业务在财务报告中呈报不尽完善或有争议的若干典型案例，其中又分为"不完善的列报和披露"以及"有争议的会计处理"两大类，在"不完善的列报和披露"的类型中涉及信息披露过于简单、披露内容的信息含量过低、前后年数据不一致、信息口径不一致、相关制度执行不完整，以及对会计准则的执行有误等问题。在"有争议的会计处理"的类型中又细分为衍生品损益的性质归属、衍生品公允价值层次的选择、衍生品在资产负债表上的列报、被套期项目在资产负债表上的列报、衍生品业务在现金流量报上的列报、不同时期适用相同的会计准则，以及相同时期适用不同的会计准则等问题。第 5 章分析了上市公司衍生品业务公告的典型案例，按公告主题分别涵盖了业务开展公告、可行性分析报告、内部控制制度、第三方核查意见、盈亏或预亏公告等，在各种公告主题下，均囊括了衍生品的四种基本类型，即远期、期货、期权和掉期。第6章整理了证券交易所对上市公司衍生品业务的部分问询函，以及上市公司对这些问询函的部分回复，按问询函关注侧重点不同，大致分为以下八类：对套期业务开展情况的问询、对套期业务配套制度的问询、对套期业务会计处理的问询、对套期业务后续影响的问询、对非套期业务开展情况的问询、对非套期业务配套制度的问询、对非套期业务会计处理的问询、对非套期业务后续影响的问询等。第7章汇总了被注册会计师列为关键审计事项的衍生品业务，呈报了注册会计师对该类业务的审计风险判断及审计应对方法，按业务类型分为套期业务和非套期业务两大类，再在各类业务下，按注册会计师关注侧重点细分为以下五类：套期业务的审计风险及应对、套期会计的审计风险及应对、非套期业务的审计风险及应对、非套期业务公允价值的审计风险及应对、非套期业务会计核算的审计风险及应对。

在总结第2章的相关制度以及第3章至第7章的众多案例研究的基础上，第8章从政策制定站位、制度配套衔接、会计准则、企业自身建设、投资者教育、审计准则、人才培养等多方面提出政策建议。

1.3　研　究　意　义

套期保值正日益成为企业管理风险最主要的途径，尽管理论界和实务界对于套期保值业务案例的研究已经很多，但针对衍生品和套期保值信息披露的专项研究还不丰富。本书通过研究上市公司套期保值业务信息披露的实际案例，有助于企业了解掌握相关方面的制度规定、借鉴其他企业的做法，提升其套期保值业务信息披露水平；有助于政府相关部门、资本市场监管机构了解掌握上市公司套期保值信息披露的最新情况以及所遇到的问题，推进完善相关制度，推进监管协调改进监管工作；有助于会计师事务所等中介机构全面了解套期保值信息披露情况，提升执业水平；有助于新闻媒体了解套期保值的性质和实际情况，从而更加客观、准确地宣传报道企业套期保值业务情况；有助于投资者全面理解上市公司套期保值业务，作出投资理性的判断；有助于相关机构和学者，深入研究套期保值信息披露中的问题，深入拓展理论研究，提出深入、细致的政策建议。

第2章 相 关 制 度

2.1 信息披露相关制度的汇总框架

如图2-1所示，归纳总结了与实体企业开展衍生工具业务信息披露有关的制度规定，以及外部监管部门依据相关制度规定和实体企业的信息披露事实所制定的监管要求。前者按信息披露渠道分为定期报告-整体要求、定期报告-局部要求、业务公告和交易制度四方面；后者按外部监管主体分为证券交易所的监管规则、国有资产监督管理委员会的监管要求，以及审计准则的相关监管要求。

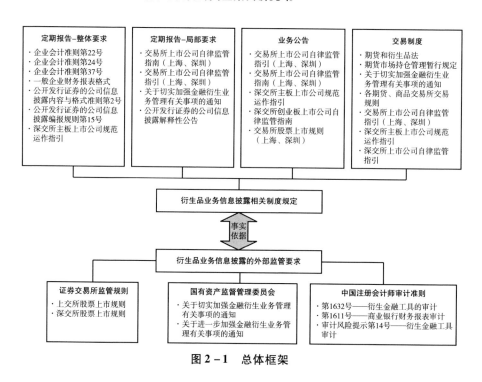

图 2 - 1   总体框架

2.2   定期报告中的相关规定

表 2 - 1 汇总了衍生品业务在定期报告中的相关制度规定，各制度规定均选取了本书出版之前所能获取的最新修订版。

表 2 - 1   衍生品业务在定期报告中的制度规定

性质	内容	名称
整体性要求	表内确认	《企业会计准则第 22 号——金融工具确认和计量》（2017 年修订）
		《企业会计准则第 24 号——套期会计》（2017 年修订）
	列报与披露	《企业会计准则第 37 号——金融工具列报》（2017 年修订）

续表

性质	内容	名称
整体性要求	财务报告	《一般企业财务报表格式》（2019 年）
		《公开发行证券的公司信息披露内容与格式准则第 2 号——年度报告的内容与格式》（2021 年修订）
		《公开发行证券的公司信息披露编报规则第 15 号——财务报告的一般规定》（2023 年修订）
		《深圳证券交易所主板上市公司规范运作指引》（2015 年修订，已废止）
局部性要求	特定位置的披露	《上海证券交易所上市公司自律监管指南第 2 号——业务办理》（2024 年 5 月修订）
		《深圳证券交易所上市公司自律监管指南第 1 号——业务办理》（2024 年 5 月修订）
	特定行业的披露	《上海证券交易所上市公司自律监管指引第 3 号——行业信息披露》（2022 年修订）
		《深圳证券交易所上市公司自律监管指引第 3 号——行业信息披露》（2023 年修订）
	中央企业	《关于切实加强金融衍生业务管理有关事项的通知》（2020 年印发）
		《关于进一步加强金融衍生业务管理有关事项的通知》（2021 年印发）
	特定数据的归属	《公开发行证券的公司信息披露解释性公告第 1 号——非经常性损益》（2023 年修订）

2.2.1 企业会计准则第 22 号的相关规定

《企业会计准则第 22 号——金融工具确认和计量》（以下简称 CAS 22）范围较广，针对包括衍生品在内的众多金融工具的确认和计量，此处仅简略摘抄与衍生品业务的确认计量最相关的若干条款，具体包括：【第一章 总则－第五条】衍生工具，是指属于本准则范围并同时具备下列特征的金融工具或其他合同：（一）其价值随特定利率、金融工具价格、商品价格、汇率、价格指数、费率指数、信用等级、信用指数或其他变量的变动而变动，变量为非金融变量的，该变量不应与合同的任何一方存在特定关系。（二）不要求初始净投资，或者与对市场因素变化预期有类似反应的其他合同相比，要求较少的初始净投资。（三）在未来某一日期结算。常见的衍生工具包括远期合同、期货合同、互换合同和期权合同等。【第三章 金融资产的分类－第十六条】企业应当根据其管理金融资产的业务模式和金融资产的合同现金流量特征，将金融资产划分为以下三类：（一）以摊余成本计量的金融资产。（二）以公允价值计量且其变动计入其他综合收益的金融资产。（三）以公允价值计量且其变动计入当期损益的金融资产。【第三章 金融资产的分类－第十九条】按照本准则第十七条分类为以摊余成本计量的金融资产和按照本准则第十八条分类为以公允价值计量且其变动计入其他综合收益的金融资产之外的金融资产，企业应当将其分类为以公允价值计量且其变动计入当期损益的金融资产……金融资产或金融负债满足下列条件之一的，表明企业持有该金融资产或承担该金融负债的目的是交易性的：（三）相关金融资产或金融负债属于衍生工具。但符合财务担保同定义的衍生工具以及被指定为有效套期工具的衍生工具除外。【第四章 金融负债的分类－第二十一条】除下列各项外，企业应当将金融负债分类为以摊余成本计量的金融负债：（一）以公允价值计量且其变动计入当期损益的金融负债，包括交易性金融负债（含属于金融负债的衍生工具）和指定为以公允价值计量且其变动计入当期损益的金融负债。【第五章 嵌入衍生工具－第二十三条～第二十六条】略，可参考准则原文。

2.2.2 企业会计准则第 24 号的相关规定

《企业会计准则第 24 号——套期会计》（以下简称 CAS 24）专门针对企业用衍生品开展套期保值，并选择以套期会计方法对该业务进行确认计量的情况，整套准则都与套期业务的表内确认直接相关，此处不再赘述，读者可自行参考准则原文。以下仅简略摘抄与衍生品套期业务的表内确认最相关的若干条款，具体包括：【第一章　总则 - 第三条】套期分为公允价值套期、现金流量套期和境外经营净投资套期。【第一章　总则 - 第四条】对于满足本准则第二章和第三章规定条件的套期，企业可以运用套期会计方法进行处理。【第四章　确认和计量 - 第二十二条 ~ 第三十三条】略，可参考准则原文。

2.2.3　企业会计准则第 37 号的相关规定

《企业会计准则第 37 号——金融工具列报》范围较广，针对包括衍生品在内的众多金融工具的列示和披露，如企业采用 CAS 24 对其套期业务进行表内确认计量的，则可采用本会计准则中的第六章第四节的条款，对其套期业务进行列示和披露，【第六章　金融工具对财务状况和经营成果影响的列报 - 第四节　套期会计相关披露 - 第五十七条 ~ 第七十条】该部分条款均与套期业务的列报披露直接相关，此处不再赘述，读者可参考准则原文。

如企业采用 CAS 22 对其衍生品进行确认计量的，则采用第六章第四节以外的相关准则条款，对其衍生品业务进行列示和披露，最相关的准则条款主要集中在以下四部分：第一，【第六章　金融工具对财务状况和经营成果影响的列报 - 第五节　公允价值披露 - 第七十一条】除了本准则第七十三条规定情况外，企业应当披露每一类金融资产和金融负债的公允价值，并与账面价值进行比较。对于在资产负债表中相互抵销的金融资产和金融负债，其公允价值应当以抵销后的金额披露。第二，【第七章　与金融工具相关的风险披露 - 第一节　定性和定量信息 - 第七十五条 ~ 第七十七条】略，可参考准则原文，其中【第七十五条】指出企业应当披露与各类金融工具风险相关的定性和定量信息，以便财务报表使用者评估报告期末金融工具产生的风险的性质和程度，更好地评价企业所面临的风险敞口。相关风险包括信用风险、流动性风险、市场风险等。第三，【第七章　与金融工具相关的风险披露 - 第四节　市场风险披露 - 第九十四条 ~ 第九十七条】略，可参考准则原文。第四，除此之外，其他章节也会个别提及衍生品业务，如【第五章　金融资产和金融负债的抵销－第三十三条】在下列情况下，通常认为不满足本准则第二十八条所列条件，不得抵销相关金融资产和金融负债：（二）金融资产和金融负债虽然具有相同的主要风险敞口（例如远期合同或其他衍生工具组合中的资产和负债），但涉及不同的交易对手方。【第七章　与金融工具相关的风险披露－第三节　流动性风险披露－第九十条】企业应当披露金融负债按剩余到期期限进行的到期期限分析，以及管理这些金融负债流动性风险的方法：（二）对于衍生金融负债，如果合同到期期限是理解现金流量时间分布的关键因素，到期期限分析应当基于合同剩余到期期限。【第八章　金融资产转移的披露－第一百零二条】对于已整体终止确认但转出方继续涉入已转移金融资产的，企业应当至少按照类别披露下列信息：（五）金融资产转移日确认的利得或损失，以及因继续涉入已终止确认金融资产当期和累计确认的收益或费用（如衍生工具的公允价值变动）。

2.2.4　一般企业财务报表格式的相关规定

《一般企业财务报表格式（2019 年）》适用于已执行新金融工具准则的非金融类企业，与衍生品业务相关的科目体现为资产负债表"衍生金融工具资产、衍生金融负债"科目，以及利润表"净敞口套期收益、现金流量套期储备"科目，相关科目的示例及其填列要求如下。

资产负债表

编制单位：元　　　　　　　　　　＿＿＿年＿＿＿月＿＿＿日　　　　　　　　　会企 01 表单

资产	期末余额	上年年末余额	负债和所有者权益（或股东权益）	期末余额	上年年末余额
流动资产：			流动负债：		
......			......		

续表

资产	期末余额	上年年末余额	负债和所有者权益 （或股东权益）	期末余额	上年年末余额
交易性金融资产			交易性金融负债		
衍生金融资产			衍生金融负债		
……			……		

相关项目说明：

1. "交易性金融资产"项目，反映资产负债表日企业分类为以公允价值计量且其变动计入当期损益的金融资产，以及企业持有的指定为以公允价值计量且其变动计入当期损益的金融资产的期末账面价值。该项目应根据"交易性金融资产"科目的相关明细科目的期末余额分析填列。自资产负债表日起超过一年到期且预期持有超过一年的以公允价值计量且其变动计入当期损益的非流动金融资产的期末账面价值，在"其他非流动金融资产"项目反映。

14. "交易性金融负债"项目，反映资产负债表日企业承担的交易性金融负债，以及企业持有的指定为以公允价值计量且其变动计入当期损益的金融负债的期末账面价值。该项目应根据"交易性金融负债"科目的相关明细科目的期末余额填列。

利润表

编制单位：元　　　　　　　　　____年____月　　　　　　会企02表单

项目	本期金额	上期金额
一、营业收入		
减：营业成本		
……		

项目	本期金额	上期金额
加：其他收益		
投资收益（损失以"－"号填列）		
净敞口套期收益（损失以"－"号填列）		
公允价值变动收益（损失以"－"号填列）		
……		
二、营业利润（损失以"－"号填列）		
三、利润总额（损失以"－"号填列）		
四、净利润（损失以"－"号填列）		
五、其他综合收益的税后净额		
（二）将重分类进损益的其他综合收益		
5. 现金流量套期储备		
……		

相关项目说明：

6. "净敞口套期收益"项目，反映净敞口套期下被套期项目累计公允价值变动转入当期损益的金额或现金流量套期储备转入当期损益的金额。该项目应根据"净敞口套期损益"科目的发生额分析填列；如为套期损失，以"－"号填列。

17. "现金流量套期储备"项目，反映企业套期工具产生的利得或损失中属于套期有效的部分。该项目应根据"其他综合收益"科目下的"套期储备"明细科目的发生额分析填列。

利润表"净敞口套期收益科目"的会计准则基础在于【CAS 24－第二十九条】对于被套期项目为风险净敞口的套期，被套期风险影响利润表不同列报项目的，企业应当将相关套期利得或损失单独列报，不应当影响利润表中与被套期项目相关的损益列报项目金额（如营业收入或营业成本）。利润表"现金流量套期储备"科目的会计准则基础在于【CAS 24 – 第二十四条】现金流量套期满足运用套期会计方法条件的，应当按照下列规定处理：（一）套期工具产生的利得或损失中属于套期有效的部分，作为现金流量套期储备，应当计入其他综合收益。（二）套期工具产生的利得或损失中属于套期无效的部分（即扣除计入其他综合收益后的其他利得或损失），应当计入当期损益。

2.2.5 公开发行证券的公司信息披露内容与格式准则第 2 号的相关规定

《公开发行证券的公司信息披露内容与格式准则第 2 号——年度报告的内容与格式》对衍生品业务的信息披露提出相关要求，具体如下：【第二章 年度报告正文 – 第三节 管理层讨论与分析 – 第二十五条】公司应当分析报告期内的主要经营情况，并应当披露对报告期内的主要经营情况产生重大影响以及未来会产生重大影响的事项。对重大事项的披露应当完整全面，不能有选择地披露。内容包括但不限于：（五）投资状况。公司应当介绍本年度投资情况，分析报告期内公司投资额同比变化情况。3. 对报告期内持有的以公允价值计量的境内外股票、基金、债券、信托产品、期货、金融衍生工具等金融资产的初始投资成本、资金来源、报告期内购入或售出及投资收益情况、公允价值变动情况等进行披露。

2.2.6 公开发行证券的公司信息披露编报规则第 15 号的相关规定

《公开发行证券的公司信息披露编报规则第 15 号——财务报告的一般规定》（2023 年修订）对衍生品业务在财务报表相关科目的列报提出以下相关要求。【第三章 财务报表附注 – 第五节 合并财务报表项目附注 –

第十九条】资产项目应按以下要求进行披露：（三）分类列示衍生金融资产期初余额、期末余额，披露其产生的原因以及相关会计处理。【第三章 财务报表附注－第五节 合并财务报表项目附注－第二十条】负债项目应按以下要求进行披露：（三）分类列示衍生金融负债期初余额、期末余额，披露其形成的原因以及相关会计处理。【第三章 财务报表附注－第五节 合并财务报表项目附注－第二十二条】利润表项目应按以下要求进行披露：（五）分类列示净敞口套期收益本期发生额、上期发生额。

对套期业务的信息披露提出以下相关要求。【第三章 财务报表附注－第三节 重要会计政策及会计估计－第十六条】公司应制定与实际生产经营特点相适应的具体会计政策，并充分披露重要会计政策和会计估计。公司根据实际生产经营特点制定的具体会计政策和会计估计，应在本节开始部分对相关事项进行提示。公司不应简单照搬会计准则相关规定原文，应结合所属行业特点和自身情况进行披露。（三十三）其他重要的会计政策和会计估计，包括但不限于：采用套期会计的依据、会计处理方法，与回购公司股份相关的会计处理方法，资产证券化业务会计处理方法和判断依据，债务重组损益确认时点和会计处理方法等。【第三章 财务报表附注－第九节 与金融工具相关的风险－第五十条】公司开展套期业务进行风险管理的，应根据实际情况披露相应风险管理策略和目标、被套期风险的定性和定量信息、被套期项目及相关套期工具之间的经济关系、预期风险管理目标有效实现情况以及相应套期活动对风险敞口的影响。公司开展符合条件套期业务并应用套期会计的，应按照套期风险类型、套期类别披露与被套期项目以及套期工具相关账面价值、已确认的被套期项目账面价值中所包含的被套期项目累计公允价值套期调整、套期有效性和套期无效部分来源以及套期会计对公司的财务报表相关影响。公司开展套期业务进行风险管理、预期能实现风险管理目标但未应用套期会计的，可结合相关套期业务情况披露未应用套期会计的原因以及对财务报表的影响。

对衍生品的风险和公允价值等信息披露的相关要求主要集中在以下两方

面。【第三章　财务报表附注－第九节　金融工具相关的风险－第四十九条】公司应披露金融工具产生的信用风险、流动性风险、市场风险等各类风险，包括风险敞口及其形成原因、风险管理目标、政策和程序、计量风险的方法，以及上述信息在本期发生的变化；期末风险敞口的量化信息，以及有助于投资者评估风险敞口的其他数据。【第三章　财务报表附注－第十节　公允价值的披露－第五十二条～第五十八条】该部分条款均与金融资产以公允价值计量的相关披露直接相关，此处不再赘述，读者可自行参考规定原文。

2.2.7　深圳证券交易所主板上市公司规范运作指引的相关规定

尽管《深圳证券交易所主板上市公司规范运作指引》（2015 年修订）已废止，但其是较早对上市公司衍生品业务在定期报告中的信息披露提出详细规定的文件，【第七章　其他重大事件管理－第二节　衍生品交易－7.2.22】指出，上市公司应当在定期报告中对已经开展的衍生品交易相关信息予以披露，披露内容包括：（一）报告期末衍生品交易的持仓情况。公司应当分类披露期末尚未到期的衍生品持仓数量、合约金额、到期期限，及占公司报告期末净资产的比例等；并说明所采用的分类方式和标准；（二）已交易的衍生品与其风险对冲资产的组合浮动盈亏变化情况，及对公司当期损益的影响；（三）衍生品持仓的风险分析及控制措施，包括但不限于市场风险、流动性风险、信用风险、操作风险、法律风险等；（四）已交易衍生品报告期内市场价格或者产品公允价值变动的情况，对衍生品公允价值的分析应当披露具体使用的方法及相关假设与参数的设定；（五）公司衍生品的会计政策及会计核算具体原则与上一报告期相比是否发生重大变化的说明；（六）独立董事对公司衍生品投资及风险控制情况的专项意见；（七）本所要求披露的其他内容。

2020 年修订时，《深圳证券交易所上市公司规范运作指引》（2020 年修订）的【第六章 重大事件管理－第一节 证券投资与衍生品交易－6.1.17】已将前述规定简化为"上市公司应当在定期报告中对报告期内的证券投资和已经开展的衍生品交易情况进行披露"。

2.2.8 交易所上市公司自律监管指南的相关规定

《上海证券交易所上市公司自律监管指南第 2 号——业务办理》（2024 年 5 月修订），上海证券交易所根据《证券法》、中国证监会及上交所相关规定制定本指南，归纳了定期报告的编制与披露业务要求，涵盖了与定期报告密切相关的重要业务，将"期货和衍生品交易情况"归入非财务会计信息披露需要关注的事项之一，具体规定：【第六号 定期报告－第三节 定期报告的披露－二、非财务重大事项的披露－10. 期货和衍生品交易情况】上市公司开展以套期保值为目的的期货和衍生品交易，在披露定期报告时，可以同时结合被套期项目情况对套期保值效果进行全面披露。套期保值业务不满足会计准则规定的套期会计适用条件或者未适用套期会计核算，但能够通过期货和衍生品交易实现风险管理目标的，可以结合套期工具和被套期项目之间的关系等说明是否有效实现了预期风险管理目标。

《深圳证券交易所上市公司自律监管指南第 1 号——业务办理》（2024 年 5 月修订），深圳证券交易所根据《公司法》《证券法》等法律、行政法规、部门规章、规范性文件以及《深圳证券交易所股票上市规则》和深交所上市公司自律监管指引等有关规定，对"期货和衍生品投资情况"的信息披露提出以下规定。【第四部分－4.1 定期报告披露相关事宜－三、定期报告披露内容要求－（三）管理层讨论与分析的披露－5. 证券投资、期货和衍生品投资情况－（2）】就期货和衍生品交易情况，说明交易目的，分类披露报告期期货和衍生品交易及持仓情况，包括初始投资成本、资金来源、报告期购入或售出及投资收益情况等，并说明所采用的分类方式和标准；披露已交易期货和衍生品报告期内市场价格或者公允价值变动的情况，以及公允价值计量时具体使用的方法及相关假设与参数的设定；披露公司期货和衍生品的会计政策及会计核算具体原则与上一报告期相比是否发生重大变化。上市公司开展以套期保值为目的的期货和衍生品交易，应当将套期工具与被套期项目价值变动加总后说明报告期内的实际投资收益，并对报告期套期保值业务具体的会计政策和会计核算原则进行说明，结合被套期项目情况对套期保值效果进行全面披露。套期保值业务不满足会计准则规定的套期会计适用条件或未适用套期会计核算，但能够通过期货和衍生品交易实现风险管理目标的，上市公司可以结合套期工具和被套期项目之间的关系等说明套期保值业务是否有效实现了预期风险管理目标。

对比《上海证券交易所上市公司自律监管指南第 2 号——业务办理》和《深圳证券交易所上市公司自律监管指南第 1 号——业务办理》可以发现，两者在套期业务信息披露方面都注意到了要将套期工具和被套期项目合并披露，也注意到了套期业务与套期会计之间的差异，但后者还补充了非套期类衍生品业务的信息披露要求，比前者更完整。

2.2.9　交易所上市公司自律监管指引的相关规定

《上海证券交易所上市公司自律监管指引第 3 号——行业信息披露》（2022 年 1 月修订）对煤炭、零售、钢铁、光伏、化工、有色金属等行业的套期保值业务提出以下信息披露要求。【第二号　煤炭 - 第二节　临时报告 - 第十八条】上市公司从事动力煤期货等套期保值业务，对公司可能产生重大影响的，应当按照法律法规和公司章程履行内部决策程序，并披露套期保值业务的交易品种、交易数量、保证金规模、主要业务风险及公司采取的风险控制措施等。【第四号　零售 - 第一节　年度报告 - 第十三条】黄金珠宝零售类上市公司，应当在财务报表附注中披露应用套期保值工具管理存货的情况、套期保值损益及其对当期损益的影响。【第七号 钢铁－第二节 临时报告－第二十一条】上市公司从事钢材、铁矿石、焦炭等商品期货等套期保值业务，对公司可能产生重大影响的，应当按照法律法规和公司章程履行内部决策程序，并披露套期保值业务的交易品种、保证金规模、主要业务风险及采取的风险控制措施等。【第九号 光伏－第一节 年度报告－第十条】（三）上市公司开发与电站电费收入等相关的金融衍生产品的，应当披露该金融衍生产品基础资产的基本情况，如项目电站的融资进展、建设进度、电费收入、补贴政策及领取情况等，以及相关产品的核心合同或协议条款、产品类型、现金流、盈利模式和相关风险。【第九号 光伏－第二节 临时报告－第十七条】上市公司开发与电站电费收入等相关的金融衍生产品的，应当及时披露产品类型、主要条款和基础资产情况，包括电站项目状态（已建、未建）、所在地、装机容量、发电量、上网电量、结算电量和电费补贴政策等，并充分揭示相关风险。【第十三号 化工－第一节 年度报告－第六条】上市公司采用衍生产品交易等金融手段应对前条主要原料或燃料价格波动风险的，应当分类汇总披露相关金融产品的持有目的、金额、风险敞口、套期保值效果、可能承担的最高损失金额及相关会计政策。【第十六号 有色金属－第一节 年度报告－第十六条】上市公司参与有色金属期货业务，且营业收入或营业利润占公司营业收入或营业利润 10% 以上或者对公司日常经营产生重大影响的，应当按照有色金属品种，分别披露公司报告期内参与有色金属期货套期保值的业务情况，包括套期保值总额与执行效果、保证金规模、主要业务风险及采取的风险控制措施等对公司套期保值效果产生重大影响的因素。【第十六号 有色金属－第二节 临时报告－第二十三条】上市公司有色金属期货套期保值业务发生重大变化，可能对公司产生重大影响的，公司应当及时披露按照法律法规和公司章程内部决策程序作出的调整情况。

《深圳证券交易所上市公司自律监管指引第 3 号——行业信息披露》（2023 年 2 月修订）对化工和珠宝行业的套期保值业务提出以下信息披露

要求。【第四章 制造业 – 第三节 化工行业相关业务 – 4.3.3】上市公司根据中国证监会相关格式准则要求披露年度报告时，应当同时按照下列要求履行信息披露义务：（十二）报告期内开展金融工具套期保值业务的，应当披露衍生品交易情况。【第四章 制造业 – 第八节 珠宝相关业务 – 4.8.3】上市公司根据中国证监会相关格式准则要求披露年度报告、半年度报告时，应当同时按照下列要求履行信息披露义务：（五）在披露报告期内的存货情况时，应当详细披露以下内容：2. 报告期内，如公司进行以规避商品价格风险为目的的金融衍生品交易，包括但不限于商品期货套期保值、远期协议等，应当披露交易的具体情况，包括初始投资成本、资金来源、报告期内购入或者售出及投资收益情况、公允价值变动情况等。【第四章 制造业 – 第八节 珠宝相关业务 – 4.8.4】上市公司根据《15 号编报规则》披露财务报告附注时，应当同时按照下列要求履行信息披露义务：（二）结合上市公司的经营特点，披露存货计价方法、存货成本结转、存货跌价准备，以及进行金融衍生品交易的会计政策与会计估计。

除此之外，于 2021 年 1 月失效的《上市公司行业信息披露指引第八号——石油和天然气开采》中【第二节 临时报告 – 第二十三条】，上市公司从事原油期货等套期保值业务，对公司可能产生重大影响的，应当按照法律法规和公司章程履行内部决策程序，并披露套期保值业务的交易品种、保证金规模、主要业务风险、所采用的会计政策及风险控制措施等。此外，对比《上海证券交易所上市公司自律监管指引第 3 号——行业信息披露》和《深圳证券交易所上市公司自律监管指引第 3 号——行业信息披露》可以发现，在对套期业务的信息披露方面，前者涉及的行业范围远多于后者，且条款更细致，但后者对珠宝行业套期业务的信息披露要求则更细致。

2.2.10 关于切实加强金融衍生业务管理有关事项的通知

《关于切实加强金融衍生业务管理有关事项的通知》（2020 年）是国务院国有资产监督管理委员会（以下简称国资委）为督促中央企业切实加强金融衍生业务管理，建立"严格管控、规范操作、风险可控"的金融衍生业务监管体系而制定的，共有六方面的规定，其中【六、建立报告制度】规定如下：（一）对于业务日常开展情况，应当于每季度末随财务快报一并报送金融衍生业务报表。未开展金融衍生业务的企业要进行"零申报"。集团要加强对上报数据的检查和核实，避免瞒报、漏报、错报。（二）对于业务年度经营情况，集团应当向国资委报送专项报告，报告内容包括年度业务开展情况（如业务品种、保值规模、盈亏情况、年末持仓风险评估等）、套期保值效果评估、审计检查中发现的问题及整改情况、其他重大事项等，并将中介机构出具的专项审计意见，与年度财务决算报告一并报送国资委。（三）对于开展投机业务或产生重大损失风险、重大法律纠纷、造成严重影响的，应当于 24 小时内向国资委专项报告，并对采取的处理措施及处理情况建立周报制度。对于有特殊业务需求，期限、规模等超过本通知的，要提前向国资委报告。（四）对于瞒报、漏报、错报以及未按要求及时报告的，国资委将予以通报、约谈。对于上报信息严重失实、隐瞒资产损失以及不配合监管工作的，国资委将严肃问责。

2.2.11 公开发行证券的公司信息披露解释性公告的相关规定

《公开发行证券的公司信息披露解释性公告第 1 号——非经常性损益》（2023 年 12 月修订）列举了二十二类属于非经常性损益的项目，其中与衍生品相关的规定为：【三、非经常性损益通常包括以下项目 -（三）】除同公司正常经营业务相关的有效套期保值业务外，非金融企业持有金融资

产和金融负债产生的公允价值变动损益以及处置金融资产和金融负债产生
的损益。

2.3　业务公告中的相关规定

表 2 - 2 汇总了衍生品业务在公告中的相关制度规定，各制度规定均
选取了本书出版之前所能获取的最新修订版。

表 2 - 2　　　　　　　　　衍生品业务公告的制度规定

性质	名称
指引	《上海证券交易所上市公司自律监管指引第 5 号——交易与关联交易》（2023 年修订）
	《深圳证券交易所上市公司自律监管指引第 7 号——交易与关联交易》（2023 年修订）
指南	《上海证券交易所上市公司自律监管指南第 1 号——公告格式》（2024 年 5 月修订）
	《深圳证券交易所上市公司自律监管指南第 2 号——公告格式》（2024 年 5 月修订）
特定要求	《深圳证券交易所主板上市公司规范运作指引》（2015 年修订、2020 年修订）
	《深圳证券交易所创业板上市公司自律监管指南第 1 号——业务办理》（2024 年 5 月修订）
相关规定	《上海证券交易所股票上市规则》（2024 年 4 月修订）
	《深圳证券交易所股票上市规则》（2024 年 4 月修订）

2.3.1　交易所上市公司自律监管指引的相关规定

《上海证券交易所上市公司自律监管指引第 5 号——交易与关联交易》
（2023 年 1 月修订）和《深圳证券交易所上市公司自律监管指引第 7 号——
交易与关联交易》（2023 年 1 月修订）在此轮修订中均对衍生品交易做了
大幅修订，具体规定分别位于【第三章　重大交易的审议和披露 - 第四节
期货和衍生品交易】和【第三章　重大交易的审议和披露 - 第四节　期货
和衍生品交易】中。

经对比可发现，除了条款编号以外，两套《上市公司自律监管指引》的第三章第四节的具体内容基本一致，其中与公司公告相关的要求主要集中在前者的【第三章　重大交易的审议和披露 – 第四节　期货和衍生品交易 – 第五十条~第五十二条、第五十四条】和后者的【第三章　重大交易的审议和披露 – 第四节　期货和衍生品交易 – 第五十三条、第五十五条、第五十六条、第五十八条】，此处不再赘述，读者可自行参考指引原文。

此处仅以《上海证券交易所上市公司自律监管指引第 5 号——交易与关联交易》为例，简要摘抄相关条款中与公司公告的信息披露要求最相关的部分，具体包括：【上海证券交易所上市公司自律监管指引第 5 号 – 第三章 – 第四节 – 第五十条】上市公司从事期货和衍生品交易，应当编制可行性分析报告并提交董事会审议，独立董事应当发表专项意见。【第五十一条】上市公司因交易频次和时效要求等原因难以对每次期货和衍生品交易履行审议程序和披露义务的，可以对未来 12 个月内期货和衍生品交易的范围、额度及期限等进行合理预计并审议。【第五十二条】上市公司拟开展期货和衍生品交易的，应当披露交易目的、交易品种、交易工具、交易场所、预计动用的交易保证金和权利金上限、预计任一交易日持有的最高合约价值、专业人员配备情况等，并进行充分的风险提示。【第五十四条】上市公司期货和衍生品交易已确认损益及浮动亏损金额每达到公司最近一年经审计的归属于上市公司股东净利润的 10% 且绝对金额超过 1 000 万元人民币的，应当及时披露。

从两大证券交易所 2023 年 1 月修订的《上市公司自律监管指引——交易与关联交易》第三章第四节的相关条款来看，上市公司的衍生品业务可能涉及拟开展公告、可行性分析报告、配套制度报告（如内部控制制度）、第三方核查意见（如独立董事意见）、亏损预告这五种类型的公告。从条款规定的详细程度来看，其对上市公司拟开展期货和衍生品交易的业务公告规定得较为详细，集中在【第五十一条】和【第五十二条】。

2.3.2 交易所上市公司自律监管指南的相关规定

与《上市公司自律监管指引——交易与关联交易》保持一致的，两大证券交易所均对上市公司开展期货和衍生品业务的公告格式作出修订，具体而言：根据《上海证券交易所上市公司自律监管指南第 1 号——公告格式》（2024 年 5 月修订）的规定，当上市公司开展期货和衍生品交易且触及《股票上市规则》《上市公司自律监管指引第 5 号——交易与关联交易》等信息披露义务时，其开展期货和衍生品业务的公告格式适用【第三号 上市公司证券投资、委托理财、期货和衍生品交易公告（2023 年 8 月修订）–二、上市公司开展期货和衍生品交易公告】。根据《深圳证券交易所上市公司自律监管指南第 2 号——公告格式》（2024 年 5 月修订）的规定，当上市公司开展《深圳证券交易所上市公司自律监管指引第 7 号——交易与关联交易》规定的期货和衍生品交易（含套期保值业务）的，其开展期货和衍生品业务的公告格式适用【交易类第 13 号上市公司期货和衍生品交易（含套期保值业务）公告格式】，此处不再赘述，读者可自行参考指引原文。

按照《深圳证券交易所上市公司自律监管指南第 2 号——公告格式》（2024 年 5 月修订）中【第三号上市公司证券投资、委托理财、期货和衍生品交易公告–二、上市公司开展期货和衍生品交易公告】的相关规定，公司拟开展期货和衍生品业务时需披露的内容要素具体包括以下内容。重要内容提示：交易目的、交易品种、交易工具、交易场所和交易金额；已履行及拟履行的审议程序；特别风险提示。一、交易情况概述：（一）交易目的；（二）交易金额；（三）资金来源；（四）交易方式；（五）交易期限。二、审议程序。三、交易风险分析及风控措施。四、交易对公司的影响及相关会计处理。五、中介机构意见（如适用）。六、进展披露（如有）。上网公告文件：1. 中介机构意见（如适用）。报备文件：1. 期货和衍生品交易相关的内控制度；2. 可行性分析报告。

按照《深圳证券交易所上市公司自律监管指引第 7 号——交易与关联交易》中【交易类第 13 号上市公司期货和衍生品交易（含套期保值业务）公告格式】的相关规定，公司拟开展期货和衍生品业务时需披露的内容要素具体包括以下内容。重要内容提示：1. 交易目的、交易品种、交易工具、交易场所和交易金额。2. 已履行及拟履行的审议程序。3. 风险提示。一、投资情况概述：1. 投资目的、2. 交易金额、3. 交易方式、4. 交易期限、5. 资金来源。二、审议程序。三、交易风险分析及风控措施。四、交易相关会计处理。五、中介机构意见（如适用）。六、备查文件：1. 董事会决议及公告；2. 保荐人意见（如适用）；3. 公司出具的可行性分析报告；4. 专业机构出具的可行性分析报告（如适用）；5. 期货和衍生品交易相关的内控制度；6. 以公司名义开立的期货和衍生品合约账户和资金账户情况；7. 期货和衍生品交易合同或者具体说明材料；8. 本所要求的其他文件。备注：《上市公司自律监管指引第 7 号——交易与关联交易》规定的需披露的亏损情形。

经对比可发现，两套公告格式的内容要素基本一致，与两家证券交易所 2023 年 1 月修订的《上市公司自律监管指引》第三章第四节的相关条款一脉相承，保证了两套规则之间内部逻辑的一致性。相比之下，深交所对上市公司开展期货和衍生品业务的备查文件要求更高、范围更广。

2.3.3 深圳证券交易所对其上市公司的特定要求

《深圳证券交易所上市公司规范运作指引》是较早发布的、为数不多的要求上市公司在定期报告之外还需对其衍生品业务提供额外信息公告的规定，《深圳证券交易所上市公司规范运作指引》（2020 年修订）的【第六章　重大事件管理 - 第一节　证券投资与衍生品交易 - 6.1.5 ~ 6.1.16】及其《深圳证券交易所主板上市公司规范运作指引》（2015 年修订）的

【第七章　其他重大事件管理－第二节　衍生品交易－7.2.3～7.2.21】都有详细的规定，此处不再赘述，读者可自行参考指引原文，仅总结2020年修订版中提到的与非定期报告中信息披露有关的相关规定，具体包括：证券投资总额占最近一期经审计净资产10%以上且绝对金额超过1 000万元人民币的，需在投资之前经董事会审议通过并及时履行信息披露义务。证券投资总额占公司最近一期经审计净资产50%以上且绝对金额超过5 000万元人民币的，或者根据公司章程规定应当提交股东大会审议的，公司在投资之前除应当及时披露外，还应当提交股东大会审议。管理层应当就衍生品交易出具可行性分析报告并提交董事会，董事会审议通过并及时披露后方可执行，独立董事应当发表专项意见。上市公司从事超过董事会权限范围且不以套期保值为目的的衍生品交易的，公司应当在股东大会通知前，自行或者聘请咨询机构对其拟从事的衍生品交易的必要性、可行性及衍生品风险管理措施出具专项分析报告并披露分析结论。上市公司与关联人之间进行的衍生品关联交易应当提交股东大会审议，并在审议后予以公告。上市公司已交易衍生品的公允价值减值与用于风险对冲的资产（如有）价值变动加总，导致合计亏损或者浮动亏损进而每达到公司最近一年经审计的归属于上市公司股东净利润的10%且绝对进而超过1 000万元人民币的，公司应当及时披露。

从内容条款上看，2023年修订的《上海证券交易所上市公司自律监管指引第5号——交易与关联交易》和《深圳证券交易所上市公司自律监管指引第7号——交易与关联交易》第三章第四节，对《深圳证券交易所上市公司规范运作指引》也有较多参考和借鉴。

与《深圳证券交易所上市公司规范运作指引》一致的，深圳证券交易所对创业板上市公司的衍生品业务也提出了定期公告之外的信息披露要求，《深圳证券交易所创业板上市公司自律监管指南第1号——业务办理》（2024年5月修订）对创业板上市公司衍生品业务在定期报告中的披露要求见【三、定期报告披露内容－（三）管理层讨论与分析的披露－4. 证券投资、期货和衍生品投资情况 –（2）】，其规定了上市公司在编制年度报告全文的"管理层讨论与分析"时，除遵守《公开发行证券的公司信息披露内容与格式准则第 2 号——年度报告的内容与格式》的相关规定外，还应当对衍生品投资进行详细披露，相关条款不再全文复制，读者可自行参考规定原文。除此之外，该指南的【附件 5　公告文件及报备文件要求 – 一、披露年报报告应当提交的文件 –（一）公告文件 – 13】为证券与衍生品投资情况的专项报告（如适用）。公告内容包括董事会关于证券与衍生品投资情况的专项说明，保荐机构或财务顾问的核查意见。

2.3.4　交易所股票上市规则的相关规定

《上海证券交易所股票上市规则》（2024 年 4 月修订）和《深圳证券交易所股票上市规则》（2024 年 4 月修订）并未直接提及与衍生品交易或套期保值业务有关的公告要求，但规定了应当披露的特定情形，如衍生品业务触发了相应条款，则也需要及时披露。《上海证券交易所股票上市规则》和《深圳证券交易所股票上市规则》的相关条款主要集中在第六章，且章节设置和条款内容较为接近，以下重点以《上海证券交易所股票上市规则》为例，介绍相关条款。这些条款也是交易所开展监管问询的主要政策依据之一。

按照《上海证券交易所股票上市规则》和《深圳证券交易所股票上市规则》中【第六章　应当披露的交易 – 第一节　重大交易 – 6.1.2】的规定，上市公司发生的交易达到下列标准之一的，应当及时披露：（一）交易涉及的资产总额（同时存在账面值和评估值的，以高者为准）占上市公司最近一期经审计总资产的 10% 以上；（二）交易标的（如股权）涉及的资产净额（同时存在账面值和评估值的，以高者为准）占上市公司最近一期经审计净资产的 10% 以上，且绝对金额超过 1 000 万元；（三）交易的成交金额（包括承担的债务和费用）占上市公司最近一期经审计净资产的 10% 以上，且绝对金额超过 1 000 万元；（四）交易产生的利润占上市公司最近一个会计年度经审计净利润的 10% 以上，且绝对金额超过 100 万元；（五）交易标的（如股权）在最近一个会计年度相关的营业收入占上市公司最近一个会计年度经审计营业收入的 10% 以上，且绝对金额超过 1 000 万元；（六）交易标的（如股权）在最近一个会计年度相关的净利润占上市公司最近一个会计年度经审计净利润的 10% 以上，且绝对金额超过 100 万元。上述指标涉及的数据如为负值，取其绝对值计算。【第六章 应当披露的交易 - 第一节 重大交易 - 6.1.3】规定，上市公司发生的交易达到下列标准之一的，应当及时披露并提交股东大会审议：（一）交易涉及的资产总额（同时存在账面值和评估值的，以高者为准）占上市公司最近一期经审计总资产的 50% 以上；（二）交易标的（如股权）涉及的资产净额（同时存在账面值和评估值的，以高者为准）占上市公司最近一期经审计净资产的 50% 以上，且绝对金额超过 5 000 万元；（三）交易的成交金额（包括承担的债务和费用）占上市公司最近一期经审计净资产的 50% 以上，且绝对金额超过 5 000 万元；（四）交易产生的利润占上市公司最近一个会计年度经审计净利润的 50% 以上，且绝对金额超过 500 万元；（五）交易标的（如股权）在最近一个会计年度相关的营业收入占上市公司最近一个会计年度经审计营业收入的 50% 以上，且绝对金额超过 5 000 万元；（六）交易标的（如股权）在最近一个会计年度相关的净利润占上市公司最近一个会计年度经审计净利润的 50% 以上，且绝对金额超过 500 万元。上述指标涉及的数据如为负值，取绝对值计算。

2.4 交 易 制 度

表 2-3 汇总了衍生品业务的相关交易规则，各制度规定均选取了本书出版之前所能获取的最新修订版。

表 2 - 3 衍生品业务的相关交易规则

性质	名称
相关规定	《中华人民共和国期货和衍生品法》（2022 年 8 月施行）
	《期货市场持仓管理暂行规定》（2023 年 7 月发布）
通知	《关于切实加强金融衍生业务管理有关事项的通知》（2020 年发布）
办法	《上海期货交易所套期保值交易管理办法》（2023 年 11 月修订）
指引	《上海证券交易所上市公司自律监管指引第 5 号——交易与关联交易》（2023 年修订）
	《深圳证券交易所上市公司自律监管指引第 7 号——交易与关联交易》（2023 年修订）
特定要求	《深圳证券交易所主板上市公司规范运作指引》（2020 年修订）
	《深圳证券交易所上市公司自律监管指引第 2 号——创业板上市公司规范运作》（2023 年 12 月修订）

衍生品业务的交易规则将直接影响企业开展衍生品业务的行为，进而直接影响企业对该业务的列报和披露内容，因此尽管相关交易规则并未过多直接提及衍生品业务的信息披露方面，本节仍将通过列举方式，简要阐述相关交易规则中与衍生品业务信息披露联系较为紧密的规定条款。

2.4.1 期货和衍生品法的相关规定

《中华人民共和国期货和衍生品法》（2022 年 4 月通过，从 2022 年 8 月 1 日起施行），【第一章 总则 - 第四条】国家支持期货市场健康发展，发挥发现价格、管理风险、配置资源的功能。国家鼓励利用期货市场和衍生品市场从事套期保值等风险管理活动。本法所称套期保值，是指交易者为管理因其资产、负债等价值变化产生的风险而达成与上述资产、负债等基本吻合的期货交易和衍生品交易的活动。【第二章 期货交易和衍生品交易 - 第二节 期货交易 - 第二十二条】期货交易实行保证金制度，期货结算机构向结算参与人收取保证金，结算参与人向交易者收取保证金。保证金用于结算和履约保障。【第三章 期货结算与交割 - 第三十九条】期货交易实行当日无负债结算制度。【第四章 期货交易者 - 第五二十条】参与期货交易的法人和非法人组织，应当建立与其交易合约类型、规模、目的等相适应的内部控制制度和风险控制制度。

2.4.2 期货市场持仓管理暂行规定的相关规定

《期货市场持仓管理暂行规定》（2023 年 7 月公布并施行）【第三章 套期保值 - 第十一条】期货套期保值，是指交易者为管理因其资产、负债等价值变化产生的风险而达成的与上述资产、负债等基本吻合的期货交易活动。【第三章 套期保值 - 第十三条】交易者申请套期保值持仓额度，应当符合以下条件：（一）套期保值交易品种应当与其现货经营资产、负债等相同或密切相关；（二）套期保值持仓应当用于管理其资产、负债等的价值变化风险，或对其资产、负债等价值变化产生重大影响的风险；（三）套期保值持仓的建立、调整和了结应当与其资产、负债等相关的生产、贸易、消费、投资等经济活动紧密关联且基本吻合，套期保值持仓期限应当与其资产、负债等价值变化风险的存续期基本一致。

2.4.3 关于切实加强金融衍生业务管理有关事项的通知

《关于切实加强金融衍生业务管理有关事项的通知》（以下简称《通知》）（2020 年 1 月公布并施行）要求中央企业审慎开展金融衍生业务、切实加强金融衍生品业务管理，建立金融衍生品业务监管体系，分别从落实监管责任、严守套保原则、有效管控风险、规范业务操作、强化监督检查、建立报告制度六方面作了详细规定。此处不再赘述，读者可自行参考《通知》原文。

《通知》发布之后，多个省市就国有企业运用金融衍生品出台了相关举措，例如，广西壮族自治区人民政府办公厅于 2021 年 7 月印发《关于印发开展期现结合服务广西大宗商品交易市场建设实施方案的通知》，明确支持广西国有企业结合实际参与套期保值，重点支持钢铁、有色金属、白糖、生猪、木材等行业的相关国有企业利用期货市场开展套期保值。①新疆维吾尔自治区人民政府办公厅于 2022 年 7 月印发《推动期货市场功能发挥 更好服务新疆经济发展的若干措施》，明确支持新疆国有企业合理利用期货市场进行套期保值，重点支持棉花、棉纱、红枣、白糖、生猪、钢铁、有色金属等行业的相关企业，合理利用期货、期权等金融衍生工具避险，稳定生产经营。② 2020—2022 年，浙江、安徽、河南、重庆等省市的国资监管部门及证监部门分别与郑州商品交易所联合开展了涉及国有企业期货衍生品相关的业务培训，培训内容包括大宗商品风险管理、套期保值理念、期货市场服务实体经济的模式等。

2.4.4　各期货交易所交易规则的相关规定

目前国内有六个期货交易所，按成立时间分别如下：郑州商品交易所，成立于 1990 年，是中国第一家期货交易所，也是全球最大的农产品期货交易所之一；大连商品交易所，成立于 1993 年，也是全球最大的农产品期货交易所之一；上海期货交易所，成立于 1999 年，是全球最大的金属期货交易所之一；中国金融期货交易所，成立于 2006 年，是我国唯一的全国性金融期货交易所，也是全球最大的金融期货交易所之一。此外，还有 2013 年成立的上海国际能源交易中心和 2021 年成立的广州期货交易所。

各期货交易所的期货产品各有不同，也有各自的交易管理办法，如《郑州商品交易所期货交易管理办法》《大连商品交易所交易规则》《大连商品交易所交易管理办法》《中国金融期货交易所交易规则》等，此处不

---

① http：//www.gxzf.gov.cn/zfwj/zxwj/t9703330.shtml。
② https：//www.btzx.com.cn/web/2022/7/26/ARTI1658803903248594.html。

再赘述，以《上海期货交易所套期保值交易管理办法》（2023 年 11 月修订）为例简要说明，【第二章　一般月份套期保值交易头寸的申请与审批－第七条】申请一般月份套期保值交易头寸的会员或者客户，应当提交下列证明材料：（三）套期保值交易方案（主要内容包括风险来源分析、保值目标、预期的交割或者平仓的数量）。【第二章　一般月份套期保值交易头寸的申请与审批－第十条】交易所对一般月份套期保值交易头寸的申请，按主体资格是否符合，套期保值品种、交易部位、买卖数量、套期保值时间与其生产经营规模、历史经营状况、资金等情况是否相适应进行审核，确定其一般月份套期保值交易头寸。一般月份套期保值交易头寸不超过其所提供的一般月份套期保值证明材料中所申报的数量。【第五章套期保值监督管理－第二十七条】会员或者客户在获得套期保值交易头寸期间，企业情况发生重大变化时，应当及时向交易所报告。交易所可以根据市场情况和套期保值企业的生产经营状况对会员或者客户套期保值交易头寸进行调整。

2.4.5　交易所上市公司自律监管指引的相关规定

《上海证券交易所上市公司自律监管指引第 5 号——交易与关联交易》（2023 年 1 月修订）和《深圳证券交易所上市公司自律监管指引第 7 号——交易与关联交易》（2023 年 1 月修订）分别通过【第三章　重大交易的审议和披露－第四节　期货和衍生品交易】和【第三章　重大交易的审议和披露－第四节　期货和衍生品交易】对上市公司的期货和衍生品交易进行规定，相关规定主要集中在前者的【第三章　重大交易的审议和披露－第四节　期货和衍生品交易－第四十四条～第四十九条】和后者的【第三章　重大交易的审议和披露－第四节　期货和衍生品交易－第四十九条～第五十四条】，此处不再赘述，读者可自行参考指引的原文。

此处仅以《上海证券交易所上市公司自律监管指引第 5 号——交易与关联交易》为例，简要摘抄相关条款中与交易规则较相关的部分，具体包括：【上海证券交易所上市公司自律监管指引第 5 号 - 第三章 - 第四节 - 第四十六条】本所支持内部控制制度健全、具备风险管理能力的上市公司利用期货市场和衍生品市场从事套期保值等风险管理活动，不鼓励公司从事以投机为目的的期货和衍生品交易。公司不得使用募集资金从事期货和衍生品交易。【上海证券交易所上市公司自律监管指引第 5 号 - 第三章 - 第四节 - 第四十七条】上市公司从事套期保值业务，是指为管理外汇风险、价格风险、利率风险、信用风险等特定风险而达成与上述风险基本吻合的期货和衍生品交易的活动。公司从事套期保值业务的期货和衍生品品种应当仅限于与公司生产经营相关的产品、原材料和外汇等，且原则上应当控制期货和衍生品在种类、规模及期限上与需管理的风险敞口相匹配。用于套期保值的期货和衍生品与需管理的相关风险敞口应当存在相互风险对冲的经济关系，使得期货和衍生品与相关风险敞口的价值因面临相同的风险因素而发生方向相反的变动。

2.4.6 深圳证券交易所对其上市公司的特定要求

《深圳证券交易所上市公司规范运作指引》（2020 年修订）的【第六章 重大事件管理 - 第一节 证券投资与衍生品交易 - 6.1.3】要求，上市公司应当合理安排、使用资金，致力于发展公司主营业务，不得使用募集资金从事证券投资与衍生品交易。公司从事套期保值业务的期货品种应当仅限于与公司生产经营相关的产品或者所需的原材料。本所不鼓励公司从事以投机为目的的衍生品交易。

《深圳证券交易所上市公司自律监管指引第 2 号——创业板上市公司规范运作》（2023 年 12 月修订）【第三章 董事、监事和高级管理人员 - 第三节 董事、监事及高级管理人员行为规范 - 3.3.15】要求，董事会审议证券投资与衍生品交易等高风险事项时，董事应当充分关注上市公司是否建立专门内部控制制度，投资风险是否可控以及风险控制措施是否有效，投资规模是否影响公司正常经营，资金来源是否为自有资金，是否存在违反规定的投资等情形。【第五章 内部控制－5.11】上市公司应当合理安排、使用资金，致力发展公司主营业务。本所不鼓励公司使用自有资金进行证券投资、委托理财和衍生品交易。公司经过慎重考虑后，仍决定开展前述投资的，应当制定严格的决策程序、报告制度和监控措施，并根据公司的风险承受能力合理确定投资规模及期限。公司进行证券投资、委托理财或者衍生品交易应当经公司董事会或者股东大会审议通过的，不得将审批权限授予董事个人或者经营管理层行使。公司进行委托理财的，应当选择资信状况及财务状况良好，无不良诚信记录及盈利能力强的合格专业理财机构作为受托方，并与受托方签订书面合同，明确委托理财的金额、期限、投资品种、双方的权利义务及法律责任等。【第五章 内部控制－5.18】审计委员会应当督导内部审计部门至少每半年对下列事项进行一次检查，出具检查报告并提交审计委员会。检查发现上市公司存在违法违规、运作不规范等情形的，应当及时向本所报告并督促上市公司对外披露：（一）公司募集资金使用、提供担保、关联交易、证券投资与衍生品交易等高风险投资、提供财务资助、购买或者出售资产、对外投资等重大事件的实施情况。【第六章 募集资金管理－第三节 募集资金使用－6.3.2】除金融类企业外，募集资金不得用于开展委托理财（现金管理除外）、委托贷款等财务性投资以及证券投资、衍生品投资等高风险投资，不得直接或者间接投资于以买卖有价证券为主要业务的公司。【第六章 募集资金管理－第三节 募集资金使用－6.3.10－（四）】不得将闲置募集资金直接或者间接用于证券投资、衍生品交易等高风险投资。【第六章 募集资金管理－第三节 募集资金使用－6.3.12－（二）】公司在补充流动资金后十二个月内不得进行证券投资、衍生品交易等高风险投资及为控股子公司以外的对象提供财务资助。公司应当在公告中对此作出明确承诺。

2.5 外部监管的相关规定

表 2-4 汇总了与衍生品业务信息披露的相关监管要求,各制度规定均选取了本书出版之前所能获取的最新修订版。

表 2-4   衍生品业务信息披露的相关监管要求

监管机构	监管要求名称
证券交易所	《上海证券交易所股票上市规则》(2024 年 4 月修订)
	《深圳证券交易所股票上市规则》(2024 年 4 月修订)
国资委	《关于切实加强金融衍生业务管理有关事项的通知》(2020 年)
	《关于进一步切实加强金融衍生业务管理有关事项的通知》(2021 年)
社会审计	《中国注册会计师审计准则第 1632 号——衍生金融工具的审计》(2006 年 2 月发布)
	《〈中国注册会计师审计准则第 1632 号——衍生金融工具的审计〉指南》(2007 年 11 月修订)
	《中国注册会计师审计准则第 1611 号——商业银行财务报表审计》(2006 年 2 月发布)
	《〈中国注册会计师审计准则第 1611 号——商业银行财务报表审计〉应用指南》(2023 年 4 月修订)
	《福建省注册会计师协会审计风险提示第 14 号——衍生金融工具审计》(2016 年起草)
	《中国注册会计师审计准则问题解答第 5 号——重大非常规交易》(2013 年 10 月发布)
	《中国注册会计师审计准则第 1504 号——在审计报告中沟通关键审计事项》(2016 年 12 月发布)

2.5.1 证券交易所的监管要求

《上海证券交易所股票上市规则》(2024 年 4 月修订)和《深圳证券交易所股票上市规则》(2024 年 4 月修订)对上市公司的信息披露进行了详细

的规定，也提出了相应的监管规则，尽管两者均未直接提及套期保值或衍生品业务，但都从多个角度对交易所的问询机制提出了要求和保障机制。

经对比，两者在问询机制方面的规定基本一致，下面以《深圳证券交易所股票上市规则》为例，摘抄其中与交易所问询相关的规定。【第四章 公司治理 – 第四节 董事会秘书 – 4.4.2】董事会秘书对上市公司和董事会负责，履行如下职责：（五）关注有关公司的传闻并主动求证真实情况，督促董事会等有关主体及时回复本所问询。【第四章 公司治理 – 第五节 控股股东和实际控制人 – 4.5.4】控股股东、实际控制人收到公司问询的，应当及时了解情况并回复，保证回复内容真实、准确和完整。【第五章 定期报告 – 第二节 年度报告、半年度报告和季度报告 – 5.2.11】上市公司应当认真对待本所对其定期报告的事后审查意见，按期回复本所的问询，并按要求对定期报告有关内容作出解释和说明。需披露更正或者补充公告并修改定期报告的，公司应当在履行相应程序后及时公告。【第十章 重新上市 – 第三节 重新上市审核 – 10.3.4】重新上市审核过程中出现下列情形之一的，本所将终止重新上市审核，通知公司及其保荐人：（三）公司未在规定时限内回复本所审核问询或者未对重新上市申请文件作出解释说明、补充修改；【第十二章 中介机构 – 第一节 一般规定 – 12.1.7】中介机构应当在规定期限内如实回复本所就相关事项提出的问询，不得以有关事项存在不确定性等为由不回复本所问询。中介机构回复问询的文件应当符合本所要求，不存在虚假记载、误导性陈述或者重大遗漏，结论意见应当合理、明确。【第十三章 日常监管和违规处理 – 第一节 日常监管 – 13.1.4】本规则第 1.4 条规定的监管对象应当积极配合本所日常监管，在规定期限内按要求提交回复、说明及其他相关文件，或者按规定披露相关公告等，不得以有关事项存在不确定性等为由不履行报告、公告和回复本所问询的义务。

由此可知，监管问询是证券交易所对上市公司信息披露的主要监管手段之一，但从现有规则来看，证券交易所只规范了监管对象应当配合完成的义务及不履行相关义务而可能引起的后果，但并未对监管问询的内容范围设定明确的界限，一方面不利于监管部门依法依规开展具体问询业务，另一方面也可能会造成行政裁量权的肆意扩大化，伤害公司的商业机密保护等。

2.5.2 国资委的监管要求

《关于切实加强金融衍生业务管理有关事项的通知》（2020 年 1 月公布并施行）要求中央企业审慎开展金融衍生业务、切实加强金融衍生品业务管理，建立金融衍生品业务监管体系，分别从落实监管责任、严守套保原则、有效管控风险、规范业务操作、强化监督检查、建立报告制度六方面作了详细规定。此后，为推动中央企业进一步落实好前述通知，规范执行制度规定，国资委办公厅发布了《关于进一步加强金融衍生业务管理有关事项的通知》（以下简称《通知》）（2021 年 4 月公布），从强化业务准入审批、加强年度计划管理、加快信息系统建设、严格备案报告制度四方面提出了落实保障方案。《通知》提到，国资委将不定期开展专项检查，与有关监管部门探索建立交易数据共享机制，加强日常监测和风险预警，对于发现的问题，将进行提示、通报、约谈、问责等。

2.5.3 社会审计的监管要求

1. 审计准则第 1632 号

《中国注册会计师审计准则第 1632 号——衍生金融工具的审计》2006年发布，其指南 2007 年修订，之后在较长时间内并未进行过其他修订，因其全文均与衍生品业务的外部审计直接相关，此处不再赘述，读者可自行参考审计准则原文，此处仅列出该项审计准则中的一、二级标题，以便读者有大致的了解。第一章 总则、第二章 衍生金融工具及活动、第三章 管理层和治理层的责任、第四章 注册会计师的责任、第五章 了解可能影响衍生活动及其审计的因素、第六章 了解内部控制（第一节 控制环境、第二节 控制活动、第三节 内部审计、第四节 服务机构）、第七章 控制测试、第八章 实质性程序（第一节 总体要求、第二节 存在和发生认定、第三节 权利和义务认定、第四节 完整性认定、第五节 计价认定、第六节 列报认定）、第九章 对套期活动的额外考虑、第十章 管理层声明、第十一章 与管理层和治理层的沟通、第十二章 附则。

2. 审计准则第 1611 号

2006 年发布的《中国注册会计师审计准则第 1611 号——商业银行财务报表审计》中并未直接提及衍生品业务或套期业务，但 2023 年 4 月修订的《〈中国注册会计师审计准则第 1611 号——商业银行财务报表审计〉应用指南》却在多处提及衍生品业务和套期业务，因此，此处也对相关条款进行简要整理，以便为非金融企业相关业务的外部审计提供一定的参照。【第一章 总则 – 三、商业银行的主要特征】2. 除吸收公众存款、发放贷款和办理国内外结算业务等基本业务外，商业银行还利用资金、信息、信誉和各种风险管理技术等优势，从事法律法规许可的各种中间业务（如代理业务和咨询业务等）和金融市场交易业务（主要包括投资、回购、信贷资产转让和衍生交易）。4. 存在大量不涉及资金流动的资产负债表表外业务，要求采取控制程序进行记录和监控。2001 年 11 月，中国人民银行发布《商业银行表外业务风险管理指引》。该指引将表外业务分为担保类、承诺类和金融衍生交易类三种类型。巴塞尔银行监管委员会在《银行表外风险管理》中将有风险的表外业务分为三类，其中第三类为外汇、利率和与股票指数相关的交易，这类业务一般和衍生活动密切相关，主要包括远期、期货、期权和互换等。【第一章 总则 – 四、商业银行面临的主要风险 – 3. 市场风险】市场风险是商业银行在从事衍生活动时面临的主要风险，并广泛存在于各种交易和非交易业务之中。由于商业银行越来越多地从事具有高杠杆特性和复杂的衍生活动，因此，商业银行应当高度重视与衍生活动相关的市场风险。【第三章　计划审计工作－三、制定总体审计策略时应当考虑的主要事项－5.重点审计领域】本准则第十七条分别从十个方面规定了注册会计师应当关注的、可能导致财务报表发生重大错报风险的重点审计领域：（6）高度复杂或投机性强的交易。高度复杂或投机性强的交易一般具有很高的风险，且这些风险难以觉察。例如，当从事衍生交易尤其是签出期权时，商业银行可能面临无限放大的损失，但收益仅限于收到的期权费。【第三章　计划审计工作－三、制定总体审计策略时应当考虑的主要事项－8.利用专家的工作】此外，注册会计师在审计衍生金融工具的估价和特定担保物公允价值的确定等方面时也需要资产评估师、房地产估价师和律师等专业人员的技术支持。【第四章　了解和测试内部控制－二、授权控制】分级授权制度是商业银行内部控制最重要的手段之一。在衍生交易方面，2005 年 3 月，银监会发布《关于对中资银行衍生产品交易业务进行风险提示的通知》，规定在进行衍生产品交易时必须严格执行既定的分级授权和敞口风险管理制度，任何重大的交易或新的衍生产品业务都应得到董事会的批准，或得到由董事会指定的高级管理层的同意。在因市场变化或决策失误出现账面浮亏时，要严格执行既定的止损制度。【第五章　实质性程序－三、重要的审计项目】此外，下列事项或情况也应当引起注册会计师对商业银行的持续经营假设产生怀疑：（1）衍生活动交易量的异常快速增长等。【第五章　实质性程序－四、获取管理层声明】注册会计师在实施实质性程序时需要获取商业银行管理层声明。管理层声明具有如下作用：（2）作为重要的审计证据。会计确认有时涉及管理层的意图，而如何分类在很大程度上取决于管理层的意图，如持有至到期投资或套期会计的会计处理。这时，管理层声明书就是注册会计师能合理预期存在的重要审计证据。

3. 审计风险提示第 14 号

《福建省注册会计师协会审计风险提示第 14 号——衍生金融工具审

计》（2016 年起草），因其全文均与衍生品业务的外部审计直接相关，此处不再赘述，读者可自行参考该审计风险提示的原文，此处仅列出该规定中的五项风险提示及其具体内容的一级标题，以便读者有大致的了解。【风险提示一】应特别关注衍生金融工具是否纳入表内核算：1. 衍生金融工具纳入表内核算是企业会计准则的要求；2. 衍生金融工具的高风险，对企业财务状况有较大的影响；3. 衍生金融工具的列报容易被忽视。【风险提示二】应特别重视对衍生金融工具业务内部控制的了解与测试。【风险提示三】注意向衍生金融工具的持有者或交易对方函证重要的合同条款。【风险提示四】注意要求管理层提供关于衍生金融工具声明书。【风险提示五】注意区分衍生金融工具的存在形式，关注管理层是否进行了恰当的会计处理和披露：1. 衍生金融工具通常是独立存在的，但也可能嵌入非衍生金融工具或其他合同中。2. 附在主合同上的衍生工具，如果可以与主合同分开，并能够单独转让，则不能作为嵌入衍生工具，而应作为一项独立存在的衍生工具处理。3. 对于采用套期会计的套期工具，应审核其指定的套期关系是否高度有效；对于某些衍生金融工具交易在风险管理的状况下虽对风险提供有效的经济套期，但因不符合运用套期会计的条件，该衍生金融工具的公允价值变动应计入当期损益。4. 嵌入衍生工具应尽可能使其与单独存在的衍生工具采用一致的会计原则进行处理。此外，该审计风险提示也关注到 2016 年发布的 CAS 22 修订征求意见稿中已简化了嵌入衍生工具的处理。

4. 审计准则问题解答

《中国注册会计师审计准则问题解答第 5 号——重大非常规交易》（2013 年 10 月 31 日发布）将非金融企业中的衍生品业务归入重大非常规交易，并对其识别、应对、复核、沟通、工作记录、形成审计意见等方面提出了建议举措，此处不再赘述，读者可自行参考解答原文，仅简要摘抄相关问题的回答梗概，具体问题及相应解答如下。【一、什么是重大非常规交易？】重大非常规交易是注册会计师在审计工作中发现的被审计单位超出正常经营过程的重大交易，或基于对被审计单位及其环境的了解以及在审计过程中获取的其他信息，认为显得异常的重大交易。重大非常规交易的例子包括但不限于：（10）非经营所需的、名义金额重大的衍生金融工具交易。【二、如何识别重大非常规交易并评估与其相关的重大错报风险？】（一）询问、（二）分析程序、（三）考虑舞弊风险因素、（四）了解与会计分录相关的控制。【三、如何应对与重大非常规交易相关的重大错报风险？】（一）评价重大会计政策的选择和运用、（二）检查会计分录和相关调整、（三）评价交易的商业理由、（四）实施函证程序、（五）在临近审计结束时实施分析程序。【四、在项目质量控制复核过程中，对重大非常规交易有何考虑？】项目质量控制复核人员在实施项目质量控制复核时，需要与项目合伙人确认不存在尚未解决的重大事项（包括与重大非常规交易相关的事项）。【五、在对财务报表形成审计意见时，对重大非常规交易有何考虑？】（一）评价财务报表的列报和披露、（二）阅读其他信息。【六、如何与治理层沟通重大非常规交易？】注册会计师需要确认治理层被告知关于重大非常规交易的会计处理方法。在适当的情况下，注册会计师应当向治理层解释为何某项在适用的财务报告编制基础下可以接受的重大会计实务，并不一定最适合被审计单位的具体情况。【七、在审计工作记录方面，对重大非常规交易有何考虑？】注册会计师在工作底稿中记录发现的所有重大事项（包括重大非常规交易），针对重大非常规交易所采取的措施以及形成审计结论的基础。

5. 审计准则第 1504 号

尽管《中国注册会计师审计准则第 1504 号——在审计报告中沟通关键审计事项》（2016 年 12 月发布）并未直接提及企业的衍生品或套期保值业务，但关键审计事项能为报表使用者提供额外的信息，既是对定期报告中信息披露内容的辅助，同时也是外部监督的途径之一，相关规定包括：【第一章　总则 – 第三条】沟通关键审计事项，旨在通过提高已执行审计工作的透明度增加审计报告的沟通价值。沟通关键审计事项能够为财务报表预期使用者提供额外的信息，以帮助其了解注册会计师根据职业判断认为对本期财务报表审计最为重要的事项。沟通关键审计事项还能够帮助财务报表预期使用者了解被审计单位，以及已审计财务报表中涉及重大管理层判断的领域。【第二章　定义 – 第七条】关键审计事项，是指注册会计师根据职业判断认为对本期财务报表审计最为重要的事项。关键审计事项从注册会计师与治理层沟通过的事项中选取。

　　由此可知，与衍生品业务直接相关的注册会计师审计准则发布时间较早，与之配套的准则指南、问题解答和风险提示等规则的修订频率不高，大部分都早于 2017 年 CAS 22、CAS 24、CAS 37 的修订年份，可能成为注册会计师开展衍生品业务审计工作的制度约束，损害了注册会计师职业判断的一致性、稳定性、可辩护性等特质。

第3章 衍生品业务在财务报告中呈报较为完整的案例

3.1 上市公司开展衍生品业务的总体情况

3.1.1 上市公司公告衍生品业务的情况

我国首部《中国上市公司套期保值评价年度白皮书（2022 年)》是由避险网、对外经济贸易大学高水平对外开放与金融创新研究中心、天津大学张维教授重大项目课题组合作编写的，该书主要基于上市公司公告信息，梳理、展现了 2022 年中国上市企业套期保值实践的整体现状。

根据该书提供的数据，A 股上市公司套保参与率持续上升，整体从 2013 年的 6.48% 提高至 2022 年的 22.89%，其中大型企业从 7.11% 提高至 26.51%，中小型企业从 3.87% 提高至 14.41%。2022 年共有 1 137 家实体行业的 A 股上市公司发布了总计达 2 819 条衍生品使用的相关公告，其中，提及衍生品使用目的是套期保值的有 1 113 家，使用目的是投资的有 7 家，还有 17 家兼具套期保值和投资目的。截至 2022 年底，披露过套期信息的上市公司共计 1 663 家，其中，央企和国企为 366 家。从参与套期保值的实体企业 A 股上市公司所覆盖的行业来看，由 2006 年、2007 年的 5 个行业快速延展，在 2018—2022 年，实现了对 29 个非金融类实体行业的全覆盖。

此外，据 2024 年 1 月发布的《中国上市公司套期保值评价年度白皮书（2023 年）》，2023 年发布套期保值相关公告的实体行业 A 股上市公司共 1 311 家，较 2022 年的 1 133 家增加了 15.71%。套期保值参与率由 2022 年的 22.95% 增加到了 2023 年的 25.18%。国有企业套期保值参与率明显提升，2023 年公布开展套期保值业务的中央国有企业 88 家，较 2023 年的 62 家增加了 26 家，央企套保参与率由 14.9% 增加到了 20.5%，提高了近 6 个百分点。中小微企业上市公司参与套期保值占比有了新的提升，发布套期保值公布的公司中，中型企业由 199 家增加到了 261 家，小型企业由 4 家增加到了 7 家，中小微企业上市公司套期保值的占比提高了 2 个百分点。

从对冲风险类型的角度看，2022 年公告中提及汇率风险对冲的上市公司数量最多（935 家），其次是商品价格风险（353 家）、利率风险（304 家）、股价风险（5 家）和信用风险（4 家）；2023 年公告中提及汇率风险对冲的上市公司数量依然最多（1 093 家），其次是利率风险（475家）、商品价格风险（419 家）、股价风险（6 家）和信用风险（3 家）。

3.1.2 上市公司开展商品期货业务的总体情况

受到数据所限，本节仅展示上市公司开展商品期货业务的总体情况，数据整理过程如下：首先，借助上市公司财经文本数据库管理平台，对非金融类 A 股上市公司 2001—2022 年的所有年报进行解构，开展文本分析，初步筛选出其中与"期货"业务开展可能有关的公司/年度记录。其次，将这些记录与 CSMAR 数据库中资产负债表（如衍生金融资产/负债等）、利润表（如现金流量套期储备等）中与衍生品直接相关的会计数据直接对比，留下开展期货业务且在财务报表中有相关科目列示的记录。再次，通过人工阅读剩余公司/年度记录，从表外披露中（如衍生品投资情况表、套期工具、被套期项目、套期有效程度等）找到与期货业务及套期保值业务直接相关的信息，进一步核实上市公司开展商品期货业务的情况。至此，共获得 3 282 条公司/年度记录。最后，根据年报披露中是否提及"套期保值""风险管理""对冲风险""规避风险"等关键词，将上述记录进一步分为"套期意图"和"非套期意图"两类，具体数据如图 3－1 所示。

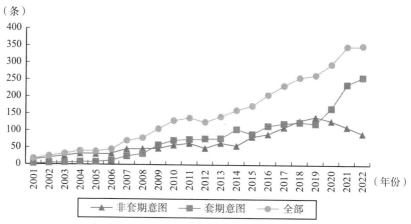

图 3－1　非金融类 A 股上市公司开展商品期货业务情况（2001—2022 年）

由图 3－1 可知，从 2001 年以来，越来越多的非金融类 A 股上市公司开展商品期货业务，从 2001 年的 17 家增长至 2022 年的 351 家。从业务开展意图来看，在 2019 年之前，套期意图和非套期意图平分秋色，但是 2020 年似乎成为一个转折点，套期意图的公司数量急剧上升，而非套期意图的公司数量则迅速下降，究其原因，动力主要来自大宗商品价格波动风险。

图 3－2 分别展示了大连商品交易所的农产品期货价格指数和工业品期货价格指数从 2013 年 1 月至 2024 年 1 月的月 K 图。

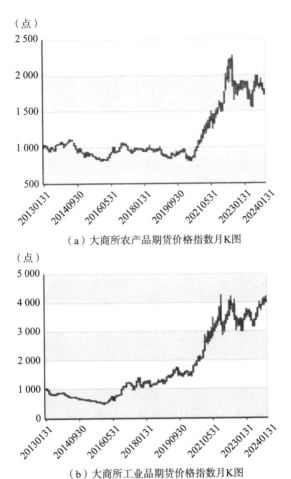

（a）大商所农产品期货价格指数月K图

（b）大商所工业品期货价格指数月K图

图 3 – 2　大连商品交易所相关期货价格指数月 K 图（2013 年 1 月—2024 年 1 月）

资料来源：http：//www.dce.com.cn/dalianshangpin/sspz/qhzs/index.html。

由图 3 – 2 可知，2020—2022 年无论是农产品期货价格还是工业品期货价格都在急剧上升，而商品价格的剧烈波动是促使企业开展商品期货套期保值的根本动因，同时也抑制了非金融类企业从事商品期货投机业务的动力。

3.2　案例汇总框架

本章案例汇总框架如图 3 – 3 所示。

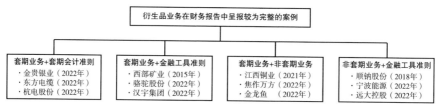

图 3-3 案例汇总框架

本章遴选了衍生品业务在财务报告中呈报较为完整的若干案例，这些案例又分为"套期业务 + 套期会计准则""套期业务 + 金融工具准则""同时有套期和非套期业务""非套期业务 + 金融工具准则"四种类型。

考虑到本章案例较多，而每份年报中列报和披露的相关信息也较多，受篇幅所限，以下将详细列出各节中的第一个案例，后续两个案例仅列出相关数据或信息所在的年报位置和大致信息内容。考虑到"合并财务报表项目注释 - 套期"项目是与套期会计直接相关的特定信息披露，三个案例都会单独列报该项目信息，此外，各公司较有特点的列报或披露信息也会单列，读者若对案例中其他条目的具体信息感兴趣，可自行参考财务报告的原文信息。

详细呈报的第一个案例，表内列报的部分仅列出有数据的会计科目，其他无关数据不再列出；表外披露中如有大幅照抄会计准则条款的文字，会被省略，写为"后略"。此外，由于上市公司的年报披露中同时有合并财务报表及其项目注释，以及母公司财务报表及其项目注释，以下仅列出合并财务报表中与衍生品业务有关的会计科目及其项目注释。

最后，由于从第3章开始，案例中会大量涉及各上市公司公开发布的财经文本上的很多表格，这些表格在年报上有自己的编号，因此本书仅对作者自行制作的图表进行编号，从案例中摘抄的表格统一以该表格在年报中的具体页码和位置标注，以便读者对照查阅。

3.3　套期业务且执行套期会计的案例

1. 金贵银业（2022 年）

【表内列报 1 - p.87】【第十节　财务报告 - 二、财务报表 - 1. 合并资产负债表】

单位：元

项目	2022 年 12 月 31 日	2022 年 1 月 1 日
流动负债：		
衍生金融负债	6 751 200.00	

【表内列报 2 - p.92】【第十节　财务报告 - 二、财务报表 - 3. 合并利润表】

单位：元

项目	2022 年度	2021 年度
……		
六、其他综合收益的税后净额	- 5 107 797.39	260 907.66
（二）将重分类进损益的其他综合收益	- 5 107 797.39	260 907.66
5. 现金流量套期储备	- 4 477 511.25	
……		

【表内列报 3 - p.133】【第十节　财务报告 - 七、合并财务报表项目注释 - 1. 货币资金】

单位：元

项目	期末余额	期初余额
库存现金	10 393.00	3 606.50
银行存款	324 664 475.43	261 570 100.87
其他货币资金	101 859 760.09	57 357.82
合计	426 534 628.52	261 631 065.19
其中：存放在境外的款项总额	154 100.71	141 176.46

其他说明：①期末其他货币资金主要系期货期权账户余额 101 824 269.59 元，保证金账户余额 34 597.50 元；②期末货币资金的受限情况主要系银行存款中管理人账户余额 4 438 534.94 元，其他货币资金保证金账户余额 34 597.50 元。

【表内列报 4 - p. 138】【第十节　财务报告 - 七、合并财务报表项目注释 - 4. 其他应收款 - (1) 其他应收款 - 4) 按欠款方归集的期末余额前五名的其他应收款情况】

单位：元

单位名称	款项的性质	期末余额	账龄	占其他应收款期末余额合计数的比例	坏账准备期末余额
宏源期货有限公司	押金保证金	24 116 916.60	1 年以内	14.59%	723 507.50
中信建投期货有限公司	押金保证金	7 121 709.00	1 年以内	4.31%	213 651.27
合计		141 784 191.29		85.79%	75 064 296.46

【表内列报 5 - p. 146】【第十节　财务报告 - 七、合并财务报表项目注释 - 12. 递延所得税资产/递延所得税负债】

（1）未经抵销的递延所得税资产。

单位：元

项目	期末余额		期初余额	
	可抵扣暂时性差异	递延所得税资产	可抵扣暂时性差异	递延所得税资产
套期工具	6 141 540.00	1 535 385.00		
合计	7 701 077.67	1 769 315.65	1 405 744.60	210 861.69

（2）未经抵销的递延所得税负债。

单位：元

项目	期末余额		期初余额	
	应纳税暂时性差异	递延所得税负债	应纳税暂时性差异	递延所得税负债
套期损益	198 540.00	49 635.00		
合计	198 540.00	49 635.00		

【表内列报 6 – p.147】【第十节　财务报告 – 七、合并财务报表项目注释 – 13. 衍生金融负债】

单位：元

项目	期末余额	期初余额
指定套期关系的衍生金融工具	6 751 200.00	
合计	6 751 200.00	

其他说明：套期工具情况详见合并财务报表附注之套期。

【表内列报 7 – p.153】【第十节　财务报告 – 七、合并财务报表项目注释 – 29. 其他综合收益】

单位：元

项目	期初余额	本期发生额						期末余额
		本期所得税前发生额	减：前期计入其他综合收益当期转入损益	减：前期计入其他综合收益当期转入留存收益	减：所得税费用	税后归属于母公司	税后归属于少数股东	
二、将重分类进损益的其他综合收益	10 594 400.82	-6 600 301.14			-1 492 503.75	-5 107 797.39		5 486 603.43
现金流量套期储备		-5 970 015.00			-1 492 503.75	-4 477 511.25		-4 477 511.25
……								
其他综合收益合计	10 594 400.82	-6 600 301.14			-1 492 503.75	-5 107 797.39		5 486 603.43

其他说明：包括对现金流量套期损益的有效部分转为被套期项目初始确认金额调整，现金流量套期情况详见合并财务报表项目注释之套期。

【表内列报 8 – p.158】【第十节 财务报告 – 七、合并财务报表项目注释 – 41. 公允价值变动收益】

单位：元

产生公允价值变动收益的来源	本期发生额	上期发生额
交易性金融资产	58 920.00	
其中：衍生金融工具产生的公允价值变动收益	– 171 525.00	
合计	58 920.00	

其他说明：交易性金融资产——套期损益：230 445.00 元。

【表内列报 9 – p.164～165】【第十节 财务报告 – 七、合并财务报表项目注释 – 53. 套期】

按照套期类别披露套期项目及相关套期工具、被套期风险的定性和定量信息。

（1）说明。

①现金流量套期。

项目	本期
被套期项目	预期未来发生的白银销售价格
套期工具	白银期货合约
被套期风险	预期未来采购白银销售的现金流量变动

②公允价值套期。

项目	本期
被套期项目	白银在产品
套期工具	白银期货合约
被套期风险	白银在产品公允价值变动风险

（2）明细情况。

①现金流量套期。

项目	本期
衍生金融负债——公允价值变动	6 141 540.00
其他综合收益——套期工具有效部分（期末余额）	− 4 477 511.25
公允价值变动收益——套期工具无效部分	− 171 525.00
其他综合收益税后净额（发生额）	− 4 477 511.25
主营业务成本——有效的套期保值工具平仓损益	6 749 880.00
投资收益——无效的套期保值工具平仓损益	− 21 505.00

②公允价值套期。

项目	本期
衍生金融负债——公允价值变动	609 660.00
公允价值变动收益——持仓套期损益	198 540.00
公允价值变动收益——平仓套期损益	31 905.00

【表内列报 10 - p. 183 ~ 184】【第十节　财务报告 - 十七、补充资料 - 1. 当期非经常性损益明细表】

☑适用　□不适用

单位：元

项目	金额	说明
除同公司正常经营业务相关的有效套期保值业务外，持有交易性金融资产、交易性金融负债产生的公允价值变动损益，以及处置交易性金融资产、交易性金融负债和可供出售金融资产取得的投资收益	455 665.89	
合计	37 452 993.09	—

【表外披露1-p.22~24】【第三节　管理层讨论与分析-七、投资状况分析-4.金融资产投资-（2）衍生品投资情况】

（1）报告期内以套期保值为目的的衍生品投资。

☑适用　□不适用

单位：万元

衍生品投资类型	初始投资金额	本期公允价值变动损益	计入权益的累计公允价值变动	报告期内购入金额	报告期内售出金额	期末金额	期末投资金额占公司报告期末净资产比例
上交所白银期货-卖开	0	0	0	21 991.96	22 427.46	0	0.00%
上交所白银期货-卖开	0	16.58	-99.06	33 623.16	38 912.19	-163.3	-0.09%
上交所白银期货-卖开	0	-13.88	-497.94	23 719.30	42 614.75	-511.82	-0.28%
合计	0	2.7	-597	79 334.42	103 954.40	-675.12	-0.37%

续表

报告期内套期保值业务的会计政策、会计核算具体原则，以及与上一报告期相比是否发生重大变化的说明	采用套期会计的依据、会计处理方法（后略）
报告期实际损益情况的说明	公司套期保值业务实际损益为 –715.08 万元
套期保值效果的说明	为了锁定铅精矿加工费收入，以减轻价格波动对经营上的负面影响，公司进行了相关的套期保值业务
衍生品投资资金来源	自有资金
报告期衍生品持仓的风险分析及控制措施说明（包括但不限于市场风险、流动性风险、信用风险、操作风险、法律风险等）	一、套期保值的风险分析 二、公司采取的风险控制措施（后略）
已投资衍生品报告期内市场价格或产品公允价值变动的情况，对衍生品公允价值的分析应披露具体使用的方法及相关假设与参数的设定	报告期内，公司持仓的衍生品期货合约，其公允价格按照市场价格计算，不用设置各类参数
涉诉情况（如适用）	不适用
衍生品投资审批董事会公告披露日期（如有）	2022 年 04 月 22 日
独立董事对公司衍生品投资及风险控制情况的专项意见	（1）公司在保证正常生产经营的前提下，使用自有资金开展期货套期保值业务履行了相关的审批程序，符合国家相关法律、法规及《公司章程》的有关规定，有利于公司降低经营风险，不存在损害公司和全体股东利益，特别是中小股东利益的情况。 （2）公司建立了《期货套期保值管理办法（修订）》，明确了业务操作流程、审批流程及风险防控等内部控制程序，对公司控制期货风险起到了保障的作用

（2）报告期内以投机为目的的衍生品投资。

□适用　☑不适用

公司报告期不存在以投机为目的的衍生品投资。

【表外披露 2 - p. 130 ~ 131】【第十节　财务报告 - 五、重要会计政策及会计估计 - 28. 其他重要的会计政策和会计估计 - 四、采用套期会计的依据、会计处理方法】

（1）套期包括公允价值套期/现金流量套期/境外经营净投资套期。

（2）对于满足下列条件的套期，运用套期会计方法进行处理（后略）。

（3）套期会计处理（后略）。

【表外披露 3 - p. 171】【第十节　财务报告 - 十一、公允价值的披露】

（1）以公允价值计量的资产和负债的期末公允价值。

单位：元

| 项目 | 期末公允价值 | | | |
	第一层次公允价值计量	第二层次公允价值计量	第三层次公允价值计量	合计
一、持续的公允价值计量	—	—	—	—
衍生金融负债	6 751 200.00			6 751 200.00
持续以公允价值计量的负债总额	6 751 200.00			6 751 200.00
二、非持续的公允价值计量	—	—	—	—

（2）持续和非持续第一层次公允价值计量项目市价的确定依据：采用期货交易所对应期货合约的结算价作为持续第一层次公允价值计量项目市价的确定依据。

2. 东方电缆（2022 年）

【表内列报 1 - p. 96】

【第十节 财务报告 - 二、财务报表 - 1. 合并资产负债表】 - 流动资产 - 衍生金融资产（期初、期末均有余额）

【表内列报 2 - p. 102】

【第十节 财务报告 - 二、财务报表 - 1. 合并利润表】 - 六、其他综合收益的税后净额 - （一）其他综合收益的税后净额 - 2. 将重分类里进损益的其他综合收益 - （5）现金流量套期储备（本期、上期均有发生额）。

【表内列报 3 - p. 144】

【第十节 财务报告 - 七、合并财务报表项目注释 - 1. 货币资金】 - 其他说明：其他货币资金中 55 018 020.48 元系银行承兑汇票保证金，1 257 230.55 元系未到期保函保证金，1 942 142.18 元系存出投资款，219 067 813.46 元系期货交易保证金。

【表内列报 4 - p. 145】【第十节 财务报告 - 七、合并财务报表项目注释 - 3. 衍生金融资产】

单位：元

项目	期末余额	期初余额
指定套期关系的衍生金融资产	68 365 250.00	2 231 750.00
合计	68 365 250.00	2 231 750.00

其他说明：公司开展铜和铅商品的期货套期保值业务，以此规避公司承担的随着原材料价格波动、原材料预期采购带来的未来现金流量发生波动的风险。截至 2022 年 12 月 31 日，公司已经计入其他综合收益的现金流量套期工具公允价值变动产生的税前收益为 68 365 250.00 元。

【表内列报 5 - p. 174 ~ 175】【第十节 财务报告 - 七、合并财务报表

项目注释 – 30. 递延所得税资产/递延所得税负债】

（1）未经抵销的递延所得税资产 – 未结转套期损益（"可抵扣暂时性差异"和"递延所得税资产"科目下有期初余额）。

（2）未经抵销的递延所得税负债 – 套期工具期末公允价值变动（"应纳税暂时性差异"和"递延所得税负债"科目下有期末、期初余额）。未经抵销的递延所得税负债 – 未结转套期损益（"应纳税暂时性差异"和"递延所得税负债"科目下有期末余额）。

【表内列报 6 – p. 191】【第十节　财务报告 – 七、合并财务报表项目注释 – 58. 其他综合收益】

二、将重分类进损益的其他综合收益 – 现金流量套期储备（"期初余额"、"本期发生额"和"期末余额"下有金额。

【表内列报 7 – p. 200】【第十节　财务报告 – 七、合并财务报表项目注释 – 79. 现金流量表项目 –（2）支付的其他与经营活动有关的现金】

☑适用　□不适用

单位：元　币种：人民币

项目	本期发生额	上期发生额
支付的商品期货合约保证金	133 288 057.46	46 488 455.05
合计	376 812 933.91	265 639 551.80

【表内列报 8 – p. 203 ~ 204】【第十节　财务报告 – 七、合并财务报表项目注释 – 80. 现金流量表补充资料 –（4）现金和现金等价物的构成】

现金流量表补充资料的说明：期初货币资金中，保函保证金 1 963 714.00 元、银行承兑汇票保证金 53 639 360.95 元、期货交易保证金 125 007 105.75 元不属于现金及现金等价物；期末货币资金中，保函保证金 1 257 230.55 元、银行承兑汇票保证金 55 018 020.48 元、期货交易保证金 219 067 813.46 元不属于现金及现金等价物。

【表内列报 9 - p. 204】【第十节　财务报告 - 七、合并财务报表项目注释 - 82. 所有权或使用权受到限制的资产】

☑适用　□不适用

单位：元　币种：人民币

项目	期末账面价值	受限原因
货币资金	275 343 064.49	银行承兑汇票、保函保证金、期货交易保证金

【表内列报 10 - p. 205】【第十节　财务报告 - 七、合并财务报表项目注释 - 84. 套期】

按照套期类别披露套期项目及相关套期工具、被套期风险的定性和定量信息。

（1）说明。

项目	本期
套期类别	现金流量套期
被套期项目	预期未来发生的原材料铜/铅的采购支出
套期工具	铜/铅的期货合约
被套期风险	预期未来采购原材料支出的现金流量变动

（2）明细情况。

项目	本期数
衍生金融资产	68 365 250.00
其他综合收益	54 355 981.31

【表外披露 1 - p. 8】【第二节　公司简介和主要财务指标 - 十、非经

— 60 —

常性损益项目和金额】

"除同公司正常经营业务相关的有效套期保值业务外，持有交易性金融资产、衍生金融资产、交易性金融负债、衍生金融负债产生的公允价值变动损益，以及处置交易性金融资产、衍生金融资产、交易性金融负债、衍生金融负债和其他债权投资取得的投资收益"项目下，近三年（2020—2022 年）中 2021 年和 2022 年有金额。

【表外披露 2 – p. 9】【第二节　公司简介和主要财务指标 – 十一、采用公允价值计量的项目】

单位：元　币种：人民币

项目	期初余额	期末余额	当期变动	对当期利润的影响金额
衍生金融资产	2 231 750.00	68 365 250.00	66 133 500.00	
合计	208 218 355.85	212 277 583.31	4 059 227.46	– 35 767 741.68

【表外披露 3 – p. 20 ~ 21】【第三节　管理层讨论与分析 – 五、报告期内主要经营情况 –（一）主营业务分析 – 1. 利润表及现金流量表相关科目变动分析表】

其他综合收益的税后净额变动原因说明：主要系本期期货套保的持仓浮动盈亏所致。

【表外披露 4 – p. 38】【第三节　管理层讨论与分析 – 五、报告期内主要经营情况 –（五）投资状况分析 – 衍生品投资情况】

□适用　☑不适用

【表外披露 5 – p. 141 ~ 142】【第十节　财务报告 – 五、重要会计政策及会计估计 – 43. 其他重要的会计政策和会计估计】

（1）公司套期业务为现金流量套期。

（2）对于满足下列条件的套期，运用套期会计方法进行处理（后略）。

（3）现金流量套期会计处理（后略）。

【表外披露 6 – p. 216】【第十节 财务报告 – 十一、公允价值的披露 – 1. 以公允价值计量的资产和负债的期末公允价值】

说明：持续和非持续第一层次公允价值计量项目市价的确定依据为采用期货交易所对应期货合约的结算价作为持续第一层次公允价值计量项目市价的确定依据。

【表外披露 7 – p. 237】【第十节 财务报告 – 十八、补充资料 – 1. 当期非经常性损益明细表】

"除同公司正常经营业务相关的有效套期保值业务外，持有交易性金融资产、衍生金融资产、交易性金融负债、衍生金融负债产生的公允价值变动损益，以及处置交易性金融资产、衍生金融资产、交易性金融负债、衍生金融负债和其他债权投资取得的投资收益"项目金额与【p. 8 – 第二节 公司简介和主要财务指标 – 十、非经常性损益项目和金额】中 2022年金额一致。

3. 杭电股份（2022 年）

【表内列报 1 – p. 79】【第十节 财务报告 – 二、财务报表 – 3. 合并利润表】

六、其他综合收益的税后净额 –（二）将重分类进损益的其他综合收益 – 5. 现金流量套期储备，2021 年度和 2022 年度有金额。

【表内列报 2 – p. 118】【第十节 财务报告 – 七、合并财务报表项目注释 – 3. 衍生金融资产】

□适用 ☑不适用

【表内列报 3 – p. 131】【第十节 财务报告 – 七、合并财务报表项目注释 – 13. 其他流动资产】

☑适用 □不适用

单位：元 币种：人民币

项目	期末余额	期初余额
套期工具	170 107 360.25	157 217 110.00
合计	209 802 216.48	262 199 676.78

【表内列报 4 - p.142】【第十节 财务报告 - 七、合并财务报表项目注释 - 30. 递延所得税资产/递延所得税负债】

（2）未经抵销的递延所得税负债 - 套期工具期末公允价值变动，在期末余额 - 应纳税暂时性差异、递延所得税负债，以及期初余额 - 应纳税暂时性差异、递延所得税负债科目下均有金额。

【表内列报 5 - p.143】【第十节 财务报告 - 七、合并财务报表项目注释 - 34. 衍生金融负债】

□适用 ☑不适用

【表内列报 6 - p.147】【第十节 财务报告 - 七、合并财务报表项目注释 - 44. 其他流动负债】

项目	期末余额	期初余额
套期工具	25 016 961.00	13 236 120.00
合计	64 879 510.29	46 429 102.39

【表内列报 7 - p.152～153】【第十节 财务报告 - 七、合并财务报表项目注释 - 57. 其他综合收益】

二、将重分类进损益的其他综合收益 - 现金流量套期储备，期初余额，本期发生额 - 本期所得税前发生额、减：前期计入其他综合收益当期转入损益、减：所得税费用，以及期末余额，均有金额。

【表内列报 8 - p.157】【第十节 财务报告 - 七、合并财务报表项目注释 - 68. 投资收益】

☑适用　□不适用

单位：元　币种：人民币

项目	本期发生额	上期发生额
套期工具－无效套期	－30 362 879.51	－54 407 432.96
合计	－73 618 774.61	－74 494 740.65

【表内列报 9 – p.158】【第十节　财务报告 – 七、合并财务报表项目注释 – 70. 公允价值变动收益】

☑适用　□不适用

单位：元　币种：人民币

项目	本期发生额	上期发生额
交易性金融资产		
其中：衍生金融工具产生的公允价值变动收益		
套期工具－无效套期	1 921 567.14	－3 155 549.63
合计	1 921 567.14	－3 155 549.63

【表内列报 10 – p.165】【第十节　财务报告 – 七、合并财务报表项目注释 – 83. 套期】

按照套期类别披露套期项目及相关套期工具、被套期风险的定性和定量信息。

（1）说明。

项目	本期
套期类别	现金流量套期
套期工具	铜、铝的期货合约

项目	本期
被套期项目	预期未来发生的原材料铜、铝采购支出
被套期风险	预期未来采购原材料支出的现金流量变动

（2）明细情况。

项目	本期数
其他流动资产 – 套期工具 – 成本	169 164 510.25
其他流动资产 – 套期工具 – 公允价值变动	942 850.00
合计	170 107 360.25
其他流动负债 – 套期工具 – 成本	25 849 738.52
其他流动负债 – 套期工具 – 公允价值变动	– 832 777.52
其他综合收益 – 套期工具利得或损失中属于有效部分（税前）	– 1 139 475.00
公允价值变动损益 – 套期工具利得或损失中属于无效部分	1 921 567.14
主营业务成本 – 套期工具有效部分平仓损益	24 741 725.00
投资收益 – 套期工具无效部分平仓损益	– 30 362 879.51

【表外披露 1 – p. 8】【第二节　公司简介和主要财务指标 – 十、非经常性损益项目和金额】

"除同公司正常经营业务相关的有效套期保值业务外，持有交易性金融资产、衍生金融资产、交易性金融负债、衍生金融负债产生的公允价值变动损益，以及处置交易性金融资产、衍生金融资产、交易性金融负债、衍生金融负债和其他债权投资取得的投资收益"项目，近三年（2020—2022 年）均有金额。

【表外披露 2 – p. 27】【第三节　管理层讨论与分析 – 五、报告期内主要经营情况 –（三）资产、负债情况分析 – 1. 资产及负债状况】

单位：元

项目名称	本期期末数	本期期末数占总资产的比例（％）	上期期末数	上期期末数占总资产的比例（％）	本期期末金额较上期期末变动比例（％）	情况说明
其他流动负债	64 879 510.29	0.69	46 429 102.39	0.53	39.74	主要系公司待转销项税额及套期工具相对增加影响所致
其他综合收益	−968 553.75	−0.01	9 868 776.25	0.11	−109.81	主要系公司期货持仓套期损益的有效部分影响所致

【表外披露 3 – p. 29】【第三节　管理层讨论与分析 – 五、报告期内主要经营情况 –（五）投资状况分析 – 衍生品投资情况】

□适用　☑不适用

【表外披露 4 – p. 177 ~ 178】【第十节　财务报告 – 十一、公允价值的披露】

一、持续的公允价值计量 – 以公允价值计量且其变动计入当期损益的金融资产 –（3）衍生金融资产，第一层次公允价值计量有金额。（六）交易性金融负债 – 以公允价值计量且其变动计入当期损益的金融负债 – 衍生金融负债，第一层次公允价值计量有金额。

2. 本公司第一层次公允价值计量项目均存在活跃交易市场，以活跃市场中的报价确定其公允价值。其中其他流动资产采用期货交易所对应期货合约的结算价作为持续第一层次公允价值计量项目市价的确定依据。

【表外披露 5 – p. 195】【第十节　财务报告 – 十八、补充资料 – 1. 当

期非经常性损益明细表】

"除同公司正常经营业务相关的有效套期保值业务外，持有交易性金融资产、衍生金融资产、交易性金融负债、衍生金融负债产生的公允价值变动损益，以及处置交易性金融资产、衍生金融资产、交易性金融负债、衍生金融负债和其他债权投资取得的投资收益"与【p.8－第二节公司简介和主要财务指标－十、非经常性损益项目和金额】中2022年金额一致。

3.4　套期业务但执行金融工具准则的案例

1. 西部矿业（2015 年）

【表内列报 1－p.91】【第十一节　财务报告－七、合并财务报表项目注释－2. 以公允价值计量且其变动计入当期损益的金融资产】

☑适用　□不适用

单位：元　币种：人民币

项目	期末余额	期初余额
交易性金融资产	—	6 210 560
其中：衍生金融资产	—	6 210 560
合计	—	6 210 560

本集团于 2015 年度开展了有本金交割远期外汇交易，签订了电解铜、铝锭、锌锭等有色金属的期货合约，于 2015 年 12 月 31 日没有未到期的有本金交割远期外汇交易及期货交易合约，于 2014 年 12 月 31 日金额为人民币 6 210 560 元，反映了尚未到期的有本金交割远期外汇交易及期货合约于 2014 年 12 月 31 日的公允价值。

【表内列报 2 – p. 113】【第十一节 财务报告 – 七、合并财务报表项目注释 – 24. 以公允价值计量且其变动计入当期损益的金融负债】

☑适用 □不适用

单位：元 币种：人民币

项目	期末余额	期初余额
交易性金融负债	17 240 890	3 679 599
其中：发行的交易性债券	—	—
衍生金融负债	17 240 890	3 679 599
合计	17 240 890	3 679 599

2015 年 12 月 31 日，该余额为人民币 17 240 890 元，反映了未到期期货合约的公允价值。2014 年 12 月 31 日，该余额为人民币 3 679 599 元，反映了期权的公允价值。

【表内列报 3 – p. 126】【第十一节 财务报告 – 七、合并财务报表项目注释 – 52. 公允价值变动收益】

☑适用 □不适用

单位：元 币种：人民币

产生公允价值变动收益的来源	本期发生额	上期发生额
以公允价值计量的且其变动计入当期损益的金融资产	– 19 873 547	70 279 948
其中：衍生金融工具产生的公允价值变动收益	– 19 873 547	70 279 948
合计	– 19 873 547	70 279 948

【表内列报 4 – p. 161】【第十一节 财务报告 – 十七、补充资料 – 1. 当期非经常性损益明细表】

单位：元　币种：人民币

项目	金额	说明
除同公司正常经营业务相关的有效套期保值业务外，持有交易性金融资产、交易性金融负债产生的公允价值变动损益，以及处置交易性金融资产、交易性金融负债和可供出售金融资产取得的投资收益	47 096 559	由于套期保值交易经过测试不是高度有效，因此套期交易未能符合企业会计准则中规定的运用套期保值会计的条件，不能按照套期保值会计进行核算，相关损益计入投资收益

本集团对非经常性损益项目的确认依照《公开发行证券的公司信息披露解释性公告第 1 号——非经常性损益》的规定执行。

【表外披露 1 - p. 6】【第二节　公司简介和主要财务指标 - 十、非经常性损益项目和金额】

☑适用　□不适用

单位：元　币种：人民币

非经常性损益项目	2015 年金额	附注（如适用）	2014 年金额	2013 年金额
除同公司正常经营业务相关的有效套期保值业务外，持有交易性金融资产、交易性金融负债产生的公允价值变动损益，以及处置交易性金融资产、交易性金融负债和可供出售金融资产取得的投资收益	47 096 559	由于套期保值交易经过测试不是高度有效，因此套期交易未能符合企业会计准则中规定的运用套期保值会计的条件，不能按照套期保值会计进行核算，相关损益计入投资收益	53 586 919	172 628 371

【表外披露 2 - p. 14 ~ 16】【第四节　管理层讨论与分析 - 二、报告期内主要经营情况 - (二) 主营业务分析 - 2. 资产、负债情况分析】

单位：元

项目	本期期末数	本期期末数占总资产的比例（%）	上期期末数	上期期末数占总资产的比例（%）	本期期末金额较上期期末变动比例（%）	情况说明
以公允价值计量且其变动计入当期损益的金融资产	—	—	6 210 560	0.02	−100	
以公允价值计量且其变动计入当期损益的金融负债	17 240 890	0.06	3 679 599	0.01	369	

上述资产负债表的对比分析列示了变动幅度超过30%的项目，其变动原因如下：（2）以允价值计量且其变动计入当期损益的金融资产较年初减少100%，主要是本期套期保值的浮盈较上年同期减少；（12）以公允价值计量且其变动计入当期损益的金融负债较年初增加369%，主要是本期套期保值的浮亏较上年同期增加。

【表外披露3 - p. 72 ~ 75】【第十一节　财务报告 - 五、重要会计政策及会计估计 - 9. 金融工具】

金融工具的确认和终止确认；金融资产分类和计量；金融资产的后续计量取决于其分类；金融负债分类和计量；衍生金融工具：本集团使用衍生金融工具，例如以远期外汇合同和利率互换，分别对汇率风险和利率风险进行套期保值。衍生金融工具初始以衍生交易合同签订当日的公允价值进行计量，并以其公允价值进行后续计量。公允价值为正数的衍生金融工具确认为一项资产，公允价值为负数的确认为一项负债。但对于在活跃市场中没有报价且其公允价值不能可靠计量的权益工具挂钩并须通过交付该权益工具结算的衍生金融工具，按成本计量。除现金流量套期中属于有效套期的部分计入其他综合收益并于被套期项目影响损益时转出计入当期损益之外，衍生工具公允价值变动而产生的利得或损失，直接计入当期损益。

【表外披露 4 - p. 136 ~ 139】【第十一节　财务报告 - 十、与金融工具相关的风险 - 2. 金融工具风险】

本集团亦开展衍生交易，主要包括期货，目的在于对主要原料采购和产品销售进行保值。本集团的金融工具导致的主要风险是信用风险、流动性风险及市场风险。本集团对此的风险管理政策概述如下。

市场风险 - 汇率风险

本集团面临交易性的汇率风险。此类风险由于经营单位以其记账本位币以外的货币进行的销售或采购所致。本集团营业收入约26%（2014 年：29%）是以发生销售的经营单位的记账本位币以外的货币计价的，而约27%（2014 年：31%）的营业成本是以经营单位的记账本位币之外的货币计价的。本集团之子公司西矿香港采用衍生金融工具以对冲部分汇率风险。下表为外汇风险的敏感性分析，反映了在其他变量不变的假设下，美元和港币汇率发生合理可能的变动时，将对净利润产生的影响。（略）

【表外披露 5 - p. 142】【第十一节　财务报告 - 十一、公允价值的披露 - 1. 以公允价值计量的资产和负债的期末公允价值】

☑适用　□不适用

单位：元　币种：人民币

项目	期末公允价值			
	第一层次公允价值计量	第二层次公允价值计量	第三层次公允价值计量	合计
（五）交易性金融负债		17 240 890		17 240 890
其中：衍生金融负债		17 240 890		17 240 890
持续以公允价值计量的负债总额		17 240 890		17 240 890

2. 骆驼股份（2022 年）

【表内列报 1 - p. 88】【第十节　财务报告 - 七、合并财务报表项目注释 - 合并资产负债表】

衍生金融资产科目有期初余额、期末余额；衍生金融负债科目有期初余额，无期末余额。

【表内列报 2 - p. 152】【第十节　财务报告 - 七、合并财务报表项目注释 - 3. 衍生金融资产】

远期合约，有期末余额，无期初余额；持有的铅期货合约，有期初和期末余额。

【表内列报 3 - p. 179】【第十节　财务报告 - 七、合并财务报表项目注释 - 34. 衍生金融负债】

远期合约，有期初余额，无期末余额。

【表内列报 4 - p. 192】【第十节　财务报告 - 七、合并财务报表项目注释 - 69. 净敞口套期收益】

□适用　☑不适用

【表内列报 5 - p. 192】【第十节　财务报告 - 七、合并财务报表项目注释 - 70. 公允价值变动收益】

产生公允价值变动收益的来源 - 衍生金融资产、衍生金融负债，有本期发生额和上期发生额。

【表内列报 6 - p. 199】【第十节　财务报告 - 七、合并财务报表项目注释 - 83. 套期】

□适用　☑不适用

【表外披露 1 - p. 8~9】【第二节　公司简介和主要财务指标 - 十、非经常性损益项目和金额】

"除同公司正常经营业务相关的有效套期保值业务外，持有交易性金融资产、衍生金融资产、交易性金融负债、衍生金融负债产生的公允价值变动损益，以及处置交易性金融资产、衍生金融资产、交易性金融负债、衍生金融负债和其他债权投资取得的投资收益"项目近三年（2020—2022 年）均有金额。

【表外披露 2 – p. 10】【第二节　公司简介和主要财务指标 – 十一、采用公允价值计量的项目】

衍生金融资产，有期初余额、期末余额、当期变动、对当期利润的影响金额；衍生金融负债，有期初余额、当期变动、对当期利润的影响金额。

【表外披露 3 – p. 27～28】【第三节　管理层讨论与分析 – 五、报告期内主要经营情况 –（三）资产、负债情况分析 – 1. 资产及负债状况】

衍生金融资产，有本期期末数、本期期末数占总资产的比例、上期期末数、上期期末数占总资产的比例、本期期末金额较上期期末变动比例（657.66%），情况说明：主要系持有的铅期货合约增加。衍生金融资负债，有上期期末数、上期期末数占总资产的比例、本期期末金额较上期期末变动比例（–100%），情况说明：主要系远期外汇合约公允价值变动。

【表外披露 4 – p. 216～217】【第十节　财务报告 – 十、与金融工具相关的风险 – 1. 市场风险】

（1）汇率风险：本集团通过购买外币远期合同以消除外汇风险敞口，并且外币远期合同须与被套期项目的金额相同。同时本集团的风险管理政策要求所购买的套期衍生工具的条款须与被套期项目吻合，以达到最大的套期有效性。（略）

（2）利率风险：对于指定为套期工具的衍生金融工具，市场利率变化影响其公允价值，并且所有利率套期预计都是高度有效的。（略）

【表外披露 5 – p. 220】【第十节财务报告 – 十一、公允价值的披露】

1. 以公允价值计量的资产和负债的期末公允价值

一、持续的公允价值计量 –（六）衍生金融资产 – 期货、远期合约，均采用第一层次公允价值计量

2. 持续和非持续第一层次公允价值计量项目市价的确定依据：持续

第一层次公允价值计量项目市价来源于活跃市场中的报价

【表外披露 6 – p. 238 ~ 239】【第十节　财务报告 – 十八、补充资料 – 1. 当期非经常性损益明细表】

"除同公司正常经营业务相关的有效套期保值业务外，持有交易性金融资产、交易性金融负债产生的公允价值变动损益，以及处置交易性金融资产交易性金融负债和可供出售金融资产取得的投资收益"项目与【p. 8 ~ 9 – 第二节　公司简介和主要财务指标 – 十、非经常性损益项目和金额】中 2022 年金额一致。

3. 汉宇集团（2022 年）

【表内列报 1 – p. 122】【第十节　财务报告 – 七、合并财务报表项目注释 – 2. 交易性金融资产】

以公允价值计量且其变动计入当期损益的金融资产，其中衍生金融工具，有期末余额和期初余额。

【表内列报 2 – p. 158】【第十节　财务报告 – 七、合并财务报表项目注释 – 70. 公允价值变动收益】

产生公允价值变动收益的来源：交易性金融资产，其中衍生金融工具产生的公允价值变动收益，有本期发生额和上期发生额。

【表外披露 1 – p. 24 ~ 26】【第三节　管理层讨论与分析 – 七 – 投资状况分析 –（五）投资状况分析 – 4. 金融资产投资 –（2）衍生品投资情况】

（1）报告期内以套期保值为目的的衍生品投资。

☑适用　□不适用

衍生品投资类型：金融衍生工具。报告期内套期保值业务的会计政策、会计核算具体原则，以及与上一报告期相比是否发生重大变化的说明：公司以谨慎预计的未来外汇收入为限，选择合适的时机与银行签订远期结汇合约、外汇期权合约、外汇掉期合约以锁定或相对锁定未来现金流量，避免汇率风险，此类业务在实质上属于套期保值业务，但因其无法完全满足 CAS 24 第三章关于套期确认和计量所规定的条件，故公司将此类金融衍生工具根据 CAS 22 相关规定，分类为以公允价值计量且其变动计入当期损益的金融资产，作为交易性金融资产核算。具体表格略。

（2）报告期内以投机为目的的衍生品投资。

☑适用　□不适用

【表外披露 2 – p. 173 ~ 174】【第十节　财务报告 – 十一、公允价值的披露 – 1. 以公允价值计量的资产和负债的期末公允价值】

一、持续的公允价值计量 –（一）交易性金融资产 –（3）衍生金融资产，在第一层次公允价值计量下有金额。说明：2. 持续和非持续第一层次公允价值计量项目市价的确定依据：外汇远期合约是公司与金融机构签订的远期外汇合约资产负债表日的公允价值变动。其公允价值确定的依据为中国工商银行截至资产负债表日签订的交割日相同的远期外汇合约汇率。

3.5　套期与非套期业务同时存在的案例

1. 江西铜业（2021 年）

【表内列报 1 – p. 147 ~ 149】【已审财务报表 – 财务报表附注 – 五、合并财务报表主要项目注释 – 3. 衍生金融资产】

项目	2021 年	2020 年
指定套期关系的衍生金融资产（注1）		
公允价值套期		
商品期货合约及 T + D 合约	29 880 118	—

项目	2021 年	2020 年
未指定套期关系的衍生金融资产（注2）		
商品期货合约及 T + D 合约	267 217 072	401 120 356
远期外汇合约	78 135 052	50 393 067
期权合约	3 865 265	
合计	379 097 507	451 513 423

注1：套期保值。本集团使用商品期货合约、白银 T + D 合约和从铜精矿及矿粉采购协议中分拆的嵌入式衍生工具 – 临时定价安排来对本集团承担的商品价格风险进行套期保值。本集团使用的商品期货合约主要为上海期货交易所或伦敦金属交易所的阴极铜商品期货合约及白银商品期货合约，本集团使用的白银 T + D 合约为上海黄金交易所的标准化合约。

就套期会计方法而言，本集团的套期保值分类为现金流量套期及公允价值套期。在对应套期关系开始时，本集团对其进行了正式指定，并准备了关于套期关系、风险管理目标和套期策略等的正式书面文件。

（1）现金流量套期：本集团使用阴极铜商品期货合约对阴极铜等铜产品的预期销售进行套期，以此来规避本集团承担的随着阴极铜市场价格的波动，阴极铜等铜产品的预期销售带来的预计未来现金流量发生波动的风险。具体套期安排如下。

被套期项目	套期工具	套期方式
阴极铜预期销售	阴极铜商品期货合约	商品期货合约锁定阴极铜预期销售价格波动

于 2021 年 12 月 31 日及 2020 年 12 月 31 日，本集团无累计计入其他综合收益的现金流量套期储备亏损，上述现金流量套期储备已转入本集团利润表，参见附注五、44。

（2）公允价值套期。

本集团从事铜及白银等产品的生产加工业务，持有的产品面临铜及白银的价格变动风险。因此，本集团采用期货交易所的阴极铜商品期货合约、白银商品期货合约、白银 T＋D 合约和从铜精矿及矿粉采购协议中分拆的嵌入式衍生工具 – 临时定价安排来管理持有的存货所面临的商品价格风险。

本集团生产加工的铜及白银产品（被套期项目）中所含的标准阴极铜及白银与阴极铜商品期货合约、白银商品期货合约、白银 T＋D 合约以及临时定价安排（套期工具）中对应的标准阴极铜及白银相同，即套期工具与被套期项目的基础变量相同。套期无效部分主要来自基差风险、现货或期货市场供求变动风险以及其他现货或期货市场的不确定性风险等。本年和上年确认的套期无效的金额并不重大。

本集团针对此类套期采用公允价值套期，具体套期安排如下。

被套期项目	套期工具	套期方式
存货	临时定价安排	临时定价安排锁定阴极铜及白银存货的价格波动
	商品期货合约及 T＋D 合约	阴极铜商品期货合约、白银商品期货合约和白银 T＋D 合约锁定阴极铜及白银存货的价格波动

于 2021 年 12 月 31 日，本集团上述临时定价安排产生的套期工具的公允价值损失人民币 11 441 879 元（2020 年 12 月 31 日：损失人民币 426 978 829 元），上述商品期货合约及 T＋D 合约的公允价值收益为人民币 29 880 118 元（2020 年 12 月 31 日：损失人民币 17 254 789 元）

于 2021 年度，本集团上述临时定价安排产生的套期工具公允价值变动收益人民币 415 536 950 元（2020 年度：公允价值变动损失人民币 309 500 804 元），以及被套期项目公允价值变动损失人民币 407 988 673 元（2020 年度：公允价值变动收益人民币 303 024 325 元）已经计入本集团利润表。

于 2021 年度，本集团上述商品期货合约及 T + D 合约产生的套期工具公允价值变动收益人民币 47 134 907 元（2020 年度：公允价值变动损失人民币 17 254 789 元），以及被套期项目公允价值变动损失人民币 53 649 261 元（2020 年度：公允价值变动收益人民币 20 127 191 元）已经计入本集团利润表。

注 2：非有效套期及未被指定为套期的衍生工具。本集团使用阴极铜商品期货合约及商品期权合约对阴极铜等铜产品的采购，铜杆、铜线及铜相关产品的未来销售等进行风险管理，以此来规避本集团承担的随着阴极铜市场价格的波动，铜相关产品的价格发生重大波动的风险。

本集团使用黄金 T + D 合约及黄金商品期货合约、白银 T + D 合约及白银商品期货合约对黄金、白银等相关产品的未来销售和部分黄金租赁业务进行风险管理，以此来规避本集团承担的随着黄金和白银市场价格的波动，相关产品的价格发生重大波动的风险。

本集团使用远期外汇合约及利率互换合约进行风险管理，以此来规避本集团承担的汇率风险及利率风险。

以上衍生工具未被指定为套期工具或不符合套期会计准则的要求，其公允价值变动而产生的收益或损失直接计入本集团利润表，参见附注五、55 及 56。

【表内列报 2 – p. 157、159】【已审财务报表 – 财务报表附注 – 五、合并财务报表主要项目注释 – 9. 其他应收款】

	2021 年	2020 年
商品期货经纪公司款项（注）	2 716 273 299	1 721 631 043

注：于 2021 年 12 月 31 日，本集团存放于商品期货经纪公司的款项合计人民币 2 716 273 299 元（2020 年 12 月 31 日：人民币 1 721 631 043 元）。

其中，人民币 1 385 927 137 元（2020 年 12 月 31 日：人民币 973 151 881 元）作为本集团商品期货合约保证金，人民币 1 330 346 162 元（2020 年 12 月 31 日：人民币 748 479 162 元）为本集团存放于上述经纪公司的可动用资金。

【表内列报 3 - p. 160】【已审财务报表 - 财务报表附注 - 五、合并财务报表主要项目注释 - 10. 存货】

表略。

注：于 2021 年 12 月 31 日，本集团以账面价值为人民币 214 316 640 元（2020 年 12 月 31 日：人民币 518 529 194 元）的存货作为期货保证金。于 2021 年 12 月 31 日本集团的存货余额中以公允价值计量的金额为人民币 6 311 663 309 元（2020 年 12 月 31 日：人民币 6 159 716 148 元），其中以商品期货合约及 T + D 合约作为套期工具的被套期项目金额为人民币 362 435 617 元（2020 年 12 月 31 日：人民币 232 850 166 元），以临时定价安排作为套期工具的被套期项目金额为人民币 5 949 227 692 元（2020 年 12 月 31 日：人民币 5 926 865 982 元）。上述被套期项目的公允价值因来源于活跃市场中的报价，所属的公允价值层级为第一级。

【表内列报 4 - p. 180 ~ 181】【已审财务报表 - 财务报表附注 - 五、合并财务报表主要项目注释 - 22. 递延所得税资产/负债】

未经抵销的递延所得税资产	2021 年 12 月 31 日		2020 年 12 月 31 日	
	可抵扣暂时性差异	递延所得税资产	可抵扣暂时性差异	递延所得税资产
衍生金融工具公允价值变动损失	163 267 090	34 943 142	582 453 831	100 241 573

未经抵销的递延所得税负债	2021 年 12 月 31 日		2020 年 12 月 31 日	
	可抵扣暂时性差异	递延所得税负债	可抵扣暂时性差异	递延所得税负债
衍生金融工具公允价值变动收益	277 359 419	59 416 075	182 497 729	42 259 607

【表内列报 5 - p.185】【已审财务报表 - 财务报表附注 - 五、合并财务报表主要项目注释 - 25. 衍生金融负债】

项目	2021 年	2020 年
指定套期关系的衍生金融负债（注）		
公允价值套期		
临时定价安排	11 441 879	426 978 829
商品期货合约及 T + D 合约	—	17 254 789
未指定套期关系的衍生金融负债		
商品期货合约及 T + D 合约	234 063 519	536 685 780
远期外汇合约	32 743 262	33 341 718
商品期权合约	12 719 991	369 190
利率互换合约	—	16 768 274
合计	290 968 651	1 031 398 580

注：本集团的套期保值政策详见附注五、3。

【表内列报 6 - p.203】【已审财务报表 - 财务报表附注 - 五、合并财务报表主要项目注释 - 50. 销售费用】

	2021 年	2020 年
期货手续费	49 096 435	31 546 044

【表内列报 7 - p.205 ~ 206】【已审财务报表 - 财务报表附注 - 五、合并财务报表主要项目注释 - 55. 投资损失 - （2）投资损失明细情况】

项目	2021 年	2020 年
6. 未指定为套期关系的衍生工具		
商品期权合约投资收益	43 111 779	14 333 100

续表

项目	2021 年	2020 年
商品期货合约及 T + D 合约平仓损失	（2 159 566 623）	（1 092 313 503）
远期外汇合约投资收益	156 909 177	121 729 530
8. 套期工具		
有效套期保值的衍生工具		
公允价值套期		
存货公允价值		
被套期项目平仓收益	20 418 190	—
套期工具平仓损失	（26 073 702）	—
合计	（1 764 177 554）	（304 281 434）

【表内列报 8 - p.207】【已审财务报表 - 财务报表附注 - 五、合并财务报表主要项目注释 - 56. 公允价值变动损失 - 公允价值变动损失的明细情况】

项目	2021 年	2020 年
5. 未指定为套期关系的衍生工具		
远期外汇合约公允价值变动收益	28 340 441	65 021 359
利率互换合约公允价值变动收益/（损失）	16 768 274	（16 407 409）
商品期权合约公允价值变动收益	3 865 265	—
商品期货及 T + D 合约公允价值变动收益/（损失）	168 718 977	（230 305 322）
6. 套期工具		
有效套期保值的衍生工具		
公允价值套期		
商品期货合约及 T + D 合约		

续表

项目	2021 年	2020 年
被套期项目公允价值变动（损失）/收益	（53 649 261）	20 127 191
套期工具公允价值变动收益/（损失）	47 134 907	（17 254 789）
临时定价安排		
被套期项目公允价值变动（损失）/收益	（407 988 673）	303 024 325
套期工具公允价值变动收益/（损失）	415 536 950	（309 500 804）
合计	（209 589 196）	（632 097 749）

【表内列报 9 - p.212】【已审财务报表 - 财务报表附注 - 五、合并财务报表主要项目注释 - 64. 现金流量表项目注释】

	2021 年	2020 年
支付其他与经营活动有关的现金		
商品和期货保证金	994 642 256	56 601 966

【表内列报 10 - p.274】【已审财务报表 - 财务报表补充资料 - 1. 非经常性损益明细表】

	2021 年	2020 年
除同公司正常经营业务相关的有效套期保值业务外，持有交易性金融资产、衍生金融资产、交易性金融负债、衍生金融负债产生的公允价值变动损益，以及处置交易性金融资产和交易性金融负债取得的投资损失	（1 970 504 423）	（932 775 106）

【表外披露 1 - p.9】【第二节　公司简介和主要财务指标 - 十、非经常性损益项目和金额】

☑适用　□不适用

单位：元　币种：人民币

非经常性损益项目	2021 年金额	2020 年金额	2019 年金额
除同公司正常经营业务相关的有效套期保值业务外，持有交易性金融资产、衍生金融资产、交易性金融负债、衍生金融负债产生的公允价值变动损益，以及处置交易性金融资产、衍生金融资产、交易性金融负债、衍生金融负债和其他债权投资取得的投资收益	– 1 970 504 423	– 932 775 106	197 663 840

【表外披露 2 – p. 10】【第二节　公司简介和主要财务指标 – 十一、采用公允价值计量的项目】

☑适用　□不适用

单位：元　币种：人民币

项目	期初余额	期末余额	当期变动	对当期利润的影响金额
6. 未指定为套期关系的衍生工具				
远期外汇合约	17 051 349	45 391 790	28 340 441	185 249 618
利率互换合约	– 16 768 274	0	16 768 274	16 768 274
商品期权合约	– 369 190	– 8 854 726	– 8 485 536	46 977 044
商品期货合约	– 135 565 424	33 153 553	168 718 977	– 1 990 847 646
7. 套期工具				
有效套期保值的衍生工具				
商品期货合约	– 17 254 789	29 880 118	47 134 907	21 061 205
临时定价安排	– 426 978 829	– 11 441 879	415 536 950	415 536 950

续表

项目	期初余额	期末余额	当期变动	对当期利润的影响金额
8. 包含于存货中以公允价值计量的项目	6 159 716 148	6 311 663 309	151 947 161	– 441 219 744

【表外披露3 – p.23】【第三节　管理层讨论与分析 – 五、报告期内主要经营情况 – (三) 资产、负债情况分析 – 1. 资产及负债状况】

☑适用　□不适用

单位：万元　币种：人民币

项目	本期期末数	本期期末数占总资产的比例（%）	上期期末数	上期期末数占总资产的比例（%）	本期期末金额较上期期末变动比例（%）	情况说明
衍生金融负债	29 097	0.18	103 140	0.73	–71.79	注5

注5：报告期末本集团衍生金融负债为人民币 29 097 万元，比上年期末减少人民币 74 043 万元（或 –71.79%），主要原因为本集团期货业务浮动盈亏所致。

其他注省略。

【表外披露4 – p.24】【第三节　管理层讨论与分析 – 五、报告期内主要经营情况 – (三) 资产、负债情况分析 – 3. 截至报告期末主要资产受限情况】

☑适用　□不适用

其他应收款	1 385 927 137	期货保证金
存货	255 751 144	账面价值为人民币 214 316 640 元的存货作为期货保证金

【表外披露 5 – p. 28 ~ 29】【第三节　管理层讨论与分析 – 五、报告期内主要经营情况 –（五）投资状况分析 – 3. 以公允价值计量的金融资产】

☑适用　□不适用

项目	期初余额	期末余额	当期变动	对当期利润的影响金额
衍生金融工具（"–"表示负债，"+"表示资产）	– 579 885 157	88 128 856	668 014 013	– 1 305 254 555
被套期项目公允价值变动	6 159 716 148	6 311 663 309	151 947 161	– 441 219 744
合计	29 145 954 710	33 482 257 923	4 336 303 213	– 1 842 415 105

【表外披露 6 – p. 111 ~ 114、p. 116】【已审财务报表 – 财务报表附注 – 三、重要会计政策及会计估计 – 9. 金融工具】简略摘抄提要，读者可自行参考年报原文。

金融工具的确认和终止确认；金融资产分类和计量；金融负债分类和计量；衍生金融工具：本集团使用衍生金融工具，例如以商品期货合约、黄金 T + D 合约及白银 T + D 合约（"T + D 合约"）、商品期权合约、远期外汇合约、汇率互换合约和利率互换合约，分别对商品价格风险、汇率风险和利率风险进行套期。衍生金融工具初始以衍生交易合同签订当日的公允价值进行计量，并以其公允价值进行后续计量。公允价值为正数的衍生金融工具确认为一项资产，公允价值为负数的确认为一项负债。除与套期会计有关外，衍生工具公允价值变动产生的利得或损失直接计入当期损益。

【表外披露 7 – p. 133 ~ 134】【已审财务报表 – 财务报表附注 – 三、重要会计政策及会计估计 – 29. 套期会计】简略摘抄部分，读者可自行参考年报原文。

就套期会计方法而言，本集团的套期分类为：（1）公允价值套期；

（2）现金流量套期。本集团对套期有效性的评估方法，风险管理策略以及如何应用该策略来管理风险的详细信息，参见附注五、3. 满足套期会计方法条件的，按如下方法进行处理：（后略）。

【表外披露 8 - p. 135】【已审财务报表 - 财务报表附注 - 三、重要会计政策及会计估计 - 32. 公允价值计量】略，读者可自行参考年报原文。

【表外披露 9 - p. 228 ~ 229】【已审财务报表 - 财务报表附注 - 八、与金融工具相关的风险 - 1. 金融工具分类 - 2021 年】

	以公允价值计量且其变动计入当期损益的金融资产		以摊余成本计量的金融资产	以公允价值计量且其变动计入其他综合收益的金融资产		合计
	准则要求	指定		准则要求	指定	
衍生金融资产	379 097 507	—	—	—	—	379 097 507

	以公允价值计量且其变动计入当期损益的金融资产		以摊余成本计量的金融资产	合计
	准则要求	指定		
衍生金融负债	290 968 651	—	—	290 968 651

【表外披露 10 - p. 230】【已审财务报表 - 财务报表附注 - 八、与金融工具相关的风险 - 2. 金融工具抵销及终止确认】（略）。

【表外披露 11 - p. 236】【已审财务报表 - 财务报表附注 - 八、与金融工具相关的风险 - 4. 金融工具风险 - 流动性风险】

于 2021 年 12 月 31 日，本集团各项金融负债以未折现的合同现金流量（包括本金及利息）按到期日列示如下。

	2021 年 12 月 31 日			
	1 年以内	1 年至 5 年	5 年及以上	合计
衍生金融负债	290 968 651	—	—	290 968 651

【表外披露 12 - p. 239】【已审财务报表 - 财务报表附注 - 八、与金融工具相关的风险 - 4. 金融工具风险 - 商品价格风险】

本集团面临阴极铜、黄金及白银市场价格波动风险，阴极铜、黄金及白银为本公司生产和销售的主要产品。为规避阴极铜、黄金及白银市场价格波动风险，本集团使用阴极铜商品期货合约及临时定价安排对未来铜产品的销售、未来铜精矿的采购、存货以及铜杆线销售确定承诺进行风险管理，使用黄金 T + D 合约、白银 T + D 合约以及白银商品期货合约对黄金、白银等相关产品的未来销售和部分黄金租赁业务进行风险管理。

【表外披露 13 - p. 243 ~ 244】【已审财务报表 - 财务报表附注 - 九、公允价值的披露 - 1. 以公允价值计量的资产和负债 - 2021 年】

项目	公允价值计量使用的输入值			合计
	活跃市场报价（第一层次）	重要可观察输入值（第二层次）	重要不可观察输入值（第三层次）	
持续的公允价值计量				
衍生金融资产	297 097 190	82 000 317	—	379 097 507
商品期货合约及 T + D 合约	297 097 190	—		297 097 190
远期外汇合约	—	78 135 052		78 135 052
期权合约	—	3 865 265		3 865 265
被套期存货公允价值	6 311 663 309	—		6 311 663 309
衍生金融负债	234 063 519	56 905 132		290 968 651
商品期货合约及 T + D 合约	234 063 519	—		234 063 519
商品期权合约	—	12 719 991		12 719 991
远期外汇合约	—	32 743 262		32 743 262
临时定价安排	—	11 441 879		11 441 879

对于在活跃市场上交易的金融工具，本集团以其活跃市场报价确定其公允价值；对于不在活跃市场上交易的金融工具，本集团采用估值技术确定其公允价值。所使用的估值模型为现金流量折现模型。估值技术的输入值主要包括无风险利率、远期汇率。

【表外披露 14 – p. 245】【已审财务报表 – 财务报表附注 – 九、公允价值的披露 – 2. 持续第二层次公允价值计量项目市价的确定依据 – 2021 年 12 月 31 日】

	公允价值	估值技术	输入值
金融资产			
远期外汇合约被分类为衍生金融工具	78 135 052	现金流量折现模型	远期汇率反映了交易对手信用风险的折现率
商品期权合约被分类为衍生金融工具	3 865 265	期权定价模型	同类项目在伦敦金属交易所的报价
金融负债			
商品期权合约被分类为衍生金融工具	12 719 991	现金流量折现模型	同类项目在伦敦金属交易所的报价
远期外汇合约被分类为衍生金融工具	32 743 262	现金流量折现模型	远期汇率反映了交易对手信用风险的折现率
临时定价安排被分类为衍生金融负债	11 441 879	现金流量折现模型	类似项目在上海期货交易所或伦敦金属交易所的报价

2. 焦作万方（2022 年）

【表内列报 1 – p. 75】【第十节　财务报告 – 二、财务报表 – 1. 合并资产负债表】

衍生金融资产，有期末余额，衍生金融负债，有期初余额。

【表内列报 2 – p. 123】【第十节　财务报告 – 七、合并财务报表项目注释 – 1. 货币资金】

截至 2022 年 12 月 31 日，本公司受限制的货币资金明细 – 其他货币资金 – 期货保证金，有期初余额和期末余额。

【表内列报 3 – p. 123】【第十节　财务报告 – 七、合并财务报表项目注释 – 3. 衍生金融资产】

单位：元

项目	期末余额	期初余额
期货合约	195 025.00	
合计	195 025.00	

其他说明：截至 2022 年 12 月 31 日，本公司套期工具公允价值变动收益 195 025.00 元，计入衍生金融资产、净敞口套期收益核算。

【表内列报 4 – p. 146 ~ 147】【第十节　财务报告 – 七、合并财务报表项目注释 – 34. 衍生金融负债】

期货合约，有期初余额。

其他说明：截至 2022 年 12 月 31 日，本公司无衍生金融负债。

【表内列报 5 – p. 159】【第十节　财务报告 – 七、合并财务报表项目注释 – 69. 净敞口套期收益】

单位：元

项目	本期发生额	上期发生额
被套期项目公允价值变动	11 554 576.08	3 536 000.00
套期工具公允价值变动	3 160 790.00	– 2 965 765.00
合计	788 143.41	570 235.00

【表内列报 6 – p. 159】【第十节　财务报告 – 七、合并财务报表项目注释 – 70. 公允价值变动收益】

单位：元

产生公允价值变动收益的来源	本期发生额	上期发生额
交易性金融资产	232 643.84	
交易性金融负债		1 110 700.00
合计	232 643.84	1 110 700.00

【表内列报 7 – p. 163】【第十节　财务报告 – 七、合并财务报表项目注释 – 78. 现金流量表项目 – （3）收到的其他与投资活动有关的现金】

期货保证金，有本期发生额和上期发生额。

【表内列报 8 – p. 163】【第十节　财务报告 – 七、合并财务报表项目注释 – 78. 现金流量表项目 – （4）支付的其他与投资活动有关的现金】

期货保证金，有本期发生额和上期发生额。

【表外披露 1 – p. 9】【第二节　公司简介和主要财务指标 – 九、非经常性损益项目和金额】

"除同公司正常经营业务相关的有效套期保值业务外，持有交易性金融资产、交易性金融负债产生的公允价值变动损益，以及处置交易性金融资产、交易性金融负债和可供出售金融资产取得的投资收益"项目近三年（2020—2022 年）均有金额。

【表外披露 2 – p. 19】【第三节　管理层讨论与分析 – 六、资产及负债状况分析 – 2. 以公允价值计量的资产和负债】

衍生金融资产，在本期公允价值变动损益、本期购买金额、本期出售金额、期末数等项目下有金额。

【表外披露 3 – p. 22 ~ 23】【第三节　管理层讨论与分析 – 七、投资状况分析 – 4. 金融资产投资 – （2）衍生品投资情况】

☑适用　□不适用

（1）报告期内以套期保值为目的的衍生品投资。

☑适用　□不适用

单位：万元

衍生品投资类型	初始投资金额	本期公允价值变动损益	计入权益的累计公允价值变动	报告期内购入金额	报告期内售出金额	期末金额	期末投资金额占公司报告期末净资产比例
套期保值合约	10 196.63	− 1 076.64	0		74 721.59	1 872	0.35%
合计	10 196.63	− 1 076.64	0		74 721.59	1 872	0.35%

报告期内套期保值业务的会计政策、会计核算具体原则，以及与上一报告期相比是否发生重大变化的说明	公司根据财政部《企业会计准则第 22 号——金融工具确认和计量》《企业会计准则第 24 号——套期保值》《企业会计准则第 37 号——金融工具列报》等相关规则核算相关业务，与上一报告期相比无重大变化
报告期实际损益情况的说明	本期期货市场套期工具和被套期项目公允价值变动加总后的实际损益情况为 78.82 万元
套期保值效果的说明	本报告期内公司进行的期货操作主要以实物交割为主，合理选择现货销售或实物交割的基础是期货与现货之间的价差，目的是获得更高的销售价格，套期保值业务充分利用期货市场的保值功能，最大可能地规避现货交易价格大幅波动带来的风险
衍生品投资资金来源	自有资金
报告期衍生品持仓的风险分析及控制措施说明（包括但不限于市场风险、流动性风险、信用风险、操作风险、法律风险等）	（一）市场风险：（后略） （二）流动性风险：（后略） （三）信用风险：（后略） （四）操作风险：（后略） （五）法律风险：（后略）
已投资衍生品报告期内市场价格或产品公允价值变动的情况，对衍生品公允价值的分析应披露具体使用的方法及相关假设与参数的设定	公司套期保值业务所选择的交易所和交易品种市场透明度大，成交活跃，流动性较强，成交价格和结算价能充分反映衍生品的公允价值。本公司套期为公允价值套期，对满足规定条件的套期，本公司采用套期会计方法进行处理（后略）

涉诉情况（如适用）	无
衍生品投资审批董事会公告披露日期（如有）	2021 年 12 月 25 日
独立董事对公司衍生品投资及风险控制情况的专项意见	独立董事认为，公司开展期货套保业务，符合公司和全体股东的利益。独立董事同意公司开展期货套期保值业务（后略）

（2）报告期内以投机为目的的衍生品投资。

□适用　☑不适用

公司报告期不存在以投机为目的的衍生品投资。

【表外披露 4 - p. 166】【第十节　财务报告 - 七、合并财务报表项目注释 - 83. 套期】

本公司使用铝锭期货合约对铝锭的未来销售等进行风险管理，以此来规避本公司承担的随着铝锭市场价格的波动，铝锭相关产品的价格发生重大波动的风险。

①套期保值：本公司使用商品期货合约来对本公司承担的商品价格风险进行套期保值。本公司使用的商品期货合约主要为上海期货交易所的铝锭期货合约。

就套期会计方法而言，本公司的套期保值分类为公允价值套期。在对应套期关系开始时，本公司对其进行了正式指定，并准备了关于套期关系、风险管理目标和套期策略等的正式书面文件。具体套期安排如下。

本公司从事铝锭的生产加工业务，持有的产品面临价格变动风险。因此，本公司采用期货交易所的铝锭期货合约来管理持有的存货所面临的商品价格风险。

本公司生产加工的铝锭（被套期项目）与铝锭期货合约中对应的铝锭相同，即套期工具与被套期项目的基础变量相同。

本公司针对此类套期采用公允价值套期，具体套期安排如下。

被套期项目	套期工具	套期方式
铝锭	商品期货合约	铝锭期货合约锁定铝锭的价格波动

②非有效套期及未被指定为套期的衍生工具以上衍生工具未被指定为套期工具或不符合套期会计准则的要求，其公允价值变动而产生的收益或损失直接计入本公司利润表，参见附注七 69、附注七 70。

【表外披露 5 - p. 173】【第十节　财务报告 - 十一、公允价值的披露 - 1. 以公允价值计量的资产和负债的期末公允价值】

一、持续的公允价值计量 - 衍生金融资产，二、非持续的公允价值计量 - 库存商品 - 被套期项目 - 铝锭，均采用第一层次公允价值计量。

说明：2. 持续和非持续第一层次公允价值计量项目市价的确定依据为公司对期货套期保值业务进行公允价值计量时，采用上海期货交易所铝锭期货合约结算价及长江当日现货价。

3. 金龙鱼（2022 年）

该案例中，公司通过指定方式，将衍生品公允价值变动分为套期工具和非套期工具。本集团将标准大豆期货合约指定为套期工具，将期权的内在价值和时间价值分开，只将期权的内在价值变动指定为套期工具；将远期合同的远期要素和即期要素分开，只将即期要素的价值变动指定为套期工具；将金融工具的外汇基差单独分拆、只将排除外汇基差后的金融工具指定为套期工具。

【表内列报 1 - p. 135 ~ 136】【第十节　财务报告 - 二、财务报表 - 1. 合并资产负债表】

单位：千元

项目	2022 年 12 月 31 日	2022 年 1 月 1 日
流动资产		
衍生金融资产	584 040	521 168
非流动资产		
衍生金融资产	104 994	
流动负债		
衍生金融负债	1 229 581	1 136 580
非流动负债		
衍生金融负债	118 581	297 592

【表内列报 2 – p. 139 ~ 141】【第十节　财务报告 – 二、财务报表 – 合并利润表】

单位：千元

项目	2022 年度	2021 年度
六、其他综合收益的税后净额		
（二）将重分类进损益的其他综合收益	– 657 454	– 109 626
5. 现金流量套期储备		
……		
8. 与交易相关的被套期项目进行套期的期权时间价值、远期合同的远期要素或金融工具的外汇基差	– 467 858	– 142 339

【表内列报 3 – p. 170】【第十节　财务报告 – 七、合并财务报表项目注释 – 3. 衍生金融资产】

单位：千元

项目	期末余额	期初余额
商品衍生金融资产 – 流动	225 467	193 824
汇率衍生金融资产 – 流动	358 573	327 344
合计	584 040	521 168

【表内列报 4 – p.181】【第十节 财务报告 – 七、合并财务报表项目注释 – 13.其他流动资产】

单位：千元

项目	期末余额	期初余额
公允价值套期	19 819	87 378
合计	3 186 090	4 014 614

其他说明，无。

【表内列报 5 – p.181】【第十节 财务报告 – 七、合并财务报表项目注释 – 14.衍生金融资产】

单位：千元

项目	期末余额	期初余额
汇率衍生金融资产 – 非流动	104 994	

【表内列报 6 – p.199】【第十节 财务报告 – 七、合并财务报表项目注释 – 35.衍生金融负债】

单位：千元

项目	期末余额	期初余额
商品衍生金融负债 – 流动	703 934	632 971
汇率衍生金融负债 – 流动	525 647	465 154

项目	期末余额	期初余额
利率衍生金融负债－流动	—	38 455
合计	1 229 581	1 136 580

【表内列报 7－p. 206】【第十节　财务报告－七、合并财务报表项目注释－47. 衍生金融负债】

单位：千元

项目	期末余额	期初余额
汇率衍生金融负债－非流动	118 581	297 592

【表内列报 8－p. 211】【第十节　财务报告－七、合并财务报表项目注释－59. 其他综合收益】

单位：千元

项目	期初余额	本期发生额							期末余额
		本期所得税前发生额	减：前期计入其他综合收益当期转入损益	减：前期计入其他综合收益当期转入留存收益	减：所得税费用	税后归属于母公司	税后归属于少数股东		
二、将重分类进损益的其他综合收益	463 532	－963 216	－88 991		－150 470	－657 454	－66 301		－193 922
与交易相关的被套期项目进行套期的期权时间价值、远期合同的远期要素或金融工具的外汇基差	－66 745	－779 273	－88 991		－155 052	－467 858	－67 372		－534 603

续表

项目	期初余额	本期发生额						期末余额
		本期所得税前发生额	减：前期计入其他综合收益当期转入损益	减：前期计入其他综合收益当期转入留存收益	减：所得税费用	税后归属于母公司	税后归属于少数股东	
其他综合收益合计	535 025	− 980 363	− 88 991		− 154 757	− 670 314	− 66 301	− 135 289

【表内列报 9 − p. 216】【第十节　财务报告 − 七、合并财务报表项目注释 − 68. 财务费用】

单位：千元

项目	本期发生额	上期发生额
套期成本	236 690	162 644

【表内列报 10 − p. 216】【第十节　财务报告 − 七、合并财务报表项目注释 − 70. 投资收益】

单位：千元

项目	本期发生额	上期发生额
衍生金融工具取得的投资损失	− 428 877	− 1 958 630

【表内列报 11 − p. 225 ~ 228】【第十节　财务报告 − 七、合并财务报表项目注释 − 85. 套期 − 公允价值套期】

商品公允价值套期

本集团从事大豆及棕榈油等产品的生产加工业务，其持有的大豆及棕桐油等产品面临价格变动的风险，因此本集团采用大豆及棕榈油等期货合同管理其持有的大豆及棕榈油等产品所面临的商品价格风险。

本集团使用芝加哥期货交易所标准大豆期货合约对本集团持有的部分进口大豆存货及后续进口大豆所压榨的豆粕存货进行套期，分别使用大连期货交易所标准大豆、棕榈油、豆油和菜油期货合约对本集团持有的部分国产大豆、棕榈油、豆油和菜油存货以及尚未确认的确定采购承诺进行套期，以此来规避本集团承担的随着大豆、棕榈油、豆油和菜油市场价格的波动产生的公允价值变动的风险。本集团生产加工的大豆产品中所含的进口大豆和国产大豆，其市场价格的变动中包含与标准大豆期货合约相关联的风险成分，本集团将该风险成分指定为被套期项目，将标准大豆期货合约指定为套期工具，本集团通过定性分析，确定套期工具与被套期项目的数量比例为1∶1；本集团进口大豆所压榨的豆粕，与大豆期货合约中对应的进口大豆存在经济关系，使得大豆期货合约和进口大豆所压榨的豆粕的价值因面临相同的被套期风险而发生方向相反的变动，存在相关性，本集团通过分析，确定本年度套期工具与被套期项目的数量比例在0.85∶1至0.9∶1的范围之内；本集团生产加工的棕榈油产品，其市场价格的变动中包含与标准棕榈油期货合约相关联的风险成分，本集团将该风险成分指定为被套期项目，将标准棕榈油期货合约指定为套期工具，本集团通过定性分析，确定套期工具与被套期项目的数量比例为1∶1；本集团作出确定采购承诺的棕榈油产品，其市场价格的变动中包含与标准棕榈油期货合约相关联的风险成分，本集团将该风险成分指定为被套期项目，将标准棕榈油期货合约指定为套期工具，本集团通过定性分析，确定套期工具与被套期项目的数量比例为1∶1；本集团生产加工的豆油产品，其市场价格的变动中包含与标准豆油期货合约相关联的风险成分，本集团将该风险成分指定为被套期项目，将标准豆油期货合约指定为套期工具，本集团通过定性分析，确定套期工具与被套期项目的数量比例为1∶1；本集团生产加工的菜油产品，其市场价格的变动中包含与标准菜油期货合约相关联的风险成分，本集团将该风险成分指定为被套期项目，将标准菜油期货合约指定为套期工具，本集团通过定性分析，确定套期工具与被套期项目的数量比例为 1 ∶ 1。

套期无效部分主要来自套期工具和被套期项目的匹配时间差。本年度确认的套期无效的金额并不重大。本集团针对此类套期采用公允价值套期，具体套期安排如下：略。

外汇公允价值套期

本集团通过远期外汇合约、外汇期权合约、外汇掉期合约及货币掉期合约来降低外币货币资金、外币银行借款、外币应付票据和外币应付账款等外币资产和负债的汇率波动风险。本集团签订的远期外汇合约及外汇期权合约符合套期会计的运用条件。

于 2022 年 12 月 31 日，本集团签订了名义金额为美元 736 938 千元的远期外汇合约；2021 年 12 月 31 日，本集团签订了名义金额为美元 1 480 735 千元的远期外汇合约。根据上述协议本集团在锁定到期日可以固定汇率卖出美元，目的是对本集团持有的外币货币资金、应收账款的汇率波动风险进行套期。本集团通过定性分析，由于套期工具与被套期项目的关键条款匹配，确定套期工具与被套期项目的数量比例为 1 ∶ 1。本财务报表期间内公允价值套期无效部分并不重大。

于 2022 年 12 月 31 日，本集团签订了名义金额分别为美元 2 584 224 千元和港币 2 688 551 千元的远期外汇合约；于 2021 年 12 月 31 日，本集团签订了名义金额为美元 2 426 065 千元和港币 855 018 千元的远期外汇合约以及名义金额为美元 27 000 千元的外汇期权合约。根据上述协议本集团在锁定到期日可以或有权以固定汇率买入美元和港币，目的是对本公司持有的外币应付信用证、外币应付承兑交单、外币银行借款、外币关联方借款、外币应付票据的汇率波动风险进行套期。本集团通过定性分析，由于套期工具与被套期项目的关键条款匹配，确定套期工具与被套期项目的数量比例为 1 ∶ 1。本财务报表期间内公允价值套期无效部分并不重大。

本集团将期权的内在价值和时间价值分开，只将期权的内在价值变动指定为套期工具；本集团将远期合同的远期要素和即期要素分开，只将即期要素的价值变动指定为套期工具；本集团将金融工具的外汇基差单独分拆、只将排除外汇基差后的金融工具指定为套期工具。

2022 年 12 月 31 日主要套期工具的名义金额的时间分布如下：

单位：千元

	6 个月内	6 至 12 个月	1 年以后	合计
美元远期外汇合约名义金额	美元 1 610 814	美元 280 409	美元 1 429 938	美元 3 321 161
港币远期外汇合约名义金额			港币 2 688 551	港币 2 688 551

套期工具的账面价值以及公允价值变动如下：

公允价值套期	套期工具的名义金额（单位：千元）	套期工具的账面价值（单位：人民币千元）		包含套期工具的资产负债表列示项目
		资产	负债	
汇率风险 – 美元远期外汇合约	美元 3 321 161	1 005 198	361 074	衍生金融资产/衍生金融负债
汇率风险 – 港币远期外汇合约	港币 2 688 551	206 859		衍生金融资产

被套期项目的账面价值以及相关调整如下：

单位：人民币千元

公允价值套期	被套期项目的账面价值		被套期项目公允价值套期调整的累计金额（计入被套期项目的账面价值）		包含被套期项目的资产负债表列示项目
	资产	负债	资产	负债	
汇率风险 – 美元远期外汇合约	5 078 325	17 589 956	365 427	1 009 551	银行存款/短期借款/长期借款/一年内到期非流动负债

公允价值套期	被套期项目的账面价值		被套期项目公允价值套期调整的累计金额（计入被套期项目的账面价值）		包含被套期项目的资产负债表列示项目
	资产	负债	资产	负债	
汇率风险 – 港币远期外汇合约		2 303 959		206 859	长期借款

2021 年 12 月 31 日主要套期工具的名义金额的时间分布如下：略；套期工具的账面价值以及公允价值变动如下：略；被套期项目的账面价值以及相关调整如下：略（格式与 2022 年 12 月 31 日表格一致）。

【表外披露 1 – p. 8】【第二节　公司简介和主要财务指标 – 八、非经常性损益项目和金额】

☑适用　□不适用

单位：千元

项目	2022 年金额	2021 年金额	2020 年金额	说明
除同公司正常经营业务相关的有效套期保值业务外，持有交易性金融资产、交易性金融负债产生的公允价值变动损益，以及处置交易性金融资产、交易性金融负债和可供出售金融资产取得的投资收益	– 366 692	– 923 018	– 3 767 896	这些损失主要产生于本公司正常经营活动中用来管理其商品价格和外汇风险的衍生工具，因未完全满足套期会计的要求，因此在会计角度属于非经常性损益
合计	422	973	1 909	

【表外披露 2 – p. 33】【第三节　管理层讨论与分析 – 五、非主营业务情况】

☑适用　□不适用

单位：千元

	金额	占利润总额比例	说明	是否具有可持续性
投资收益	18 514	0.48%	这些损益主要包括已实现的衍生工具和现金管理的损益。其中，衍生品交易用于管理公司正常经营活动中的商品价格和外汇风险，因未完全满足套期会计的要求而计入投资收益	否
公允价值变动损益	－262 071	－6.78%	这些损益主要包括未实现的衍生工具和现金管理的损益。其中，衍生品交易用于管理公司正常经营活动中的商品价格和外汇风险，因未完全满足套期会计的要求而计入公允价值变动损益	否

【表外披露 3 - p. 37～38】【第三节　管理层讨论与分析 - 七、投资状况分析 - 4. 金融资产投资 - （2）衍生品投资情况 - 1）报告期内以套期保值为目的的衍生品投资】

报告期内套期保值业务的会计政策、会计核算具体原则，以及与上一报告期相比是否发生重大变化的说明：本公司根据财政部发布的《企业会计准则第 24 号——套期保值》判断套期业务是否满足运用套期会计方法进行处理的要求，对于满足要求的根据该准则规定的套期会计方法进行处理，对于不满足套期会计要求的，本公司根据《企业会计准则第 22 号——金融工具确认和计量》进行处理。对于满足套期会计要求的套期业务，公司按照套期会计准则的要求对公允价值套期进行会计处理，即在套期关系存续期间内，套期工具（商品期货合约、远期外汇合约、外汇期权合约、外汇掉期合约）的公允价值变动损益将计入被套期项目中，调整被套期项目的账面价值。对于不满足套期会计要求的金融工具（商品期货合约、商品期权合约、远期外汇合约、外汇期权合约、外汇掉期合约及货币掉期合约），公司于每月末根据期货公司提供的账单中的商品期货合约和商品期权合约的公允价值，以及根据现金流量折现模型确定的远期外汇合约、外汇期权合约、外汇掉期合约及货币掉期合约公允价值，在账面确认衍生金融工具和公允价值变动损益。待上述金融工具到期结算时，公司将相应的收益和损失确认在投资收益中。于2022年度，本公司报告期内套期保值业务的会计政策和会计核算与上一报告期相比没有发生重大变化。

【表外披露4 – p. 155】【第十节 财务报告 – 五、重要会计政策及会计估计 – 43. 其他重要的会计政策和会计估计】

（1）套期会计。

就套期会计方法而言，本集团的套期分类为：（后略）。

满足套期会计方法条件的，按以下方法进行处理。

公允价值套期（后略）。

套期成本

本集团将期权的内在价值和时间价值分开，只将期权的内在价值变动指定为套期工具；或本集团将远期合同的远期要素和即期要素分开，只将即期要素的价值变动指定为套期工具；或将金融工具的外汇基差单独分拆、只将排除外汇基差后的金融工具指定为套期工具的，本集团将期权的时间价值、远期合同的远期要素以及金融工具的外汇基差的公允价值变动中与被套期项目相关的部分计入其他综合收益，如果被套期项目的性质与交易相关，则按照与现金流量套期储备的金额相同的会计方法进行处理，如果被套期项目的性质与时间段相关，则将上述公允价值变动按照系统、合理的方法在被套期项目影响损益或其他综合收益的期间内摊销，从其他综合收益转出，计入当期损益。

【表外披露5 – p. 297 ~ 298】【第十节 财务报告 – 十八、补充资料 – 1. 当期非经常性损益明细表】

☑适用 □不适用

单位：千元

说明	金额	说明
除同公司正常经营业务相关的有效套期保值业务外，持有交易性金融资产、衍生金融资产、交易性金融负债、衍生金融负债产生的公允价值变动损益，以及处置交易性金融资产、衍生金融资产、交易性金融负债、衍生金融负债和其他债权投资取得的投资收益	- 366 692	这些损失主要产生于本公司正常经营活动中用来管理其商品价格和外汇风险的衍生工具，因未完全满足套期会计的要求，因此在会计角度属于非经常性损益

3.6 非套期业务且执行金融工具准则的案例

1. 顺钠股份（2018 年）

公司的衍生品投资倾向于投机性质，详情可参见公司 2019 年 5 月 30 日收到的问询函。

【表内列报 1 - p.72】【第十一节 财务报告 - 二、财务报表 - 1. 合并资产负债表】

2018 年 12 月 31 日

单位：元

项目	期末余额	期初余额
衍生金融资产	1 896 799.68	87 577 607.27
衍生金融负债		

【表内列报 2 - p.116】【第十一节 财务报告 - 七、合并财务报表项目注释 - 3. 衍生金融资产】

☑适用 □不适用

单位：元

项目	期末余额	期初余额
期货	1 896 799.68	87 577 607.27
合计	1 896 799.68	87 577 607.27

【表内列报 3 – p.145】【第十一节　财务报告 – 七、合并财务报表项目注释 – 60. 投资收益】

单位：元

项目	本期发生额	上期发生额
处置衍生金融资产取得的投资收益	137 439 676.87	– 6 278 147.58
合计	138 569 631.51	9 571 216.96

【表内列报 4 – p.145】【第十一节　财务报告 – 七、合并财务报表项目注释 – 61. 公允价值变动收益】

单位：元

产生公允价值变动收益的来源	本期发生额	上期发生额
以公允价值计量的且其变动计入当期损益的金融资产	– 1 607 005.89	– 16 014 438.72
其中：衍生金融工具产生的公允价值变动收益	– 1 607 005.89	– 16 014 438.72
合计	– 1 607 005.89	– 16 014 438.72

【表内列报 5 – p.169～170】【第十一节　财务报告 – 十八、补充资料 – 1. 当期非经常性损益明细表】

☑适用 □不适用

单位：元

项目	金额	说明
除同公司正常经营业务相关的有效套期保值业务外，持有交易性金融资、交易性金融负债产生的公允价值变动损益，以及处置交易性金融资产、交易性金融负债和可供出售金融资产取得的投资收益	− 1 607 005.89	
处置衍生金融资产取得的投资收益	137 439 676.87	

【表外披露1 - p.7~8】【第二节　公司简介和主要财务指标 - 九、非经常性损益项目和金额】

☑适用 □不适用

单位：元

项目	2018 年金额	2017 年金额	2016 年金额	说明
除同公司正常经营业务相关的有效套期保值业务外，持有交易性金融资、交易性金融负债产生的公允价值变动损益，以及处置交易性金融资产、交易性金融负债和可供出售金融资产取得的投资收益	− 1 607 005.89	− 3 403 580.40		
处置衍生金融资产取得的投资收益	137 439 676.87			

【表外披露2 - p.9】【第三节　公司业务概要 - 二、主要资产重大变化情况 - 1. 主要资产重大变化情况】

主要资产	重大变化说明
衍生金融资产	报告期末余额为190万元，比期初减少8 568万元，减少比例为97.83%。原因是子公司浙江翰晟的商品期货业务减少

【表外披露 3 - p. 17】【第四节　经营情况讨论与分析 - 三、非主营业务分析】

☑适用　□不适用

单位：元

项目	金额	占利润总额比例	形成原因说明	是否具有可持续性
投资收益	138 569 631. 51	11.89%	主要是处置衍生金融资产取得的投资收益	否
公允价值变动损益	- 1 607 005. 89	- 0.14%	衍生金融资产产生的公允价值变动损益	否

【表外披露 4 - p. 18】【第四节　经营情况讨论与分析 - 四、资产及负债状况 - 2. 以公允价值计量的资产和负债】

☑适用　□不适用

单位：元

项目	期初数	本期公允价值变动损益	计入权益的累计公允价值变动	本期计提的减值	本期购买金额	本期出售金额	期末数
金融资产							
2. 衍生金融资产	87 577 607. 27	- 1 607 005. 89		0.00	1 489 995 100. 00	1 575 675 907. 59	1 896 799. 68

【表外披露 5 - p. 20 ~ 23】【第四节　经营情况讨论与分析 - 五、投资状况 - 4. 金融资产投资 - （2）衍生品投资情况】

☑适用　□不适用

单位：万元

衍生品投资操作方名称	关联关系	是否关联交易	衍生品投资类型	衍生品投资初始投资金额	起始日期	终止日期	期初投资金额	报告期内购入金额	报告期内售出金额	计提减值准备金额（如有）	期末投资金额	期末投资金额占公司报告期末净资产比例	报告期实际损益金额
同信久恒期货有限责任公司	无	否	商品期货合约	2 232.14	2018年01月02日	2018年12月31日	2 232.14	26 571.50	28 638.57		165.06	0.27%	870.31
为表格简化起见，后续15笔投资省略，读者可参考当年报原文查看					—	—							
合计				8 757.77			8 757.77	148 999.51	157 567.57		189.68	0.31%	13 687.72

衍生品投资资金来源	自有资金
涉诉情况（如适用）	不适用
衍生品投资审批董事会公告披露日期（如有）	2018年04月14日
衍生品投资审批股东会公告披露日期（如有）	2018年05月08日
报告期衍生品持仓的风险分析及控制措施说明（包括但不限于市场风险、流动性风险、信用风险、操作风险、法律风险等）	一、衍生品持仓的风险分析：1.市场风险；2.流动性风险；3.信用风险；4.操作风险；5.法律风险； 二、衍生品投资的风险控制举措：1.市场风险的规避；2.流动性风险的规避；3.信用风险的规避；4.操作风险的规避；5.法律风险的规避； 三、2018年10月19日浙江稽晟被公安机关查发出具报告发生串联，交易人员和风控专门的人员均已陆续离职，交易系统到报告的操作，所以没有相关专门的人员进行后续主动规避风险的操作，后续的市场波动可能会影响相关的损益变动

续表

衍生品投资操作方名称	关联关系	是否关联交易	衍生品投资类型	衍生品投资初始投资金额	起始日期	终止日期	期初投资金额	报告期内购入金额	报告期内售出金额	计提减值准备金额（如有）	期末投资金额	期末投资金额占报告期公司报告期末净资产比例	报告期实际损益金额

已投资衍生品报告期内市场价格或产品公允价值变动的情况，对衍生品公允价值的分析应披露具体使用的方法及相关假设与参数的设定

浙江翰晟已投资的衍生品本报告期内投资损益为13583.78万元，衍生品交易主要在期货交易所进行，交易品种透明度大，成交活跃，流动性较强，成交价格和结算价格公允能充分反映衍生品的公允价值。对衍生品公允价值的分析具体使用的方法及相关假设与参数的设定是以2018年12月31日中国期货市场监控中心等提供的结算单上持仓合约的结算价作为衍生品的公允价值

报告期公司衍生品的会计政策及会计核算具体原则与上一报告期相比是否发生重大变化的说明　否

独立董事对公司衍生品投资及风险控制情况的专项意见　鉴于浙江翰晟携创实业有限公司大宗贸易业务的发展，需要规避价格波动带来的风险，通过利用合理的衍生品交易工具，有利于降低经营风险，提高盈利能力（后略）

【表外披露 6 – p. 97 ~ 100】【第十一节　财务报告 – 五、重要会计政策及会计估计 – 10. 金融工具】简略摘抄。

（1）金融工具的分类；（2）金融工具的确认依据和计量方法；（3）金融资产转移的确认依据和计量方法；（4）金融负债终止确认条件；（5）金融资产和金融负债公允价值的确定方法；（6）金融资产（不含应收款项）减值准备计提；（7）资产及金融负债的抵销。

【表外披露 7 – p. 156】【第十一节　财务报告 – 十、与金融工具相关的风险 –（二）流动性风险】

截至 2018 年 12 月 31 日，本公司各项金融资产及金融负债以未折现的合同现金流量按到期日列示如下：

项目	期末余额					
	账面净值	账面原值	1 年以内	1 ~ 2 年	2 ~ 5 年	5 年以上
衍生金融资产	1 896 799.68	1 896 799.68	1 896 799.68	——	——	——

【表外披露 8 – p. 157 ~ 158】【第十一节　财务报告 – 十一、公允价值的披露 – 1. 以公允价值计量的资产和负债的期末公允价值】

项目	期末公允价值			
	第一层次公允价值计量	第二层次公允价值计量	第三层次公允价值计量	合计
一、持续的公允价值计量				
1. 交易性金融资产	1 896 799.68			1 896 799.68
（3）衍生金融资产	1 896 799.68			1 896 799.68
二、非持续的公允价值计量				

第一层次：是在计量日能够取得的相同资产或负债在活跃市场上未经调整的报价。

2. 宁波能源（2022 年）

【表内列报 1 - p. 137】【第十节　财务报告 - 七、合并财务报表项目注释 - 2. 交易性金融资产】

以公允价值计量且其变动计入当期损益的金融资产 - 其中：衍生金融资产，有期末余额和期初余额。

【表内列报 2 - p. 180】【第十节　财务报告 - 七、合并财务报表项目注释 - 33. 交易性金融负债】

交易性金融负债 - 其中：衍生金融负债，有期初余额、本期增加、本期减少和期末余额。

【表内列报 3 - p. 200】【第十节　财务报告 - 七、合并财务报表项目注释 - 69. 净敞口套期收益】

□适用　☑不适用

【表内列报 4 - p. 200】【第十节　财务报告 - 七、合并财务报表项目注释 - 70. 公允价值变动收益】

产生公允价值变动收益的来源：交易性金融资产 - 其中：衍生金融工具产生的公允价值变动收益、交易性金融负债，有本期发生额和上期发生额。

【表内列报 5 - p. 207】【第十节　财务报告 - 七、合并财务报表项目注释 - 83. 套期】

□适用　☑不适用

【表外披露 1 - p. 10】【第二节　公司简介和主要财务指标 - 十、非经常性损益项目和金额】

"除同公司正常经营业务相关的有效套期保值业务外，持有交易性金融资产、衍生金融资产、交易性金融负债、衍生金融负债产生的公允价值变动损益，以及处置交易性金融资产、衍生金融资产、交易性金融负债、衍生金融负债和其他债权投资取得的投资收益"项目近三年（2020—2022 年）均有金额。

【表外披露 2 - p.29 ~ 31】【第三节　管理层讨论与分析 - 五、报告期内主要经营情况 - （五）投资状况分析 - 3.以公允价值计量的金融资产 - 衍生品投资情况】

衍生金融工具，在期初数、本期公允价值变动损益、期末数下有金额。说明：公司七届二十五次董事会、2021年年度股东大会审议通过《关于授权经营层开展商品衍生品业务的议案》，公司以规避大宗商品价格波动带来的经营风险，稳定经营利润为目的，2022年开展了商品期货套期保值业务，实现投资收益6 743.46万元，公允价值变动情况详见附注七、70。

【表外披露 3 - p.225 ~ 226】【第十节　财务报告 - 十、与金融工具相关的风险 - 1.市场风险 - （2）证券价格风险】

此外，本公司在资产负债表日以其公允价值列示的还包括套期以外的衍生金融资产（期货投资），期货投资主要通过国内依法批准成立的期货交易所开展跨期套利和期现套利等业务。公司制定了《证券、期货投资业务内控制度》和《证券、期货投资风险监控管理办法》等相关内控制度，专门设立风险监控管理部门，对投资过程的合理、合法、合规性，以及投资风险进行专门的独立的监控，并直接对公司董事会、董事长负责，以防范和控制投资风险。

于2022年12月31日，如衍生金融资产的价格上升/降低10%，则本公司的税前利润将会增加/减少约人民币4 640.89万元；如衍生金融负债的价格上升/降低10%，则本公司的税前利润将会增加/减少约人民币1 843.46万元。

【表外披露 4 - p.228 ~ 229】【第十节　财务报告 - 十一、公允价值的披露】

（1）以公允价值计量的资产和负债的期末公允价值。

一、持续的公允价值计量 - （一）交易性金融资产 - 1.以公允价值计量且其变动计入当期损益的金融资产 - （3）衍生金融资产，在第一层次公允价值计量下有金额。（八）交易性金融负债 - 1.以公允价值计量且其变动计入当期损益的金融负债－其中：衍生金融负债，在第一层次公允价值计量下有金额。

（2）持续和非持续第一层次公允价值计量项目市价的确定依据，公允价值计量方法基于相同资产或负债在活跃市场中的标价（未经调整）。

【表外披露 5 - p. 264】【第十节　财务报告 - 十八、补充资料 - 1. 当期非经常性损益明细表】

"除同公司正常经营业务相关的有效套期保值业务外，持有交易性金融资产、衍生金融资产、交易性金融负债、衍生金融负债产生的公允价值变动损益，以及处置交易性金融资产、衍生金融资产、交易性金融负债、衍生金融负债和其他债权投资取得的投资收益"项目有金额，与【p. 10 - 第二节　公司简介和主要财务指标 - 十、非经常性损益项目和金额】2022 年金额一致。

3. 远大控股（2022 年）

【表内列报 1 - p. 74】【第十节　财务报告 - 二、财务报表 - 1. 合并资产负债表】

流动资产—衍生金融资产及流动负债—衍生金融负债，均有期末余额和期初余额。

【表内列报 2 - p. 117】【第十节　财务报告 - 七、合并财务报表项目注释 - 1. 货币资金】

说明：期末本账户余额中除其他货币资金中的银行承兑汇票保证金 255 786 565. 33 元、保函保证金 7 953 412. 95 元、信用证保证金 89 724 984. 03 元、期货保证金 443 170 383. 01 元、外汇远期等衍生工具保证金 45 269 900. 00 元、涉诉冻结的存款 2 444 779. 87 元，无抵押、冻结等对变现有限制或存放在境外、或有潜在收回风险的款项。

【表内列报 3 - p. 117】【第十节　财务报告 - 七、合并财务报表项目注释 - 3. 衍生金融资产】

商品期货等衍生工具公允价值、外汇远期等衍生工具公允价值、套期工具，有期初余额和期末余额。

【表内列报 4 – p. 134】【第十节　财务报告 – 七、合并财务报表项目注释 – 25. 衍生金融负债】

商品期货等衍生工具公允价值、外汇远期等衍生工具公允价值，有期初余额和期末余额；套期工具，有期初余额。

【表内列报 5 – p. 143】【第十节　财务报告 – 七、合并财务报表项目注释 – 52. 投资收益】

商品期货等衍生工具收益、外汇远期等衍生工具收益，有本期发生额和上期发生额。

【表内列报 6 – p. 143】【第十节　财务报告 – 七、合并财务报表项目注释 – 53. 公允价值变动收益】

商品期货等衍生工具公允价值、外汇远期等衍生工具公允价值，有本期发生额和上期发生额。

【表内列报 7 – p. 146】【第十节　财务报告 – 七、合并财务报表项目注释 – 61. 现金流量表项目 –（3）收到的其他与投资活动有关的现金】

收回商品期货等衍生工具保证金、收回外汇远期等衍生工具保证金，有本期发生额和上期发生额。

【表内列报 8 – p. 146】【第十节　财务报告 – 七、合并财务报表项目注释 – 61. 现金流量表项目 –（4）支付的其他与投资活动有关的现金】

支付商品期货等衍生工具保证金、支付外汇远期等衍生工具保证金、衍生工具投资损失，有本期发生额和上期发生额。

【表外披露 1 – p. 26 ~ 28】【第三节　管理层讨论与分析 – 七、投资状况分析 – 4. 金融资产投资 –（2）衍生品投资情况】

（1）报告期内以套期保值为目的的衍生品投资。

□适用　☑不适用

（2）报告期内以投机为目的的衍生品投资。

☑适用　□不适用

衍生品投资类型：商品期货、商品期权、远期外汇。具体表格略。

【表外披露 2 - p. 156 ~ 157】【第十节　财务报告 - 十、与金融工具相关的风险】

（1）市场风险；（2）信用风险（后略）。

【表外披露 3 - p. 157】【第十节　财务报告 - 十一、公允价值的披露】

（1）以公允价值计量的资产和负债的期末公允价值。

一、持续的公允价值计量 - （二）衍生金融资产、（五）衍生金融负债，在第一层次公允价值计量、第二层次公允价值计量下有金额。

（2）持续和非持续第一层次公允价值计量项目市价的确定依据：本公司采用第一层次公允价值计量的衍生金融资产和衍生金融负债根据相同资产或负债在活跃市场中的报价（未经调整的）。

（3）持续和非持续第二层次公允价值计量项目，采用的估值技术和重要参数的定性及定量信息对于不在活跃市场上交易的被分类为应收款项融资的应收票据、外汇远期等衍生工具和符合金融工具准则适用条件的买卖非金融项目合同，采用第二层次公允价值计量，即直接（即价格）或间接（即从价格推导出）地使用除第一层次中的资产或负债的市场报价之外的可观察输入值。当需要采用估值技术确定其公允价值时，本公司所使用的估值模型主要为现金流量折现模型；估值技术的输入值主要包括无风险利率、基准利率、汇率等。

【表外披露 4 - p. 163】【第十节　财务报告 - 十五、其他重要事项 - 2. 其他对投资者决策有影响的重要交易和事项 - （2）公司之子公司期现结合业务模式和衍生工具投资的情况】

本公司之部分子公司［如远大物产集团有限公司及其子公司、远大粮油食品有限公司及其子公司、GRAND OILS & FOODS（SINGAPORE）PTE. LTD.］的主要业务系从事大宗商品交易，其商业模式主要为期现结合，以大宗商品现货为基础，以期货等衍生工具为手段，通过期现货有效

结合，管理大宗商品价格波动风险，赚取合理商业利润。（略）

3.7　案例总结分析

本章汇总了四类衍生品业务类型对表内列报和表外披露信息的影响，几乎没有案例就其衍生品业务提供所有者权益变动表的项目注释，而几乎所有的案例都会在财务报表补充信息中提供非经常性损益项目明细表，因此以下仅汇总四类案例在资产负债表、利润表和现金流量表中的列报科目及项目注释，以及相应的表外披露信息。

3.7.1　套期业务且执行套期会计时的列报与披露信息汇总

以下总结了本类型三个案例中的表外披露和表内列报信息。

1. 表外信息披露

由表 3 −1 可知，执行套期会计的套期业务通常需要披露以下内容：合并财务报表项目注释 − 套期；财务报告 − 其他重要的会计政策和会计估计 − 套期会计；管理层讨论与分析 − 衍生品投资情况 − 报告期内以套期保值为目的衍生品投资；财务报告 − 公允价值的披露。其中的前两项"合并财务报表项目注释 − 套期""其他重要的会计政策和会计估计 − 套期会计"是显著区别于执行 CAS 22 金融工具准则时的表外披露。如果衍生品业务引起财务报表内科目发生较大幅度变动时，还需要在"报告期内主要经营情况"下提供相关财务报表科目变动分析表。此外，存在套期保值无效部分时，需计入非经常性损益项目，通常会在"非经常性损益项目和金额"下披露近三年的情况。

表 3 - 1　　　　　套期业务且执行套期会计时可能的表外披露信息

公司	年份	衍生品类型	套期会计类型	表外披露
金贵银业	2022	期货、期权	公允价值套期、现金流量套期	合并财务报表项目注释 - 套期；管理层讨论与分析 - 衍生品投资情况 - 报告期内以套期保值为目的衍生品投资；财务报告 - 重要会计政策及会计估计 - 其他重要的会计政策和会计估计 - 采用套期会计的依据、会计处理方法；财务报告 - 公允价值的披露
东方电缆	2022	期货	现金流量套期	合并财务报表项目注释 - 套期；公司简介和主要财务指标 - 非经常性损益项目和金额；公司简介和主要财务指标 - 采用公允价值计量的项目；管理层讨论与分析 - 报告期内主要经营情况 - 主营业务分析 - 利润表及现金流量表相关科目变动分析表；财务报告 - 重要会计政策及会计估计 - 其他重要的会计政策和会计估计 - 套期会计；财务报告 - 公允价值的披露 - 以公允价值计量的资产和负债的期末公允价值
杭电股份	2022	期货	现金流量套期	合并财务报表项目注释 - 套期；管理层讨论与分析 - 报告期内主要经营情况 - 资产、负债情况分析 - 其他流动负债、其他综合收益；财务报告 - 公允价值的披露 - 以公允价值计量的资产和负债的期末公允价值

此外，尽管东方电缆和杭电股份的表外披露相对较为完整，但两者均未披露衍生品投资情况。

2. 表内列报及项目注释

由表 3 - 2 可知，执行套期会计的套期业务在三张财务报表中可能涉及的会计科目会受其所采用的衍生品类型，以及所执行的套期会计类型的影响而有所差异。在现金流量套期下，可能涉及资产负债表的衍生金融资产/负债、其他综合收益、递延所得税资产/负债；利润表中的其他综合收益的税后净额、主营业务成本、主营业务收入、公允价值变动收益、投资收益等科目。在公允价值套期下，通常不涉及其他综合收益科目。如果套期工具为期货的，期货保证金可能涉及资产负债表下的货币资金 - 其他货币资金、其他应收款等；期货保证金的收付可能涉及现金流量表下的收到/支付其他与经营活动有关的现金。

表 3 - 2   套期业务且执行套期会计时可能的表内列报科目

公司	表内列报		
	资产负债表	利润表	现金流量表
金贵银业	货币资金 - 其他货币资金；其他应收款 - 押金保证金；递延所得税资产 - 未经抵销的递延所得税资产 - 套期工具；递延所得税负债 - 未经抵销的递延所得税负债 - 套期损益；衍生金融负债 - 指定套期关系的衍生金融工具；衍生金融负债 - 公允价值变动；其他综合收益 - 将重分类进损益的其他综合收益 - 现金流量套期储备；其他综合收益 - 套期工具有效部分	公允价值变动收益 - 交易性金融资产 - 套期损益；公允价值变动收益 - 套期工具无效部分；其他综合收益的税后净额 - 将重分类进损益的其他综合收益 - 现金流量套期储备；主营业务成本 - 有效的套期保值工具平仓损益；投资收益 - 无效的套期保值工具平仓损益；公允价值变动收益 - 持仓套期损益；公允价值变动收益 - 平仓套期损益	
东方电缆	货币资金 - 其他货币资金 - 期货交易保证金；衍生金融资产 - 指定套期关系的衍生金融资产；递延所得税资产 - 未经抵销的递延所得税资产 - 未结转套期损益；递延所得税负债 - 未经抵销的递延所得税负债 - 套期工具期末公允价值变动；递延所得税负债 - 未经抵销的递延所得税负债 - 未结转套期损益其他综合收益；其他综合收益 - 将重分类进损益的其他综合收益 - 现金流量套期储备	其他综合收益的税后净额 - 将重分类里进损益的其他综合收益 - 现金流量套期储备	支付的其他与经营活动有关的现金 - 支付的商品期货合约保证金

公司	表内列报		
	资产负债表	利润表	现金流量表
杭电股份	其他流动资产－套期工具；递延所得税负债－未经抵销的递延所得税负债－套期工具期末公允价值变动；其他流动负债－套期工具；其他综合收益－将重分类进损益的其他综合收益－现金流量套期储备	其他综合收益的税后净额－将重分类进损益的其他综合收益－现金流量套期储备；投资收益－套期工具－无效套期；公允价值变动收益－套期工具－无效套期；主营业务成本－套期工具有效部分平仓损益；投资收益－套期工具无效部分平仓损益	

3.7.2 套期业务但执行金融工具准则时的列报与披露信息汇总

以下总结了本类型三个案例中的表外披露和表内列报信息。

1. 表外信息披露

CAS 24 是一项可选的会计准则，即使企业开展了套期业务，也可以选择不执行 CAS 24，而执行 CAS 22 金融工具准则。表 3 - 3 的汇总结果表明，从表外披露的角度看，此时企业不再需要披露"合并财务报表项目注释－套期"，也不必披露"其他重要的会计政策和会计估计－套期会计"，而转成"重要会计政策及会计估计－金融工具"，但仍需披露"衍生品投资情况"和"公允价值的披露"，还需说明"与金融工具相关的风险"。部分公司也会用"采用公允价值计量的项目"来替代"衍生品投资情况"，以披露衍生品期初、本期增减、期末余额等情况。如果衍生品业务引起财务报表内科目发生较大幅度变动时，还需要在"报告期内主要经营情况"下提供相关财务报表科目变动分析表。

表 3-3　　　套期业务但执行金融工具准则时可能的表外披露信息

公司	年份	衍生品类型	表外披露
西部矿业	2015	远期外汇；商品期货	公司简介和主要财务指标-非经常性项目和金额；管理层讨论与分析-资产及负债状况-以公允价值计量且其变动计入当期损益的金融资产/负债；财务报告-重要会计政策及会计估计-金融工具；财务报告-与金融工具相关的风险；财务报告-公允价值的披露
骆驼股份	2022	远期合约；期货合约	财务报告-合并财务报表项目注释-套期（不适用）、净敞口套期收益（不适用）；公司简介和主要财务指标-采用公允价值计量的项目；管理层讨论与分析-报告期内主要经营情况-资产、负债情况分析-铅期货合约增加、远期外汇合约公允价值变动；重要会计政策及会计估计-金融工具；财务报告-与金融工具相关的风险；财务报告-公允价值的披露
汉宇集团	2022	远期结汇合约、外汇期权合约、外汇掉期合约	管理层讨论与分析-投资状况分析-报告期内以套期保值为目的的衍生品投资（文字性说明是套期保值意图但因不符合套期会计要求而不执行套期会计）；财务报告-公允价值的披露

2. 表内列报及项目注释

由表 3-4 可知，执行 CAS 22 的套期业务在三张财务报表中可能涉及的会计科目相对简单一些，通常包括资产负债表的衍生金融资产/负债、交易性金融资产/负债；利润表中的公允价值变动收益、投资收益等科目。如果套期工具为期货的，期货保证金可能涉及资产负债表下的货币资金-其他货币资金、其他应收款等；期货保证金的收付可能涉及现金流量表下的收到/支付其他与投资活动有关的现金。

表 3 - 4   套期业务但执行金融工具准则时可能的表内列报科目

公司	表内列报		
	资产负债表	利润表	现金流量表
西部矿业	以公允价值计量且其变动计入当期损益的金融资产 - 交易性金融资产 - 衍生金融资产；以公允价值计量且其变动计入当期损益的金融负债 - 交易性金融负债 - 衍生金融负债	公允价值变动收益 - 以公允价值计量的且其变动计入当期损益的金融资产 - 衍生金融工具产生的公允价值变动收益；投资收益	
骆驼股份	流动资产 - 衍生金融资产；流动负债 - 衍生金融负债；衍生金融资产 - 远期合约；衍生金融资产 - 持有的铅期货合约；衍生金融负债 - 远期合约	公允价值变动收益 - 衍生金融资产；公允价值变动收益 - 衍生金融负债	
汉宇集团	交易性金融资产 - 以公允价值计量且其变动计入当期损益的金融资产 - 衍生金融工具；以公允价值计量且其变动计入当期损益的金融负债 - 交易性金融负债 - 衍生金融负债	公允价值变动收益 - 交易性金融资产 - 衍生金融工具产生的公允价值变动收益	

3.7.3　同时存在套期和非套期两类业务时的列报与披露信息汇总

以下总结了本类型三个案例中的表外披露和表内列报信息。

1. 表外信息披露

当企业的业务同时出现了套期与非套期业务，并分别适用 CAS 24 和 CAS 22 时，此时就需对两类业务进行表外披露，此时会出现 3.7.1 - 1. 表外信息披露和 3.7.2 - 1. 表外信息披露的信息披露内容，此处不再赘述。由表 3 - 5 可知，通常企业会选择将两类信息合并披露，而非分别单独披露。

表 3 – 5　　　　　同时存在套期和非套期业务时可能的表外披露信息

公司	年份	套期会计类型/衍生品类型	表外披露
江西铜业	2021	现金流量套期；公允价值套期/期货合约；远期外汇合约；商品期权合约；利率互换合约	财务报告 – 合并财务报表项目注释 – 衍生金融资产（内容中同时包含了合并财务报表项目注释 – 套期的相关情况）；公司简介和主要财务指标 – 非经常性损益项目和金额；公司简介和主要财务指标 – 采用公允价值计量的项目；管理层讨论与分析 – 报告期内主要经营情况 – 资产、负债情况分析 – 衍生金融负债本期变动；管理层讨论与分析 – 报告期内主要经营情况 – 资产、负债情况分析 – 截至报告期末主要资产受限情况 – 作为期货保证金的存货；管理层讨论与分析 – 报告期内主要经营情况 – 投资状况分析 – 以公允价值计量的金融资产；财务报表附注 – 重要会计政策及会计估计 – 金融工具；财务报表附注 – 重要会计政策及会计估计 – 套期会计；财务报表附注 – 重要会计政策及会计估计 – 公允价值计量；财务报表附注 – 与金融工具相关的风险；财务报表附注 – 公允价值的披露
焦作万方	2022	公允价值套期、现金流量套期、净敞口套期/期货	财务报告 – 合并财务报表项目注释 – 套期（其中除了有公允价值套期，还有非有效套期及未被指定未套期工具的衍生工具适用附注 69、70）；公司简介和主要财务指标 – 非经常性损益项目和金额；管理层讨论与分析 – 资产及负债状况分析 – 以公允价值计量的资产和负债；管理层讨论与分析 – 投资状况分析 – 金融资产投资 – 报告期内以套期保值为目的的衍生品投资；财务报告 – 重要会计政策及会计估计 – 金融工具；财务报告 – 重要会计政策及会计估计 – 其他重要的会计政策和会计估计 – 套期会计；财务报告 – 公允价值的披露
金龙鱼	2022	公允价值套期/期货、远期外汇、外汇期权、外汇掉期及货币掉期	合并财务报表项目注释 – 套期（详细说明了该公司对衍生工具分开指定的过程）；公司简介和主要财务指标 – 非经常性损益项目和金额；管理层讨论与分析 – 非主营业务情况 – 投资收益、公允价值变动损益；管理层讨论与分析 – 资产及负债状况分析 – 以公允价值计量的资产和负债；管理层讨论与分析 – 资产及负债状况分析 – 截至报告期末的资产权利受限情况；管理层讨论与分析 – 投资状况分析 – 金融资产投资 – 报告期内以套期保值为目的的衍生品投资；财务报告 – 重要会计政策及会计估计 – 其他重要的会计政策和会计估计 – 套期会计；财务报告 – 与金融工具相关的风险 – 金融工具分类；财务报告 – 与金融工具相关的风险 – 金融工具风险；财务报告 – 公允价值的披露 – 以公允价值计量的资产和负债的期末公允价值

此外，企业同时出现两类业务的原因也不尽相同，如江西铜业将期货业务适用 CAS 24，而远期、期权、互换业务则适用 CAS 22。与之相对的，金龙鱼则是将所有衍生品业务中的特定部分指定为有效套期工具，其他部分指定为非有效套期部分，分别适用 CAS 24 和 CAS 22。

2. 表内列报及项目注释

由表 3 - 6 可知，企业同时存在两类业务时，其三张财务报表中可能涉及的会计科目是 3. 7. 1 - 2. 表内列报及项目注释和 3. 7. 2 - 2. 表内列报及项目注释的总和，此处不再赘述。如企业选择将期货中的风险成分分开指定，将期权的内在价值和时间价值分开指定，将远期合同的远期要素和即期要素分开指定，将排除外汇基差后的金融工具分开指定的，会出现一些特定的会计科目或二级科目（可参考金龙鱼的年报列报方式）。如企业同时存在多项衍生品业务，或适用不同会计准则的，应当按衍生品类型及其持有意图分开列报（可参考江西铜业的年报列报方式）。

表 3 - 6　　　　同时存在套期和非套期业务时可能的表内列报科目

公司	表内列报		
	资产负债表	利润表	现金流量表
江西铜业	衍生金融资产 – 指定套期关系的衍生金融资产 – 公允价值套期 – 商品期货合约及 T + D 合约；衍生金融资产 – 未指定套期关系的衍生金融资产 – 商品期货合约及 T + D 合约、远期外汇合约、期货合约；其他应收款 – 商品期货经纪公司款项；存货 – 以公允价值计量的部分 – 以商品期货合约	销售费用 – 期货手续费；投资损失 – 未指定为套期关系的衍生工具 – 商品期权合约投资收益、商品期货合约及 T + D 合约平仓损失、远期外汇合约投资收益；投资损失 – 套期工具 – 有效套期保值的衍生工具 – 套期工具平仓损失；投资损失 – 套期工具 – 存货公允价值 – 被套期项目平仓收益；	支付其他与经营活动有关的现金 – 商品和期货保证金

续表

公司	表内列报		
	资产负债表	利润表	现金流量表
江西铜业	及 T+D 合约作为套期工具的被套期项目、以临时定价安排作为套期工具的被套期项目；递延所得税资产 – 未经抵销的递延所得税资产 – 衍生金融工具公允价值变动损失；递延所得税负债 – 未经抵销的递延所得税负债 – 衍生金融工具公允价值变动收益；衍生金融负债 – 公允价值套期；衍生金融负债 – 临时定价安排；衍生金融负债 – 指定套期关系的衍生金融负债 – 临时定价安排；衍生金融负债 – 未指定套期关系的衍生金融负债 – 商品期货合约及 T+D 合约、远期外汇合约、商品期权合约、利率互换合约	公允价值变动损失 – 未指定为套期关系的衍生工具 – 远期外汇合约公允价值变动收益、利率互换合约公允价值变动收益/（损失）、商品期权合约公允价值变动收益、商品期货及 T+D 合约公允价值变动收益/（损失）；公允价值变动损失 – 套期工具 – 有效套期保值的衍生工具 – 公允价值套期 – 被套期项目公允价值变动（损失）/收益、套期工具公允价值变动收益/（损失）；公允价值变动损失 – 套期工具 – 有效套期保值的衍生工具 – 临时定价安排 – 被套期项目公允价值变动（损失）/收益、套期工具公允价值变动收益/（损失）	支付其他与经营活动有关的现金 – 商品和期货保证金
焦作万方	流动资产 – 衍生金融资产 – 期货合约；流动负债 – 衍生金融负债 – 期货合约；货币资金 – 受限制的货币资金明细 – 其他货币资金 – 期货保证金；衍生金融资产 – 期货合约；存货；未经抵销的递延所得税资产 – 套期项目；衍生金融负债 – 期货合约	净敞口套期收益 – 被套期项目公允价值变动、套期工具公允价值变动；公允价值变动收益 – 交易性金融资产	收到的其他与投资活动有关的现金 – 期货保证金；支付的其他与投资活动有关的现金 – 期货保证金；支付的其他与投资活动有关的现金 – 期货保证金

续表

公司	表内列报		
	资产负债表	利润表	现金流量表
金龙鱼	流动资产 – 衍生金融资产 – 商品衍生金融资产、汇率衍生金融资产；非流动资产 – 衍生金融资产 – 汇率衍生金融资产；流动负债 – 衍生金融负债 – 商品衍生金融负债、汇率衍生金融负债、利率衍生金融负债；非流动负债 – 衍生金融负债 – 汇率衍生金融负债；其他流动资产 – 公允价值套期；未经抵销的递延所得税资产 – 衍生金融工具的公允价值变动损失；未经抵销的递延所得税负债 – 衍生金融工具的公允价值变动收益；其他综合收益 – 将重分类进损益的其他综合收益 – 与交易相关的被套期项目进行套期的期权时间价值、远期合同的远期要素或金融工具的外汇基差	其他综合收益的税后净额 – 将重分类进损益的其他综合收益 – 与交易相关的被套期项目进行套期的期权时间价值、远期合同的远期要素或金融工具的外汇基差；财务费用 – 套期成本；投资收益 – 衍生金融工具取得的投资损失；公允价值变动收益	

3.7.4 非套期业务且执行金融工具准则时的列报与披露信息汇总

以下总结了本类型三个案例中的表外披露和表内列报信息。

1. 表外信息披露

由表 3 – 7 可知，非套期业务执行 CAS 22 金融工具准则时需要披露的内容与 3.7.2 – 1. 表外信息披露较为类似，此处不再赘述。

表3-7　　非套期业务且执行金融工具准则时可能的表外披露信息

公司	年份	衍生品类型	表外披露
顺钠股份	2018	期货	公司业务概要-主要资产重大变化情况-衍生金融资产；经营情况讨论与分析-非主营业务分析-投资收益、公允价值变动损益；经营情况讨论与分析-资产及负债状况-以公允价值计量的资产和负债-金融资产-衍生金融资产；经营情况讨论与分析-投资状况-金融资产投资-衍生品投资情况；财务报告-重要会计政策及会计估计-金融工具；财务报告-与金融工具相关的风险；财务报告-公允价值的披露
宁波能源	2022	期货	财务报告-与金融工具相关的风险（文字说明公司有套期以外的衍生金融资产，为开展跨期套利和期现套利业务）；公司简介和主要财务指标-非经常性损益项目和金额；经营情况讨论与分析-投资状况-金融资产投资-衍生品投资情况；财务报告-公允价值的披露
远大控股	2022	商品期货、商品期权、远期外汇	管理层讨论与分析-投资状况-金融资产投资-以投机为目的的衍生品投资；财务报告-与金融工具相关的风险；财务报告-公允价值的披露；财务报告-其他重要事项-其他对投资者决策有影响的重要交易和事项-公司之子公司期现结合业务模式和衍生工具投资的情况

2. 表内列报及项目注释

由表3-8可知，非套期业务执行 CAS 22 金融工具准则时需要列报的内容与3.7.2-2. 表内列报及项目注释较为类似，此处不再赘述。

表3-8　　非套期业务且执行金融工具准则时可能的表内列报科目

公司	表内列报		
	资产负债表	利润表	现金流量表
顺钠股份	衍生金融资产-期货	投资收益-处置衍生金融资产取得的投资收益；公允价值变动收益-以公允价值计量的且其变动计入当期损益的金融资产-衍生金融工具产生的公允价值变动收益	

续表

公司	表内列报		
	资产负债表	利润表	现金流量表
宁波能源	交易性金融资产 - 以公允价值计量且其变动计入当期损益的金融资产 - 衍生金融资产；交易性金融负债 - 衍生金融负债	公允价值变动收益 - 交易性金融资产 - 衍生金融工具产生的公允价值变动收益、交易性金融负债	
远大控股	衍生金融资产 - 商品期货等衍生工具公允价值、外汇远期等衍生工具公允价值、套期工具；衍生金融负债 - 商品期货等衍生工具公允价值、外汇远期等衍生工具公允价值；货币资金 - 其他货币资金 - 期货保证金	投资收益 - 商品期货等衍生工具收益、外汇远期等衍生工具收益；公允价值变动收益 - 商品期货等衍生工具公允价值、外汇远期等衍生工具公允价值	收到的其他与投资活动有关的现金 - 收回商品期货等衍生工具保证金、收回外汇远期等衍生工具保证金；支付的其他与投资活动有关的现金 - 支付商品期货等衍生工具保证金、支付外汇远期等衍生工具保证金、衍生工具投资损失

第4章 衍生品业务在财务报告中呈报不完善或有争议的案例

4.1 案例汇总框架

本章案例汇总框架如图4-1所示。

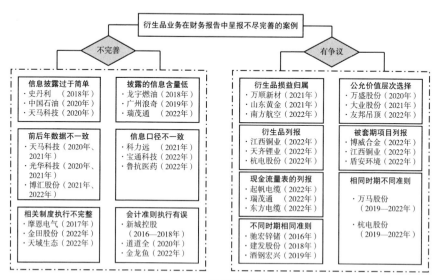

图4-1 案例汇总框架

第 4 章遴选了衍生品业务在财务报告中呈报相对不够完善的若干案例，这些案例又分为不完善和有争议两大类。

4.2　不完善的列报和披露

4.2.1　信息披露过于简单

1. 史丹利（2018 年）

【不规范之处】合并财务报表项目注释中提到期货保证金，此外无其余有效信息。

【表内列报 1 – p. 108】【第十一节　财务报告 – 七、合并财务报表项目注释 – 1. 货币资金 – 其他说明】

项目	年末余额	年初余额
期货保证金	2 368 119.60	1 301 100.00

【表内列报 2 – p. 109】【第十一节　财务报告 – 七、合并财务报表项目注释 – 3. 衍生金融资产】

□适用　☑不适用

【表内列报 3 – p. 133】【第十一节　财务报告 – 七、合并财务报表项目注释 – 29. 衍生金融负债】

□适用　☑不适用

2. 中国石油（2020 年）

【不规范之处】表外披露中提到公司使用衍生金融工具开展套期保值，但支持性的表内数据和表外信息很少。

【表外披露 1. p198】【财务报告 – 按中国企业会计准则编制 – 59. 财务风险管理 – 1. 财务风险 – （1）市场风险 – （c）价格风险】

本集团从事广泛的与油气产品相关的业务。油气产品价格受本集团无法控制的诸多国内国际因素影响。油气产品价格变动将对本集团产生有利或不利影响。本集团以套期保值为目的，使用了包括商品期货、商品掉期及商品期权在内的衍生金融工具，有效对冲部分价格风险。

【表外披露 2. p241】【财务报告 – 按国际财务报告准则编制 – 4. 财务风险管理 – 4.1 财务风险 – （a）市场风险 – Ⅲ价格风险】

本集团从事广泛的与油气产品相关的业务。油气产品价格受本集团无法控制的诸多国内国际因素影响。油气产品价格变动将对本集团产生有利或不利影响。本集团以套期保值为目的，使用了包括商品期货、商品掉期及商品期权在内的衍生金融工具，有效对冲了部分价格风险。

3. 天马科技（2020 年报）

【不规范之处】表外披露中出现了衍生金融资产，但表内列报的衍生金融资产、衍生金融负债科目均无金额，直接相关的辅助性披露信息也不多。另外，表外披露适用套期会计，但并无支持性的表内列报科目。

【表内列报 1 – p. 169】【第十一节　财务报告 – 七、合并财务报表项目注释 – 3. 衍生金融资产】

□适用　☑不适用

【表内列报 2 – p. 199】【第十一节　财务报告 – 七、合并财务报表项目注释 – 34. 衍生金融负债】

□适用　☑不适用

【表内列报 3 – p. 229～232】【第十一节　财务报告 – 七、合并财务报表项目注释 – 83. 套期】

☑适用　□不适用

自 2019 年 1 月 1 日起适用：（1）套期的分类；（2）套期工具和被套

期项目；（3）套期关系评估；（4）确认和计量。内容与 CAS 24（2017）一致，略。

以下会计政策适用 2018 年度及以前，公允价值套期、现金流量套期。内容与 CAS 22（2006）和 CAS 24（2006）一致，略。

【表外披露 1 – p. 40】【第四节　经营情况讨论与分析 – 三、公司关于公司未来发展的讨论与分析 –（四）可能面对的风险 – 2. 主要原材料价格波动的风险】

公司饲料原材料主要包括鱼粉、其他蛋白类原料（主要为豆粕、花生粕、菜粕）以及淀粉类原料（主要为淀粉、面粉）等，原材料价格波动对饲料企业效益影响较大。例如鱼粉价格会受海洋气候影响导致渔业资源衰减、主要鱼粉生产国捕捞配额下降、农作物歉收、期货及短期市场投机炒作等因素影响，而原材料的价格上涨及波动将对生产成本会带来较大的压力和风险。

采取的措施：实时跟踪和分析原材料价格走势及市场行情变化，实施全面预算管理，合理安排采购计划；对具有期货标准化合约的原材料合理使用期货工具进行套期保值，有效规避原材料价格波动风险；若主要原材料市场价格出现异常上涨情况，则将根据市场供求情况，对公司产品售价作出相应调整以转移成本上涨的压力。

【表外披露 2 – p. 125】【第十一节　财务报告 – 五、重要会计政策及会计估计 – 10. 金融工具 –（4）衍生金融工具及嵌入衍生工具】

内容与会计准则一致，略。

【表外披露 3 – p. 246 ~ 247】【第十一节　财务报告 – 十一、公允价值的披露 – 1. 以公允价值计量的资产和负债的期末公允价值】

项目	期末公允价值			合计
	第一层次公允价值计量	第二层次公允价值计量	第三层次公允价值计量	
一、持续的公允价值计量				
（一）交易性金融资产			60 335 076. 71	60 335 076. 71

项目	期末公允价值			合计
	第一层次公允价值计量	第二层次公允价值计量	第三层次公允价值计量	
1. 以公允价值计量且变动计入当期损益的金融资产				
（3）衍生金融资产			60 335 076. 71	60 335 076. 71

说明：4. 持续和非持续第三层次公允价值计量项目，采用的估值技术和重要参数的定性及定量信息：对于不在活跃市场上交易的金融工具，本公司采用估值技术确定其公允价值。所使用的估值模型主要为现金流量折现模型和市场可比公司模型等。估值技术的输入值主要包括无风险利率、基准利率、汇率、信用点差、流动性溢价、缺乏流动性折扣等。

4.2.2 披露内容的信息含量较低

1. 龙宇燃油（2018 年报）

【不规范之处】与衍生金融工具及套期会计相关的会计制度描述很多，但支持性的、直接相关的表内列报较少。此外，表外披露公司将套期保值为目的的期货业务损益归入经常性损益，但又未给出套期高度有效的支持性信息。

【表内列报 1 – p.84】【第十一节 财务报告 – 二、财务报表 – 1. 合并资产负债表】

流动资产 – 衍生金融资产，2018 年无期初、期末余额。

【表内列报 2 – p.108】【第十一节 财务报告 – 七、合并财务报表项目注释 – 3. 衍生金融资产】

□适用 ☑不适用

【表内列报 3 – p. 133】【第十一节　财务报告 – 七、合并财务报表项目注释 – 27. 以公允价值计量且其变动计入当期损益的金融负债】

"衍生工具 – 期权"有期初余额,"远期外汇合同"有期末余额。

【表内列报 4 – p. 133】【第十一节　财务报告 – 七、合并财务报表项目注释 – 28. 衍生金融负债】

□适用　☑不适用

【表内列报 5 – p. 149】【第十一节　财务报告 – 七、合并财务报表项目注释 – 60. 投资收益】

以套期保值为目的的期货投资收益、期权投资收益,上述两个项目在本期发生额和上期发生额中有金额;远期外汇合同,本期发生额中有金额。

【表内列报 6 – p. 149】【第十一节　财务报告 – 七、合并财务报表项目注释 – 61. 公允价值变动收益】

产生公允价值变动收益的来源为期货公允价值、远期外汇合同、期权交易公允价值,三个项目的本期发生额和上期发生额有金额。

【表内列报 7 – p. 157】【第十一节　财务报告 – 七、合并财务报表项目注释 – 72. 套期】

□适用　☑不适用

【表外披露 1 – p. 7】【第二节　公司简介和主要财务指标 – 七、近三年主要财务数据和财务指标 – 报告期末公司前三年主要会计数据和财务指标的说明】

本报告期公司有色金属大宗贸易业务实现归属股东净利润 4 068.10 万元,其中以套期保值为目的的期货业务对扣非后归属股东净利润影响金额为 1 777.98 万元,另外公司通过开展现金管理活动,获得理财收益 3 695.65 万元。

【表外披露 2 – p. 9】【第二节　公司简介和主要财务指标 – 十、非经常性损益项目和金额】

"除同公司正常经营业务相关的有效套期保值业务外，持有交易性金融资产、交易性金融负债产生的公允价值变动损益，以及处置交易性金融资产、交易性金融负债和可供出售金融资产取得的投资收益"项目，近三年（2016—2018年）均有金额。

【表外披露3－p.17】【第四节　经营情况讨论与分析－二、报告期内主要经营情况－（一）主营业务分析】

1. 利润表及现金流量表相关科目变动分析表（表略）

11. 投资收益变动原因说明：报告期内，以套期保值为目的的期货投资收益增加，通过现金管理获得的理财收益增加。

12. 公允价值变动收益变动原因说明：报告期末，以套期保值为目的的期货公允价值变动收益增加。

【表外披露4－p.18】【第四节　经营情况讨论与分析－二、报告期内主要经营情况－（一）主营业务分析－2.收入和成本分析】

说明：2018年金属业务等销售毛利9 870.29万元，现货毛利率0.75%，以套期保值为目的的期货投资收益为2 528.23万元，对归属股东净利润影响金额为1 777.98万元。

【表外披露5－p.23】【第四节　经营情况讨论与分析－二、报告期内主要经营情况－（三）资产、负债情况分析－1.资产及负债状况】

交易性金融负债，本期期末数、本期期末数占总资产的比例、上期期末数、上期期末数占总资产的比例、本期期末金额较上期期末变动比例（－99.91%）等均有金额，情况说明：报告期末，以套期保值为目的的期货公允价值上升。

【表外披露6－p.25】【第四节　经营情况讨论与分析－二、报告期内主要经营情况－（五）投资状况分析－1.对外股权投资总体分析－（3）以公允价值计量的金融资产】

以公允价值计量且其变动计入当期损益的金融资产－其中：其他，有期末余额，注："其他"为以套期保值为目的的期货在报告期末的公允价值。

【表外披露 7 - p. 86 ~ 88】【第十一节 财务报告 - 五、重要会计政策及会计估计 - 10. 金融工具】

1. 金融工具的分类；2. 金融工具的确认依据和计量方法；3. 金融资产转移的确认依据和计量方法；4. 金融负债终止确认条件；5. 金融资产和金融负债的公允价值的确定方法；6. 金融资产（不含应收款项）减值的测试方法及会计处理方法（内容略）。

【表外披露 8 - p. 104 ~ 105】【第十一节 财务报告 - 五、重要会计政策及会计估计 - 32. 其他重要的会计政策和会计估计 - 二、套期会计】

1. 套期保值的分类；2. 套期关系的指定及套期有效性的认定；3. 套期会计处理方法等［后略，与 CAS 24（2006）一致］。

【表外披露 9 - p. 190】【第十一节 财务报告 - 十八、补充资料 - 1. 当期非经常性损益明细表】

"除同公司正常经营业务相关的有效套期保值业务外，持有交易性金融资产、交易性金融负债产生的公允价值变动损益，以及处置交易性金融资产、交易性金融负债和可供出售金融资产取得的投资收益"项目与【p. 9 - 十、非经常性损益项目和金额】中 2018 年金额一致。

值得一提的是，由于套期会计本身有一定的复杂性，企业也是在不断学习和完善，对比龙宇燃油 2018 年和 2019—2022 年的年报可以看到，该企业对 CAS 24 的施行质量都有较大程度的提升，在表内确认和表外披露方面都越来越规范。

2. 广州浪奇（2019 年）

【不规范之处】表外披露为执行套期会计，但支持性的、直接相关的表内列报和表外披露信息很少。

【表内列报 1 - p. 84】【第十二节 财务报告 - 二、财务报表 - 1. 合并资产负债表】

流动资产－衍生金融资产，2018年和2019年有期末余额。

【表内列报2－p.150】【第十二节　财务报告－七、合并财务报表项目注释－3.衍生金融资产】

远期结售汇及利率交换合约，期初余额、期末余额下有金额。注：本公司通过外汇远期合约和利率互换合约来降低借款相关的汇率波动风险和利率变动的风险。本公司签订的外汇远期合约和利率互换合约符合套期会计的运用条件。外汇远期合约是以固定汇率卖出人民币及买入美元和港元，同时，利率互换合约将与上海银行间同业拆借利率（SHI-BOR）和香港银行间同业拆借利率（HIBOR）相关的浮动利率转换为固定利率，属于公允价值套期。上述合约于本报告期末属于公允价值套期的公允价值变动而产生的税前净收益人民币 5 665 520.00 元计入当期损益。

【表内列报3－p.198】【第十二节　财务报告－七、合并财务报表项目注释－68.投资收益】

衍生金融资产在持有期间的投资收益，有本期发生额和上期发生额。

【表内列报4－p.199】【第十二节　财务报告－七、合并财务报表项目注释－70.公允价值变动收益】

交易性金融资产－其中：衍生金融工具产生的公允价值变动收益，有上期发生额，无本期发生额。

【表内列报5－p.207】【第十二节　财务报告－七、合并财务报表项目注释－83.套期】无表格，该标题下有一句话：按照套期类别披露套期项目及相关套期工具、被套期风险的定性和定量信息。

【表外披露1－p.8】【第二节　公司简介和主要财务指标－九、非经常性损益项目及金额】

"除同公司正常经营业务相关的有效套期保值业务外，持有交易性金融资产、衍生金融资产、交易性金融负债、衍生金融负债产生的公允价值变动损益，以及处置交易性金融资产、衍生金融资产、交易性金融负债、衍生金融负债和其他债权投资取得的投资收益"项目下，近三年（2017—2019 年）中，2017 年和 2018 年有金额。

【表外披露 2－p. 20】【第四节　经营情况讨论与分析－四、资产及负债状况－2. 以公允价值计量的资产和负债】

2. 衍生金融资产，有期初数、本期公允价值变动损益及期末数。

【表外披露 3－p. 23】【第四节　经营情况讨论与分析－五、投资状况－4. 金融资产投资－（2）衍生品投资情况】

□适用　☑不适用

公司报告期不存在衍生品投资。

【表外披露 4－p. 34～40】【第五节　重要事项－六、与上年度财务报告相比，会计政策、会计估计和核算方法发生变化的情况说明】

（1）重要会计政策变更－①新金融工具准则－财政部于 2017 年 3 月 31 日分别发布了《企业会计准则第 22 号——金融工具确认和计量（2017 年修订）》《企业会计准则第 23 号——金融资产转移（2017 年修订）》《企业会计准则第 24 号——套期会计（2017 年修订）》，于 2017 年 5 月 2 日发布了《企业会计准则第 37 号——金融工具列报（2017 年修订）》，要求境内上市企业自 2019 年 1 月 1 日起执行新金融工具准则。经本公司第八届董事会第二次会议于 2019 年 3 月 22 日决议通过，本公司于 2019 年 1 月 1 日起开始执行前述新金融工具准则。

在首次执行日，本公司合并财务报表中涉及的金融资产包括：应收票据、可供出售金融资产。

【表外披露 5－p. 134～148】【第十二节　财务报告－五、重要会计政策及会计估计－44. 重要会计政策和会计估计变更－（1）重要会计政策变更】、【第十二节　财务报告－五、重要会计政策及会计估计－44. 重要会计政策和会计估计变更－（4）2019 年起执行新金融工具准则或新租赁准则追溯调整前期比较数据说明】

以上内容与【p. 34～40－六、与上年度财务报告相比，会计政策、会计估计和核算方法发生变化的情况说明】内容相同。

【表外披露 6 – p. 220 ~ 221】【第十二节　财务报告 – 十、与金融工具相关的风险 – 1. 金融工具分类信息】

将"衍生金融资产"分类至以公允价值计量且其变动计入其他综合收益的金融资产。

【表外披露 7 – p. 226】【第十二节　财务报告 – 十一、公允价值的披露】

1. 以公允价值计量的资产和负债的期末公允价值。

一、持续的公允价值计量 –（3）衍生金融资产，在第二层次公允价值计量下有金额。

3. 持续和非持续第二层次公允价值计量项目，采用的估值技术和重要参数的定性及定量信息。

3. 瑞茂通（2022 年）

【不规范之处】表外披露同时执行 CAS 24 和 CAS 22，但支持性的、直接相关的表内列报及报表附注信息较少。

【表内列报 1 – p. 208】【第十节　财务报告 – 七、合并财务报表项目注释 – 85. 套期】

在大宗商品供应链服务过程中，受宏观经济、市场供需等因素影响，商品价格波动频繁，为规避商品价格风险，本集团把某些金融工具作为套期工具进行套期。满足规定条件的套期，本集团根据套期会计准则进行会计处理。本集团套期均为公允价值套期。本集团子公司 Rex Commodities Pte. Ltd. 等开展套期保值业务，被套期项目为油品等尚未确认的确定采购及销售承诺，套期工具为购买的期货合约。2022 年度本年套期工具平仓收益与公允价值变动金额为 30 915 432.39 元。

【表外披露 1 – p. 7 ~ 8】【第三节　管理层讨论与分析 – 十、非经常性损益项目和金额】

"除同公司正常经营业务相关的有效套期保值业务外，持有交易性金融资产、衍生金融资产、交易性金融负债、衍生金融负债产生的公允价值变动损益，以及处置交易性金融资产、衍生金融资产、交易性金融负债、衍生金融负债和其他债权投资取得的投资收益"项目近三年（2020—2022 年）均有金额。

【表外披露 2 – p. 22】【第三节　管理层讨论与分析 – 五、报告期内主要经营情况 –（五）投资状况分析 – 3. 以公允价值计量的金融资产 – 衍生品投资情况】

2022 年 4 月 27 日，公司分别召开第八届董事会第五次会议和第八届监事会第四次会议，审议通过了《关于公司 2022 年度开展衍生品投资业务的议案》，同意公司开展衍生品投资业务，平抑大宗商品价格及汇率波动对经营业绩造成的影响，提高资金使用效率。报告期内，公司严格按照相关法律、法规以及在公司股东大会审批额度范围内，遵循合法、审慎、安全、有效的原则开展衍生品业务。

【表外披露 3 – p. 131 ~ 132】【第十节　财务报告 – 五、重要会计政策及会计估计 – 43. 其他重要的会计政策和会计估计 –（2）套期会计】

会计政策与 CAS 24（2017）一致，略。

【表外披露 4 – p. 271】【第十节　财务报告 – 十五、资产负债表日后事项 – 8. 其他对投资者决策有影响的重要交易和事项】

本集团基于公司大宗商品的特性，为防范经营风险，公司经营管理层决议自 2013 年起涉足期货业务及纸货业务，2020 年度针对油品期货按照《企业会计准则第 24 号——套期保值》进行会计核算。2022 年动力煤等期货、期权非套期部分交易实现收益 30 973 349.70 元；套期部分交易详见附注七、85。

【表外披露 5 – p. 283】【第十节　财务报告 – 十八、补充资料 – 1. 当期非经常性损益明细表】

"除同公司正常经营业务相关的有效套期保值业务外，持有交易性金融资产、衍生金融资产、交易性金融负债、衍生金融负债产生的公允价值变动损益，以及处置交易性金融资产、衍生金融资产、交易性金融负债、衍生金融负债和其他债权投资取得的投资收益"项目有金额。与【p. 7~8 - 第三节　管理层讨论与分析 - 十、非经常性损益项目和金额】2022 年金额一致。

4.2.3　前后年数据不一致

1. 天马科技（2020 年、2021 年）

【不规范之处】2021 年有与期货相关的期初余额，2020 年无期货或衍生金融工具的期末余额，相应的信息披露与 2021 年信息不一致。

【表内列报 1 - 2021 - p. 186】【第十节　财务报告 - 七、合并财务报表项目注释 - 30. 递延所得税资产/递延所得税负债 - （1）未经抵销的递延所得税资产】

"计入其他综合收益的期货合约公允价值变动"项目，在期初余额 - 可抵扣暂时性差异、递延所得税资产下有金额。

项目	期末余额		期初余额	
	可抵扣暂时性差异	递延所得税资产	可抵扣暂时性差异	递延所得税资产
计入其他综合收益的期货合约公允价值变动			3 363 301.86	840 825.47

【表外披露 1 - 2020 - p. 246】【第十一节　财务报告 - 十一、公允价值的披露 - 1. 以公允价值计量的资产和负债的期末公允价值】

项目	期末公允价值			合计
	第一层次公允价值计量	第二层次公允价值计量	第三层次公允价值计量	
一、持续的公允价值计量				
（一）交易性金融资产			60 335 076.71	60 335 076.71
1. 以公允价值计量且变动计入当期损益的金融资产				
（3）衍生金融资产			60 335 076.71	60 335 076.71

2. 光华科技（2020 年、2021 年）

【不规范之处】期货保证金 2021 年有期初余额，2020 年无期末余额，也未体现任何衍生品投资。

【表内列报 1－2021－p. 146】【第十节　财务报告－七、合并成为报表项目注释－1. 货币资金－（1）受限制的货币资金明细】

项目	期末余额	期初余额
期货保证金	1 010.00	1 010.00

【表外披露 1－2020－p. 26】【第四节　经营情况讨论与分析－五、投资状况分析－4. 金融资产投资－（2）衍生品投资情况】

□适用　☑不适用

公司报告期不存在衍生投资。

此外，财务报表内的衍生金融资产、衍生金融负债科目无余额。

【表内列报 1－2020－p. 173】【第十节　财务报告－七、合并成为报表项目注释－54. 所有权或使用权受到限制的资产】

项目	期末账面价值	受限原因
货币资金	39 731 920.36	保证金

3. 博汇股份（2021 年、2022 年）

【不规范之处】期货保证金 2022 年有期初余额，2021 年无期末余额，也未体现任何衍生品投资。

【表内列报 1 - 2021 - p. 137】【第十节　财务报告 - 七、合并财务报表项目注释 - 3. 衍生金融资产】

□适用　☑不适用

【表内列报 2 - 2021 - p. 154】【第十节　财务报告 - 七、合并财务报表项目注释 - 34. 衍生金融负债】

□适用　☑不适用

此外，财务报表内的衍生金融资产、衍生金融负债科目无余额。

【表外披露 1 - 2022 - p. 20】【第三节　管理层讨论与分析 - 六、资产及负债状况分析 - 3. 截至报告期末的资产权利受限情况】

单位：元

项目	期末余额	上年年末余额
期货保证金	1 010.00	1 010.00
保函保证金	4 450 000.00	3 054 532.57

注：截至 2022 年 12 月 31 日，其他货币资金中人民币 1 010.00 元为公司向期货机构申请办理期货业务所存入的保证金存款，人民币 4 450 000.00 元为公司向银行申请办理保函业务所存入的保证金存款。

【表外披露 2 - 2021 - p. 22】【第三节　管理层讨论与分析 - 六、资产及负债状况分析 - 3. 截至报告期末的资产权利受限情况】

单位：元

项目	期末账面价值	上年年末余额
银行承兑汇票保证金	16 800 000.00	
信用证保证金		850 000.00
保函保证金	3 055 542.57	3 000 000.00
诉讼冻结存款		779 500.00
合计	19 855 542.57	4 629 500.00

4.2.4 信息口径不一致

1. 科力远（2021 年）

【不规范之处】表外披露不适用套期会计准则，表内列报了套期会计的相关专用科目。

【表内列报 1–85】【第十节　财务报告 – 二、财务报表 – 合并利润表】

六、其他综合收益的税后净额 – 1. 不能重分类金损益的其他综合收益 –（5）现金流量套期储备，2021 年度有金额。

【表外披露 1 – p. 194】【第十节　财务报告 – 五、重要会计政策及会计估计 –69. 净敞口套期收益】

□适用　☑不适用

【表外披露 2 – p. 202】【第十节　财务报告 – 五、重要会计政策及会计估计 –83. 套期】

□适用　☑不适用

与本案例类似的还有驰宏锌锗 2017 年年报和酒钢宏兴 2021 年年报，均出现表外披露不适用套期会计，但却在表内列报了与套期会计有关的专项科目的情况。以驰宏锌锗为例，其【p165 – 第十一节　财务报告 – 七、合并财务报表项目注释 –78. 套期】勾选"不适用"，但在【p79 – 第十一节

财务报告 – 二、财务报表 – 合并利润表 – 六、其他综合收益的税后净额】
（二）以后将重分类金损益的其他综合收益 – 4. 现金流量套期损益的有效
部分，本期发生额和上期发生额中均有金额。【p154 – 第十一节　财务报
告 – 七、合并财务报表项目注释 – 57. 其他综合收益】二、以后将重分类
金损益的其他综合收益 – 现金流量套期损益的有效部分，期初余额、本期
发生额、期末余额下均有金额。

2. 宝通科技（2022 年）

【不规范之处】年报中不同位置的表外披露信息不一致，在制度规
定、董事会决议和独立董事意见中出现了期货套保，但是当年度并未开展
期货业务，只开展了远期锁汇合约。

【表外披露 1 – p. 57】【第三节　管理层讨论与分析 – 七、投资状况分
析 – 4. 金融资产投资 –（2）衍生品投资情况 – 1）报告期内以套期保值为
目的的衍生品投资 – 独立董事对公司衍生品投资及风险控制情况的专项
意见】

我们认为公司使用自有资金利用期货市场开展针对外汇、原材料期货
的套期保值业务的相关审批程序符合国家相关法律法规、《公司章程》及
公司相关套期保值业务管理制度的规定。公司开展的套期保值业务有利于
充分发挥公司竞争优势，提高公司抵御市场波动和平抑原材料价格波动的
能力，不存在损害公司和全体股东利益的情形。同时，公司制定了有效的
防控措施以控制整体风险，公司开展的外汇套期保值业务和商品期货套期
保值业务是真实经营所需并且是切实可行的。我们同意公司开展相关期货
套期保值业务。

【表外披露 2 – p. 57】【第三节　管理层讨论与分析 – 七、投资状况分
析 – 4. 金融资产投资 –（2）衍生品投资情况 – 1）报告期内以套期保值为
目的的衍生品投资】

衍生品投资类型	初始投资金额	本期公允价值变动损益	计入权益的累计公允价值变动	报告期内购入金额	报告期内售出金额	期末投资金额	占公司报告期末净资产比例
远期锁汇合约	27.18	419.89	447.07	29 097.32	29 097.32	447.07	0.13%
合计	27.18	419.89	447.07	29 097.32	29 097.32	447.07	0.13%
报告期内套期保值业务的会计政策、会计核算具体原则，以及与上一报告期相比是否发生重大变化的说明	略						
后略	略						

3. 鲁抗医药（2022 年）

【不规范之处】表外披露中提到公司使用衍生金融工具，但其他表外披露提示不适用，两者相悖。

【表内列报 1 – p122】【第十节　财务报告 – 七、合并财务报表项目注释 – 3. 衍生金融资产】

□适用　☑不适用

【表内列报 2 – p147】【第十节　财务报告 – 七、合并财务报表项目注释 – 34. 衍生金融负债】

□适用　☑不适用

【表内列报 3 – p162】【第十节　财务报告 – 七、合并财务报表项目注释 – 69. 净敞口套期收益】

□适用　☑不适用

【表内列报 4 – p169】【第十节　财务报告 – 七、合并财务报表项目注释 – 83. 套期】

□适用　☑不适用

【表外披露 1 - p34】【第三节　管理层讨论与分析 - 五、报告期内主要经营情况 - （五）投资状况分析 - 3. 以公允价值计量的金融资产 - 衍生品投资情况】

□适用　☑不适用

【表外披露 2 - p101】【第十节　财务报告 - 五、重要会计政策及会计估计 - 10. 金融工具 - （7）衍生金融工具】

公司使用衍生金融工具，例如以远期外汇合同、远期商品合约和利率互换，分别对汇率风险、商品价格风险和利率风险进行套期保值。衍生金融工具初始以衍生交易合同签订当日的公允价值进行计量，并以其公允价值进行后续计量。公允价值为正数的衍生金融工具确认为一项资产，公允价值为负数的确认为一项负债。除与套期会计有关外，衍生工具公允价值变动产生的利得或损失直接计入当期损益。

【表外披露 3 - p198】【第十节　财务报告 - 十八、补充资料 - 1. 当期非经常性损益明细表】

"除同公司正常经营业务相关的有效套期保值业务外，持有交易性金融资产、衍生金融资产、交易性金融负债、衍生金融负债产生的公允价值变动损益，以及处置交易性金融资产、衍生金融资产、交易性金融负债、衍生金融负债和其他债权投资取得的投资收益"科目下有本期发生额，但无明细说明。

与鲁抗医药（2022 年）类似的还有其他一些案例，如万方发展和西陇科学 2022 年均在"重要会计政策及会计估计"的部分提到"本公司衍生工具主要包括远期合同、期货合同、互换合同"，之后有一段描述性文字，描述衍生工具初始确认和后续确认计量的相关会计准则，但无表内列报数据或其他表外披露信息作为支撑。这会导致报表使用者无法区分该信息披露是对衍生品业务开展的描述，还是仅仅只是复制了相关会计准则。

4.2.5　对相关制度规定的执行不完整

1. 摩恩电气（2017 年）

【不规范之处】表内确认中有衍生金融工具，但未提供衍生金融资产的投资状况表，该问题于 2018 年 4 月 20 日被深交所问询，并要求公司在年报第四节以公允价值计量的资产和负债下补充披露相关信息。

【表内列报 1 - p.126】【第十一节　财务报告 - 七、合并财务报表项目注释 - 2. 以公允价值计量且其变动计入当期损益的金融资产】

交易性金融资产 - 衍生金融资产，有期初余额。

【表内列报 2 - p.126】【第十一节　财务报告 - 七、合并财务报表项目注释 - 3. 衍生金融资产】

□适用　☑不适用

【表内列报 3 - p.145】【第十一节　财务报告 - 七、合并财务报表项目注释 - 33. 衍生金融负债】

□适用　☑不适用

【表内列报 4 - p.157】【第十一节　财务报告 - 七、合并财务报表项目注释 - 67. 公允价值变动收益】

以公允价值计量的且其变动计入当期损益的金融资产 - 其中：衍生金融工具产生的公允价值变动收益，有本期发生额和上期发生额。

2. 金田股份（2022 年）

【不规范之处】只有套期工具和被套期项目的文字说明，未按照套期类别披露套期项目及相关套期工具、被套期风险的定量信息。

【表内列报 1 - p.187】【第十节　财务报告 - 七、合并财务报表项目注释 - 83. 套期】

☑适用　□不适用

按照套期类别披露套期项目及相关套期工具、被套期风险的相关的定性和定量信息：

本公司使用商品期货合约对本公司承担的商品价格风险进行套期保值。本公司使用的商品期货合约主要为上海期货交易所、伦敦金属交易所或纽约商品期货交易所的阴极铜商品期货合约。

本公司的套期保值分类为现金流量套期及公允价值套期。在对应套期关系开始时，本公司对其进行了正式指定，并准备了关于套期关系、风险管理目标和套期策略等的正式书面文件。

1. 现金流量套期

本公司使用商品期货合约对铜产品的预期销售进行套期，以此来规避本公司承担的随着阴极铜市场价格的波动，相关铜产品的预期销售带来的预计未来现金流量发生波动的风险。

被套项目	套期工具	套期方式
铜产品的预期销售	商品期货合约	商品期货合约锁定铜产品预销售未来现金流量波动

2. 公允价值套期

本公司主要从事铜产品加工业务，持有的各类存货及已定价采购交易面临铜的价格变动风险。因此，本公司使用商品期货合约进行套期，以此来规避本公司承担的随着阴极铜市场价格的波动，相关存货及已定价采购交易预计未来公允价值发生波动的风险。

被套项目	套期工具	套期方式
存货及定价采购交易	商品期货合约	商品期货合约锁定存货及已定价采购交易未来价格波动

3. 天域生态（2022 年）

【不规范之处】衍生品投资情况下勾选"适用"，但只用文字形式说明，未单列出该衍生品投资的期初、期末、本期变动等明细情况，相关表格中披露的数据无直接对应关系，也无相关科目体现在资产负债表上，只在现金流量表里体现支付的期货保证金、收到的期货交易收益，在利润表中体现投资收益。

【表内列报 1 - p. 145】【第十节　财务报告 - 七、合并财务报表项目注释 - 3. 衍生金融资产】

□适用　☑不适用

【表内列报 2 - p. 173】【第十节　财务报告 - 七、合并财务报表项目注释 - 34. 衍生金融负债】

□适用　☑不适用

【表内列报 3 - p. 187】【第十节　财务报告 - 七、合并财务报表项目注释 - 68. 投资收益】

☑适用　□不适用

单位：元　币种：人民币

项目	本期发生额	上期发生额
处置衍生金融资产取得的投资收益	4 460 906. 10	
合计	1 883 968. 29	17 470 158. 98

【表内列报 4 - p. 190 ~ 191】【第十节　财务报告 - 七、合并财务报表项目注释 - 78. 现金流量表项目】

（3）收到的其他与投资活动有关的现金。

单位：元　币种：人民币

项目	本期发生额	上期发生额
期货交易	10 576 132.63	
合计	24 854 524.43	48.73

（4）支付的其他与投资活动有关的现金。

单位：元　币种：人民币

项目	本期发生额	上期发生额
期货交易保证金	5 000 000.00	
合计	45 705 808.81	71.78

【表外披露1－p.30～31】【第三节　管理层讨论与分析－五、报告期内主要经营情况－（五）投资状况分析－3.以公允价值计量的金融资产－衍生品投资情况】

资产类别	期初数	本期公允价值变动损益	计入权益的累计公允价值变动	本期计提的减值	本期购买金额	本期出收/赎回金额	其他变动	期末数
其他	13 503 685.69	–39 630.81	–39 630.18	0	31 137	0		13 495 191.88
合计	13 503 685.69	–39 630.81	–39 630.18	0	31 137	0		13 495 191.88

☑适用　□不适用

公司分别于 2021 年 11 月 17 日召开公司第三届董事会第三十三次会议，于 2022 年 11 月 25 日召开第四届董事会第二次会议，同意开展商品期货套期保值业务，并于 2021 年 11 月 18 日、2022 年 11 月 26 日在上海证券交易所网站（www.sse.com.cn）发布公告（公告编号：2021－083，

2022 - 118）。报告期内，商品期货套期保值业务盈利 446.09 万元。

公司依照会计准则的要求，选择将以上套期保值交易相关的套期工具（衍生品）按照《企业会计准则第 22 号——金融工具确认和计量》的规定作为衍生金融资产进行会计处理，不适用《企业会计准则第 24 号——套期会计》的相关规定。

4.2.6 对会计准则的执行有误

1. 新城控股（2016—2018 年）

【不规范之处】对一笔 2016 年已存在的衍生金融工具，2016 年未作表外披露或表内列报；2017 年仅作表外披露，未作表内列报；2018 年仅有期末余额，无期初余额。

【表内列报 1 - 2017 - p. 137 ～ 138】【第十一节 财务报告 - 四、合并财务报表项目注释 - 衍生金融资产】

□适用 ☑不适用

【表内列报 2 - 2017 - p. 164】【第十一节 财务报告 - 四、合并财务报表项目注释 - 衍生金融负债】

□适用 ☑不适用

此外，2017 年财务报表中衍生金融资产、衍生金融负债科目下无金额。

【表内列报 3 - 2018 - p. 142】【第十一节 财务报告 - 四、合并财务报表项目注释 - （2）衍生金融资产和衍生金融负债 - （a）衍生金融资产】

单位：元 币种：人民币

项目	期末余额	期初余额
衍生金融资产—股权购买期权	139 174 809	
合计	139 174 809	

其他说明：本集团于 2016 年度出售上海迪裕商业经营管理有限公司的全部股权，同时以人民币 150 000 000 元的价格购入一份三年期的上海迪裕商业经营管理有限公司股权购买期权，该期权将于 2019 年到期。该项看跌期权构成一项金融衍生工具。本集团以公允价值计量该期权。

【表外披露 1 – 2016 – p. 63】【第五节　重要事项 – 十五、重大合同及其履行情况 –（三）委托他人进行现金资产管理的情况 – 3. 其他投资及衍生品投资情况】

□适用　☑不适用

此外，2016 年财务报表中衍生金融资产、衍生金融负债科目下无金额。

【表外披露 2 – 2017 – p. 163】【第十一节　财务报告 – 四、合并财务报表项目注释 –（16）其他非流动资产】

其他说明：（Ⅱ）本集团于 2016 年度出售上海迪裕商业经营管理有限公司的全部股权，同时以人民币 150 000 000 元的价格购入一份三年期的上海迪裕商业经营管理有限公司股权购买期权。该项期权构成一项金融衍生工具。本集团以公允价值计量该期权。于 2017 年 12 月 31 日，该项期权的公允价值为人民币 155 974 809 元。

2. 道道全（2020 年）

【不规范之处】表外披露中既提到套期会计，又提到不符合套期会计要求，会计处理时按套期会计方法计入营业成本和营业收入中，会计核算的分录有误（会计分录可参考公司对交易所 2021 年 1 月 13 日所发关注函的回复）。

【表内列报 1 – p. 176】【第十二节　财务报告 – 五、重要会计政策及会计估计 – 78. 套期】

1. 公允价值套期

本公司从事食用植物油的生产、销售，其持有的菜籽油、豆油产品面临价格波动的风险，故本公司使用菜籽油、豆油期货合约作为套期工具，管理公司持有的原材料菜籽油、豆油公允价值波动风险。本公司使用国内期货交易所标准菜籽油、豆油期货合约对公司持有的原材料菜籽油、豆油进行套期，以规避其公允价值变动风险。本公司将原材料菜籽油、豆油公允价值变动风险中与标准菜籽油、豆油期货合约相关联的风险成分指定为被套期项目，将标准菜籽油、豆油期货合约指定为套期工具，并通过定性分析，确定套期工具与被套期项目的数量比例为 1∶1。

2. 现金流量套期

本公司原材料菜籽油采购及产成品豆粕销售均面临现金流量变动风险，故本公司使用国内期货交易所菜籽油、豆粕期货合约来管理其现金流量变动风险。本公司使用将菜籽油、豆粕现金流量变动风险中与标准菜籽油、豆粕期货合约相关联的风险成分指定为被套期项目，将标准菜籽油、豆油期货合约指定为套期工具，并通过定性分析，确定套期工具与被套期项目的数量比例为 1∶1。

【表外披露 1 – p. 202】【第十一节　财务报告 – 十八、补充资料 – 1. 当期非经常性损益明细表】

"除同公司正常经营业务相关的有效套期保值业务外，持有交易性金融资产、衍生金融资产、交易性金融负债、衍生金融负债产生的公允价值变动损益，以及处置交易性金融资产、衍生金融资产、交易性金融负债、衍生金融负债和其他债权投资取得的投资收益"项目有金额。该项目说明如下：这些损益产生于本公司正常经营活动中用来管理其商品价格的衍生工具，因未完全满足套期会计的要求，因此在会计角度属于非经常损益，从业务角度，这些损益的已实现部分应计入营业成本和营业收入，未实现部分应随着未来现货销售的展开而同步计入营业成本和营业收入。

3. 金龙鱼（2022 年）

【不规范之处】适用的套期会计准则抄错，前面写的 2006 年版会计准则《套期保值》,后面写的 2017 年版会计准则《套期会计》。

【表外披露 1 - p. 36】【第三节 管理层讨论与分析 - 七、投资状况分析 - 4. 金融资产投资 - (2) 衍生品投资情况 - 1) 报告期内以套期保值为目的的衍生品投资】

报告期内套期保值业务的会计政策、会计核算具体原则,以及与上一报告期相比是否发生重大变化的说明:本公司根据财政部发布的《企业会计准则第 24 号——套期保值》判断套期业务是否满足运用套期会计方法进行处理的要求,对于满足要求的根据该准则规定的套期会计方法进行处理,对于不满足套期会计要求的,本公司根据《企业会计准则第 22 号——金融工具确认和计量》进行处理。

然而,该公司【表外披露 - p. 164 ~ 165】【第十节 财务报告 - 五、重要会计政策及会计估计 - 43. 其他重要的会计政策和会计估计 - (1) 套期会计】又提到"套期关系由于套期比率的原因不再符合套期有效性要求的,但指定该套期关系的风险管理目标没有改变的,本集团对套期关系进行再平衡"。由此可见,似乎公司采用的是 2017 年修订版的套期会计准则,而非 2006 年版的《企业会计准则第 24 号——套期保值》。

与此类似的,大北农,2011 年报对适用准则也存在误用的情况,标题中写的是套期会计,对应内容却是 CAS 22。具体见大北农 2011 年年报中【表外披露 1 - p. 115】【第十节 财务报告 - 四、主要会计政策和会计估计 - 24. 套期会计】:为规避玉米、豆粕、油脂、米糠、棉粕、菜粕、面粉作为主要的饲料原料的价格大幅波动给经营带来的不利影响,本集团把大连商品期货交易所挂牌交易的玉米、豆粕、大豆、豆油、棕榈油等期货合约、郑州商品期货交易所挂牌交易的硬麦、菜油等期货合约作为套期工具进行套期。本集团对目前的期货投资定义为"以公允价值计量,且其变动计入当期损益的金融资产或金融负债"中的"交易性金融资产"类别并按《企业会计准则第 22 号——金融工具确认》进行核算。

4.3 有争议的会计处理

4.3.1 衍生品业务损益的性质归属

1. 万顺新材（2021 年）

【表内列报 1 – p. 201】【第十节 财务报告 – 十四、补充资料 – 1. 当期非经常性损益明细表】

☑适用 □不适用

单位：元

项目	金额	说明
除同公司正常经营业务相关的有效套期保值业务外，持有交易性金融资产、交易性金融负债产生的公允价值变动损益，以及处置交易性金融资产交易性金融负债和可供出售金融资产取得的投资收益	1 331 285.14	远期结售汇合约公允价值变动收益、可转让定期存单利息收益、远期结售汇及期货合约收益

2. 山东黄金（2021 年）

【表外披露 1. p293】【第十节 财务报告 – 十八、补充资料 – 1. 当期非经常性损益明细表 – 说明】

"除同公司正常经营业务相关的有效套期保值业务外，持有交易性金融资产、衍生金融资产、交易性金融负债、衍生金融负债产生的公允价值变动损益，以及处置交易性金融资产、衍生金融资产、交易性金融负债、衍生金融负债和其他债权投资取得的投资收益"项目下无金额。

说明：（1）本公司所从事的期货交易、远期合约交易均与正常经营业务直接相关，其标的均为与本公司生产的黄金产品及黄金租赁业务相关的黄金期货及黄金远期合约，旨在抵减因价格波动导致本公司正常经营业务的获利能力产生大幅波动的风险；期货及远期合约交易较为频繁，本公司以往一直从事此类期货及远期合约交易，并且在可预见的未来将继续出于上述目的而从事此类期货及远期合约交易。基于上述原因，本公司管理层不将期货及远期合约损益列入非经常性损益。

（2）……

3. 南方航空（2022 年）

【表外披露 1. p29】【第三节管理层讨论与分析 –（五）投资状况分析 – 对外股权投资总体分析 – 3. 以公允价值计量的金融资产 –（3）衍生品投资情况】

报告期内，公司开展了 0.9 亿美元汇率套期保值，对存量利率套期保值跟踪管理，未新增航油套期保值。公司新增的 0.9 亿美元远期购汇合约，资金来源为银行授信资金，不存在使用募集资金从事外汇风险管理的情形，目的为锁定远期购汇汇率，新增的 0.9 亿美元远期购汇合约已于 2022 年 9 月至 10 月全部到期；公司规范管理存量 1.90 亿美元利率互换合约，部分对冲美元利率上行风险，2022 年到期 0.67 亿美元，余额 1.23 亿美元。

【表外披露 2. p256】【第九节　财务报告 – 财务报表附注 2022 年度 – 十五、非经常性损益明细表 – 说明】

非经常性损益明细表的编制基础：本集团通过开展套期保值业务，运用衍生工具锁定利率、汇率以及燃油价格，控制利率波动风险、汇率波动风险以及燃油价格波动风险对本集团经营的影响。本集团认为，该等业务与本集团正常经营业务直接相关，因此将该等业务产生的损益界定为经常性损益项目。

4.3.2　衍生品公允价值层次的选择

1. 万盛股份（2020 年）

【表外披露 1. p167】【第十一节　财务报告 - 十一、公允价值的披露】

1. 以公允价值计量的资产和负债的期末公允价值

（六）交易性金融资产 - 1. 以公允价值计量且变动计入当期损益的金融负债 - 其中：衍生金融负债，在"第一层次公允价值计量"类别下有金额。

2. 持续和非持续第一层次公允价值计量项目市价的确定依据：公司公允价值计量项目为期货合约和外汇期权，期货合约市价的确定依据为期货合约在期末的收盘价格确定；外汇期权市价的确定依据金融机构在期末对同期外汇期权合约产品报价确定。

2. 大业股份（2021 年）

【表外披露 1. p. 164 ~ 165】【第十节　财务报告 - 十一、公允价值的披露 - 1. 以公允价值计量的资产和负债的期末公允价值】

一、持续的公允价值计量 -（一）交易性金融资产 - 1. 以公允价值计量且其变动计入当期损益的金融资产 -（3）衍生金融资产，在"第二层次公允价值计量"类别下有金额。

说明：3. 持续和非持续第二层次公允价值计量项目，采用的估值技术和重要参数的定性及定量信息：本公司期末衍生金融资产公允价值确定依据为期货合约在期货交易所的结算价；结构性存款依据系银行对相关产品合同报价；应收款项融资为银行承兑汇票，其剩余期限较短，公允价值确定依据为票面金额。

3. 友邦吊顶（2022 年）

【表外披露 1. p141 ~ 142】【第十节　财务报告 - 十一、公允价值的披露 - 1. 以公允价值计量的资产和负债的期末公允价值】

一、持续的公允价值计量 -（一）交易性金融资产 - 1. 以公允价值计量且其变动计入当期损益的金融资产 -（3）衍生金融资产，在"第一层次公允价值计量"类别下有金额。

说明：2. 持续和非持续第一层次公允价值计量项目市价的确定依据为对于衍生金融工具，公司以期货市场在最接近资产负债表日的交易日的商品结算价作为确定公允价值的依据。

4.3.3　衍 生 品 在 资 产 负 债 表 上 的 列 报

1. 江西铜业（2022 年）

【表内列报 1 - p. 150 ~ 151】【第十节　财务报告 - 五、合并财务报表项目注释 - 3. 衍生金融资产】

	2022 年 12 月 31 日	2021 年 12 月 31 日
指定套期关系的衍生金融资产（注 1）		
公允价值套期		
商品期货合约及 T + D 合约	—	29 880 118
未指定套期关系的衍生金融资产（注 2）		
商品期货合约及 T + D 合约	261 082 275	267 217 072
远期外汇合约	242 543 988	78 135 052
期权合约	—	3 865 265
合计	503 626 263	379 097 507

【表内列报 2 – p. 187】【第十节　财务报告 – 五、合并财务报表项目注释 – 26. 衍生金融负债】

	2022 年 12 月 31 日	2021 年 12 月 31 日
指定套期关系的衍生金融负债（注）		
公允价值套期		
临时定价安排	313 841 842	11 441 879
商品期货合约及 T + D 合约	93 458 731	—
未指定套期关系的衍生金融负债		
商品期货合约及 T + D 合约	687 329 796	234 063 519
远期外汇合约	321 341 427	32 743 262
商品期权合约	45 832 723	12 719 991
合 计	1 461 804 519	290 968 651

2. 天齐锂业（2022 年）

【表内列报 1 – p. 166】【第十节　财务报告 – 七、合并财务报表项目注释 – 2. 交易性金融资产】

交易性金融资产 – 以公允价值计量且其变动计入当期损益的金融资产 – 其中：衍生金融资产，有期初余额。

【表内列报 2 – p. 185】【第十节　财务报告 – 七、合并财务报表项目注释 – 20. 交易性金融负债】

交易性金融负债 – 其中：衍生金融负债，有期初余额。

与此同时，财务报表内的衍生金融资产、衍生金融负债科目无金额。

与此类似的，雪松发展 2021 年和 2022 年、协鑫集成 2021 年、摩恩电气 2022 年等也均计入交易性金融资产/负债。

3. 杭电股份（2022 年）

【表内列报 1 – p. 117】【第十节　财务报告 – 七、合并财务报表项目

注释 – 3. 衍生金融资产】

　　□适用　☑不适用

　　【表内列报 2 – p. 131】【第十节　财务报告 – 七、合并财务报表项目注释 – 13. 其他流动资产】

　　☑适用　□不适用

单位：元　币种：人民币

项目	期末余额	期初余额
套期工具	170 107 360. 25	157 217 110. 00

4.3.4　被套期项目在资产负债表上的列报

1. 博威合金（2022 年）

　　【表内列报 1 – p. 77】【第十节　财务报告 – 二、财务报表 – 合并资产负债表】

　　流动资产 – 其他流动资产，有期初余额和期末余额。

　　【表内列报 2 – p. 128】【第十节　财务报告 – 七、合并财务报表项目注释 – 13. 其他流动资产】

　　其他流动资产 – 被套期项目，有期初余额和期末余额。

2. 江西铜业（2022 年）

　　【表内列报 1 – p. 160】【第十节　财务报告 – 五、合并财务报表主要项目注释 – 10. 存货】

　　说明：于 2022 年 12 月 31 日，本集团的存货余额中以公允价值计量的金额为人民币 7 495 770 557 元（2021 年 12 月 31 日：人民币 6 311 663 309 元），其中以商品期货合约及 T + D 合约作为套期工具的被套期项目金额为人民币 1 009 775 954 元（2021 年 12 月 31 日：人民币 362 435 617 元），以临时定价安排作为套期工具的被套期项目金额为人民币 6 485 994 603 元（2021 年 12 月 31 日：人民币 5 949 227 692 元）。上述被套期项目的公允价值因来源于活跃市场中的报价，所属的公允价值层级为第一级。

与此类似的，焦作万方，2022 年年报中也采用类似的列报方式，见焦作万方 2022 年年报【表内列报 1 - p. 123】【第十节　财务报告 - 七、合并财务报表项目注释 - 9. 存货 -（2）存货跌价准备和合同履约成本减值准备】，说明：1. 截至本报告期末，本公司存货期末余额中以公允价值计量的库存商品金额为 17 325 290.00 元，其中，以商品期货合约作为套期工具的被套期项目金额为人民币 17 325 290.00 元。

3. 盾安环境（2022 年）

【表内列报 1 - p. 186】【第十节　财务报告 - 五、合并财务报表主要项目注释 - 83. 套期】

按照套期类别披露套期项目及相关套期工具、被套期风险的定性和定量信息。此外，无其他列报或提示性披露。

4.3.5　衍生品业务在现金流量表上的列报

1. 起帆电缆（2022 年）

【表内列报 1 - p. 195 ~ 196】【第十节　财务报告 - 七、合并财务报表主要项目注释 - 78. 现金流量表项目】

（1）收到的其他与经营活动有关的现金 - 套期保值保证金，本期发生额和上期发生额均有金额；（2）支付的其他与经营活动有关的现金 - 套期保值保证金，本期发生额和上期发生额均有金额；（3）收到的其他与投资活动有关的现金 - 收回期货保证金，本期发生额和上期发生额均有金额；（4）支付的其他与投资活动有关的现金 - 购买期货保证金，本期发生额和上期发生额均有金额。

2. 瑞茂通（2022 年）

【表内列报 1 - p. 202 ~ 203】【第十节　财务报告 - 七、合并财务报表主要项目注释 - 80. 现金流量表项目】

（3）收到的其他与投资活动有关的现金 - 期货保证金，本期发生额和上期发生额均有金额；（4）支付的其他与投资活动有关的现金 - 期货保证金及期货亏损，本期发生额和上期发生额均有金额。与之类似的，跃岭股份，2022 年也将外汇投资交割损失列入支付的其他与投资活动有关的现金。

3. 东方电缆（2022 年）

【表内列报 1 - p. 200】【第十节　财务报告 - 七、合并财务报表主要项目注释 - 79. 现金流量表项目】

（2）支付的其他与经营活动有关的现金 - 支付的商品期货合约保证金，本期发生额和上期发生额均有金额。

与之类似的，江西铜业 2022 年也将商品和期货保证金列入支付的其他与经营活动有关的现金。

4.3.6　不同时期适用相同的会计准则

1. 驰宏锌锗（2016 年）

【表外披露 1 - p. 30】【第五节　重要事项 - 五、公司对会计政策、会计估计变更或重大会计差错更正原因和影响的分析说明 - （一）公司对会计政策、会计估计变更原因及影响的分析说明 - 1. 期货套期业务的会计

政策变更】

2015 年 12 月 10 日，财政部发布了《商品期货套期业务会计处理暂行规定》，自 2016 年 1 月 1 日开始执行。按文件规定，公司可以选择执行此规定，也可以继续执行原《企业会计准则第 24 号——套期保值》，为了更加合理体现公司开展锌期货套期保值交易对于风险管理的作用，经公司第六届董事会第十七次会议、第六届监事会第十次会议审议通过，同意公司选择执行《商品期货套期业务会计处理暂行规定》。本次会计政策变更，根据文件规定采用未来适用法，不需要进行追溯调整。变更前，公司进行账务处理时未运用套期会计的方法，将套期工具利得或损失直接接入当期损益。变更后……（后略）

2. 建发股份（2018 年）

【表外披露 1 – p. 58】【第五节重要事项 – 五、公司对会计政策、会计估计变更或重大会计差错更正原因和影响的分析说明 –（一）公司对会计政策、会计估计变更原因及影响的分析说明 – 重要会计政策变更 – ③其他】

2015 年 11 月 26 日，财政部发布了《商品期货套期业务会计处理暂行规定》，自 2016 年 1 月 1 日开始执行。按文件规定，公司可以选择执行此规定，也可以继续执行原《企业会计准则第 24 号——套期保值》，为了更加合理地体现公司的期货业务及风险管理，公司自 2018 年 1 月 1 日起选择执行《商品期货套期业务会计处理暂行规定》。本公司于 2018 年 4 月 26 日召开第七届董事会第十二次会议及第七届监事会第九次会议，会议审议通过了上述会计政策变更事项。

上述会计政策变更的影响系增加其他流动负债 2 169 290.00 元，增加营业成本 244 391 357.14 元，增加公允价值变动收益 8 265 630.98 元，增加投资收益 233 956 436.16 元。上述会计政策变更对 2017 年度未产生影响。

3. 酒钢宏兴 （2019 年）

【表外披露 1－p. 82】【第十一节　财务报告－五、重要会计政策及会计估计－（三十三）其他重要的会计政策和会计估计－2. 套期会计】

为规避现货经营钢材生产原料铁矿、贵金属采购价格和产成品销售价格风险，本公司将商品期货合约指定为套期工具，满足规定条件的商品期货套期，本公司采用《商品期货套期业务会计处理暂行规定》中规定的以下套期会计方法进行处理。本公司的套期为现金流量套期（后略）。

4.3.7　相同时期适用不同的会计准则

1. 万马股份 （2019—2022 年）

【2019 年表外披露 1－p. 109】【第十二节　财务报告－六、重要会计政策及会计估计－30. 其他重要的会计政策和会计估计－（6）现金流量套期会计处理原则】

发生下列情况之一时，套期关系终止：①因风险管理目标的变化，公司不能再指定既定的套期关系；②套期工具被平仓或到期交割；③被套期项目风险敞口消失；④套期关系不再满足商品期货套期业务会计处理暂行规定有关套期会计的应用条件。

从该公司 2020—2022 年年报可知，2020 年的重要会计政策变更仅涉及财政部于 2017 年修订的《企业会计准则第 14 号——收入》；2021 年的重要会计政策变更仅涉及财政部于 2018 年发布的《企业会计准则第 21 号——租赁》；2022 年的重要会计政策变更仅涉及企业会计准则解释第 15 号、企业会计准则解释第 16 号。由此可见，该公司从 2019 年至今的套期会计政策可能仍然沿用《暂行规定》的要求。

2. 杭电股份（2019—2022 年）

【2019 年表外披露 1 – p. 117 ~ 118】【第十一节　财务报告 – 五、重要会计政策及会计估计 – 40. 其他重要会计政策和会计估计 – 2. 采用套期会计的依据、会计处理方法】

（1）套期包括公允价值套期/现金流量套期/境外经营净投资套期（后略）。

【2019 年表外披露 2 – p. 119】【第十一节　财务报告 – 五、重要会计政策及会计估计 – 41. 重要会计政策和会计估计的变更 –（1）重要会计政策变更】

（2）本公司自 2019 年 1 月 1 日起执行财政部修订后的《企业会计准则第 22 号——金融工具确认和计量》《企业会计准则第 23 号——金融资产转移》《企业会计准则第 24 号——套期保值》《企业会计准则第 37 号——金融工具列报》。根据相关新旧准则衔接规定，对可比期间信息不予调整，首次执行日执行新准则与原准则的差异追溯调整本报告期期初留存收益或其他综合收益。

从该公司 2020—2022 年年报可知，2020 年的重要会计政策变更仅涉及财政部于 2017 年修订的《企业会计准则第 14 号——收入》；2021 年的重要会计政策变更仅涉及财政部于 2018 年发布的《企业会计准则第 21 号——租赁》；2022 年的重要会计政策变更仅涉及企业会计准则解释第 15 号、企业会计准则解释第 16 号。由此可见，该公司从 2019 年至今的套期会计政策主要沿用 CAS 24（2017）的要求。

4.4　案例总结分析

4.2 节列举的不规范情形，应对照相关制度要求、参考相对规范的案例进行修正，同时也要防止屡禁不止的问题。例如套期会计信息披露不充分的现象，在证监会发布的《2020 年上市公司年报会计监管报告》中早有提及"年报分析发现，部分上市公司对套期会计的相关信息披露不充分。例如，仅披露套期工具、被套期项目名称、被套期风险的性质和高度有效的结论，未按要求披露风险管理策略、套期活动对企业风险敞口的影响，以及采用套期会计对财务报表的影响等信息"。然而翻阅近两年的年报，这一现象仍然存在，甚至较为广泛。

另外，4.3 节列举的有争议的情形，都是实务中真实出现的情形，且各种做法都有一定的道理，有待在制度层面进一步规范和完善。将 4.3 节有争议的情形汇总如下，并提出相应的政策建议。

4.4.1 衍生品业务损益的性质归属问题有待明确具体标准

表 4 - 1 的三个案例，分别将其衍生品业务损益归入非经常性损益和经常性损益中，与山东黄金和南方航空类似的，紫金矿业 2016 年报、龙宇股份 2018 年、大康农业 2019 半年报、鹏都农牧 2020 年报等均将衍生品损益归属至经常性损益中。以紫金矿业为例，其在表外披露中指出"本集团所从事的有效套期保值业务、黄金租赁、远期合约交易均与正常经营业务直接相关，其标的均为与本集团生产的矿产品同类或类似的金属，旨在抵减因价格波动导致本集团正常经营业务的获利能力产生大幅波动的风险；有效套期保值业务、黄金租赁、远期合约交易较为频繁，本集团以往一直从事此类交易，并且在可预见的未来将继续出于上述目的而从事此类交易。基于上述原因，本集团管理层不将有效套期保值业务、黄金租赁、远期合约交易损益列入非经常性损益。"与之相反的，更多公司还是会将衍生品公允价值变动和投资收益归入非经常性损益。

表 4 - 1   衍生品业务损益性质归属的多种情形

代码	公司	年份	归属类别
300057	万顺新材	2021	非经常性损益
600547	山东黄金	2021	经常性损益
600029	南方航空	2022	经常性损益

2023 年 12 月修订的《公开发行证券的公司信息披露解释性公告第 1 号——非经常性损益》列举了 22 类属于非经常性损益的项目，包括"除同公司正常经营业务相关的货币资金、应收款项以及有效套期保值业务外，非金融企业持有或处置金融资产所产生的损益"。与之相应的，修订之前 2008 年版本的《解释性公告第 1 号》，相关条款内容为"除同公司正常经营业务相关的有效套期保值业务外，持有交易性金融资产、交易性金融负债产生的公允价值变动损益，以及处置交易性金融资产、交易性金融负债和可供出售金融资产取得的投资收益"。

但两版解释性公告均未对"有效套期保值"的内涵和外延提出明确界定。证监会在其发布的《2020 年上市公司年报会计监管报告》中指出"年报分析发现，部分上市公司对非经常性损益的认定不正确：一是未将按照套期会计准则处理但属于套期无效部分的损益作为非经常性损益列示，未将因处置套期工具产生的损益作为非经常性损益列示"。由此可见，在证监会会计部联合沪深交易所共同开展上市公司年度财务报告审阅时，将解释性公告 1 号中的"套期保值"的内涵界定为执行套期会计准则，而非开展套期保值业务；将"有效套期保值"的外延严格界定为执行套期会计，且 100% 有效套期的部分，其余无效套期部分，仍归于非经常性损益范畴。

但从表 4 - 1 的三个例子来看，将衍生品损益归入经常性损益的两个公司当年度并未执行套期会计，具体而言，山东黄金 2021 年年报的合并财务报表项目注释中明确不适用套期会计或净敞口套期，南方航空 2022

— 167 —

年年报仅在【表外披露 – p129 ~ 130】中披露了【第九节　财务报告 –
二、公司重要会计政策和会计估计 –（9）金融工具 –（i）套期会计】的
政策，而未列报【合并财务报表项目注释 – 套期】，利润表的"其他综合
收益的税后净额 – 将重分类进损益的其他综合收益 – 现金流量套期储备"
只有 2021 年度发生额，无 2022 年度发生额。

4.4.2　衍生品公允价值层次的选择具有一定主观性

期货是场内衍生品，其公允价值有公开透明的市价可供参考，其公允
价值更倾向于选择第一层次。远期产品相对较多，各银行也能提供远期外
汇牌价的报价，远期外汇的公允价值多为第二或第一层次。期权和互换是
场外衍生品，其公允价值多为第三或第二层次。

从表 4 - 2 的三个案例来看，同样都在国内期货市场上开展期货业务，
其公允价值层次有的选择第二层次，有的选择第一层次。万盛股份对其外
汇期权的公允价值选择了第一层次。这些多样性的选择，有的并不符合常
规，建议企业对特殊的公允价值层次的选择作出适当补充说明。

表 4 - 2　　　　　　　　　衍生品公允价值层次选择的多种情形

代码	公司	年份	衍生工具品种	所选层次
603010	万盛股份	2020	期货、外汇期权	第一层次
603278	大业股份	2021	期货	第二层次
002718	友邦吊顶	2022	期货	第一层次

4.4.3　衍生品业务在财务报表上的列报科目有待统一

从表 4 - 3 的三个案例来看，公司并未将衍生品整齐划一地列报到资
产负债表的衍生金融资产/负债科目下，在不少案例中会出现以下情形：

资产负债表 – 衍生金融资产/负债下无余额，交易性金融资产/负债下有余额，在合并报表项目注释中将衍生金融工具列在交易性金融资产/负债科目下，在公允价值变动收益的项目注释中又出现了衍生工具的明细项目。杭电股份 2022 年的情形则并不多见，其交易性金融资产有期末余额，但通过合并报表项目注释可以发现，公司将套期工具放在其他流动资产之中。

表 4 – 3   衍生品在资产负债表中列报科目的多种情形

代码	公司	年份	所属科目
600362	江西铜业	2022	衍生金融资产/负债
002466	天齐锂业	2022	交易性金融资产/负债
603618	杭电股份	2022	其他流动资产 – 套期工具

正如 2.2.4 节所述，《一般企业财务报表格式（2019 年）》适用于已执行新金融工具准则的非金融类企业，目前仅在资产负债表和利润表上提到了与衍生品及套期业务有关的会计科目，而未对现金流量表和所有者权益变动表提出特定要求或说明。

而《一般企业财务报表格式（2019 年）》资产负债表中同时列出了交易性金融资产/负债和衍生金融资产/负债，而表格下方的项目说明中又提到交易性金融资产/负债适用于以公允价值计量且其变动计入当期损益的金融资产，根据【CAS 22 – 第十九条】，衍生金融资产或负债归为交易性目的，以公允价值计量且其变动计入当期损益；【CAS 22 – 第二十一条】将衍生金融负债归为交易性金融负债，以公允价值计量且其变动计入当期损益。这也使得企业在实务操作中有了可以自行选择的空间。

《一般企业财务报表格式（2019 年）》将衍生金融资产/负债从交易性金融资产/负债中单列出来，正是考虑到衍生品与基础金融工具在底层风险上的差异，建议能在资产负债表的项目说明中明确将衍生金融资产/负债从交易性金融资产/负债中单列出来的要求，以便报表使用者能直接通过财务报表数据判断公司是否存在衍生品业务，而不必再细读其报表附注的说明。

从表4－4的三个案例来看，被套期项目在资产负债表上的列报和注释更为隐蔽，多数情况为上表中的第三种情况（即不作任何注释），事实上，在公允价值套期中，已确认的资产和负债的计量基础会从之前的历史成本法转到公允价值计量，这也意味着其计量属性已经区别于未被作为被套期项目的资产和负债了。本书建议可参考江西铜业的做法，在存货下加注释说明。

表4－4　　　　　　　被套期项目在资产负债表中列报科目的多种情形

代码	公司	年份	所属科目
601137	博威合金	2022	其他流动资产－被套期项目
600362	江西铜业	2022	存货－加注释
002011	盾安环境	2022	无注释

从表4－5的三个案例来看，上市公司通常会将衍生品业务上收支的现金列入其他与经营活动有关的现金，或其他与投资活动有关的现金，但两者之间的区分标准尚不明确，是只有执行套期会计准则才能列入经营活动现金流量中，还是只要开展套期保值业务就可以列入经营活动中；是只有有效套期的部分可以归入经营活动中，还是只要是套期保值业务，都可以列入经营活动中，企业在实务操作中有各自不同的理解。

表4－5　　　　　　　衍生品业务在现金流量表列报的多种情形

代码	公司	年份	所属科目
605222	起帆电缆	2022	收到/支付的其他与经营活动有关的现金、收到/支付其他与投资活动有关的现金
600180	瑞茂通	2022	收到/支付的其他与投资活动有关的现金
603606	东方电缆	2022	支付的其他与经营活动有关的现金

4.4.4 套期会计在实务中的多样性有待做好政策可比性分析

《商品期货套期业务会计处理暂行规定》是财政部于 2015 年 11 月印发的、专项针对商品期货套期业务提前适用《国际财务报告准则第 9 号》（IFRS 9）中套期会计的规定，文字简明、以表格形式列出了商品期货套期业务中，各项财务数字之间的勾稽关系，也与企业开展的商品期货套期保值实务较为贴近，在实务中得到较为广泛的应用。

2017 年 4 月 6 日，财政部正式发布了《关于印发修订〈企业会计准则第 24 号——套期会计〉的通知》，要求在境内外同时上市的企业以及在境外上市并采用国际财务报告准则或企业会计准则编制财务报告的企业，自 2018 年 1 月 1 日起施行；其他境内上市企业自 2019 年 1 月 1 日起施行；执行企业会计准则的非上市企业自 2021 年 1 月 1 日起施行。同时，鼓励企业提前执行。执行本准则的企业，不再执行财政部于 2006 年 2 月印发的《企业会计准则第 24 号——套期保值》及 2015 年 11 月印发的《商品期货套期业务会计处理暂行规定》。

企业为规避会计政策变更而引起的执行成本上升，有时会对特定会计制度有"锚定"倾向，使得多套相关会计制度在实务中重叠存在，表 4 - 6 汇总了本章相关案例。

表 4 - 6 　　　　　　　不同时期执行相同会计准则的情形

代码	公司	年份	选择执行的会计准则
600497	驰宏锌锗	2016	暂行规定（2015）
600153	建发股份	2018	暂行规定（2015）
600307	酒钢宏兴	2019	暂行规定（2015）

从表 4 - 7 的两个例子可以看出，CAS 24（2006）基本已退出实务应

用，而《暂行规定》和 CAS 24（2017）却在不同的时期、不同企业间适用，考虑到有的企业开展的套期保值业务仅限于商品期货，而准则变更有一定的执行成本，且 CAS 24 本身就有可选性的特征，财政部 2017 年的通知也并未完全取消《暂行规定》，这也给企业的政策执行带来便利，另外，也需要理论界和实务界做好政策梳理，对比分析两套制度的差异，确保同类业务会计信息的可比性。

表4-7　　　　　　　　　相同时期执行不同会计准则的情形

代码	公司	年份	选择执行的会计准则
002276	万马股份	2019—2022	暂行规定（2015）
603618	杭电股份	2019—2022	套期会计（2017）

第5章 衍生品业务公告的案例

5.1 衍生品业务公告的总体情况

在北京聚源锐思数据科技有限公司的技术支持之下，本章汇总了 2000 年 1 月 1 日至 2022 年 12 月 31 日间 A 股上市公司发布的与衍生品业务相关的公告情况，数据来源于巨潮资讯公告速查（http：//www. cninfo. com. cn/new/index）。其中，2000 年是巨潮资讯提供可查询公告的最早年份。具体整选包括以下过程。

（1）汇总出上述时间跨度内的公告信息，从中筛选出标题中出现"开展""套期""套保""衍生""期货""远期""期权""互换""掉期"等关键词的公告。

（2）剔除重复记录以及非衍生工具业务的无效记录，如做市业务（如关于申请开展商品期货及期权做市业务收到中国证监会无异议监管意见书的公告）、代理业务（如关于获准开展人民币利率互换清算代理业务的公告）、与词义相近的无效词（如永安期货、弘业期货、期货交易所、IP 衍生、影视衍生、玩具衍生、远期计划等）。

（3）剔除金融行业上市公司，剔除 B 股上市公司，剔除公告日期超过前述样本期的公告，最终获得 10 886 条公告标题记录。以下围绕上述初始样本进一步展示相关信息。

5.1.1　公告总体情况

　　由图 5 - 1 可知，在 2000—2022 年的整个样本期内，2002 年首次出现的上市公司开展衍生品业务的公告是漳泽电力于 2002 年 12 月 10 日发布的题为"对日元贷款进行掉期保值"的公告。在其后的 2002—2007 年，公告总数很少，每年只有 5 份以内的公告数，其中 2006 年相关公告数量为 0。2008 年的公告总数出现大幅增长，为 19 份，但其中 7 份是预亏公告，10 份是配套制度，当年受到航油期权衍生品巨额亏损的影响，包括东方航空、中国国航、上海航空等在内的上市航空公司纷纷发布预亏公告。此后，2009 年及之后的衍生品相关公告数量直接跃上百位，乃至千位数，且自 2019 年之后有迅速攀升之势。

图 5 - 1　上市公司衍生品业务公司数量总体情况

5.1.2　公告按主题分类的情况

1. 数量较多的公告

在 10 886 份公告中，数量占比较多的公告类型包括业务开展公告、第三方意见（主要来自保荐机构的核查意见，也有来自独立董事和审计师事务所的意见等）、配套制度（主要为内部控制制度和配套管理制度等）、可行性分析报告等，各类公告的分年度情况如图 5 - 2 所示。

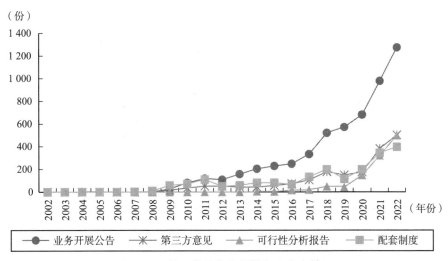

图 5 - 2　前四类公告数量的年度分布情况

由图 5 - 2 可知，在 2002—2022 年业务开展公告数量逐年攀升，尽管配套制度、第三方意见及可行性分析报告的数量也在不断上升，但在总量上比开展公告的数量少。其中的原因在于，不少公司的开展公告中已经将配套制度、第三方意见或可行性分析报告的要素引入其中（详见 5.3 节的各类公告要素），因此未再单独披露相关公告。

2. 数量较少的公告

在 10 886 份公告中，数量占比较少的公告类型包括调整公告、损益预告、其他公告和自查报告，各类公告的分年度情况如图 5 - 3 所示。

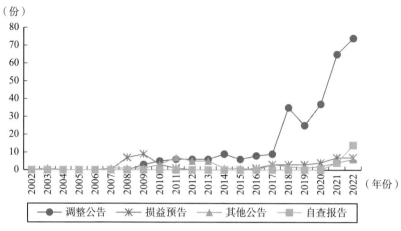

图 5 - 3　后四类公告数量的年度分布情况

由图 5 - 3 可知，在上述四类公告中，数量相对较多的为业务调整公告，从趋势上与业务开展公告大致相仿，调整的内容主要涉及保证金额度调整、交易额度调整、交易品种增减等。损益预告主要是源于"期货和衍生品交易已确认损益及浮动亏损金额每达到公司最近一年经审计的归属于上市公司股东净利润的 10% 且绝对金额超过 1 000 万元人民币的，应当及时披露"的制度规定（详见 2.3 节的相关制度规定），公告内容包括亏损预告、已亏损公告、浮动亏损的敏感性分析、盈利预告等。其他公告尽管数量不多，但主题较分散，包括了会计核算、会计差错更正、获得损失赔偿、平仓平盘终止交易、获批成为交割厂库、投资进展更正、未参与某衍生品交易声明等。自查报告主要源于"深圳证券交易所《创业板上市公司自律监管指南第 1 号——业务办理》《上市公司自律监管指引第 2 号——创业板上市公司规范运作》等规定要求"，由董事会对公司相关年度的证券与衍生品投资情况进行核查，并发布专项说明。因此此类公告的发布主体只有深交所创业板上市的公司。

以下围绕这八类公告中的开展公告呈报进一步的相关信息。

5.1.3 开展公告的明细情况

以下分别按年度、上市公司类型、业务开展意图等维度，对上市公司衍生品业务开展公告的各年度情况进行明细展示。

1. 业务开展的年度分类（见图5-4）

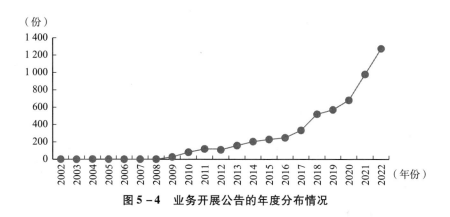

图5-4 业务开展公告的年度分布情况

2. 业务开展按上市公司类型分类（见图5-5）

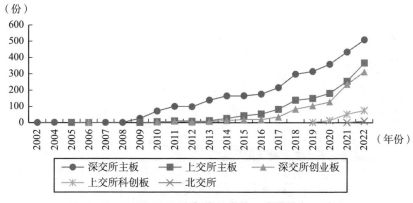

图5-5 开展衍生品业务的上市公司类型分年度情况

3. 业务开展按标题所披露的开展意图分类（见图5-6）

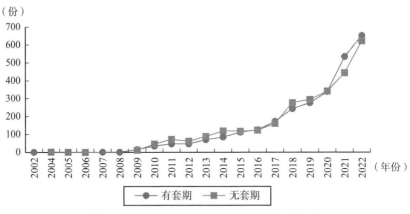

图5-6 衍生品业务开展意图的分年度情况

4. 业务开展按标题所披露的衍生品类型分类

上市公司发布的开展公告有时会在公告标题中直接表明其交易的衍生品类型，但是总体而言，以2022年为例，在公告标题中未披露衍生品类型的公告占总数的63.6%，排名后两位的分别为期货17.1%和远期15.7%，此三类公告的年度情况如图5-7所示。

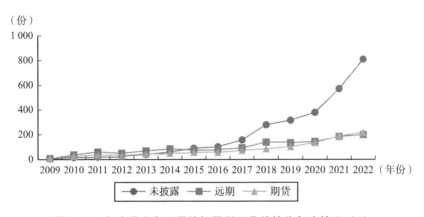

图5-7 衍生品业务开展按标题所示品种的分年度情况（1）

由图 5 - 7 可知，在标题中直接披露衍生品类型的公告中，包括期权和掉期等在内的其他衍生品类型总体不多，有的会在同一期开展多种类型的衍生品业务，单独开展期权业务的公司极少，2002—2013 年每年都为零，即使 2014—2022 年，每年也不超过 2 份公告；与之相对，单独开展掉期业务的公司略多，从 2009—2022 年每年不超过 6 份公告。由于数量有限，此处将单独开展掉期或期权的业务进行合并，将同时公告两种及以上衍生品业务的公告合并为"组合"类，将上述两类公告的年度情况呈报如图 5 - 8 所示。

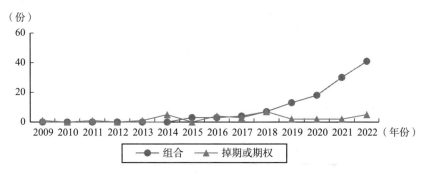

图 5 - 8　衍生品业务开展按标题所示品种的分年度情况（2）

由图 5 - 8 可知，2009—2022 年，开展公告的标题中仅出现掉期或期权的数量每年不超过 7 份，而上市公司开展多种类型衍生品的公告数量在2018 年之前也处于每年不超过 7 份的数量级，自 2019 年以后逐步攀升，达到 2022 年的最高值 41 份。

5. 业务开展按行业分类

15 个子行业在 2022 年度未有公司发布过与衍生品业务相关公告，10个子行业在 2002—2022 年整个样本期内未有公司发布过与衍生品业务相关的公告，具体如表 5 - 1 所示。

表 5 - 1   未发布业务开展公告的相关行业分布（2002—2022 年）

行业代码	行业名称	总家数	2022 年内	整个样本期
A02	林业	4	0	0
A05	农、林、牧、渔服务业	2	0	0
B10	非金属矿采选业	2	0	0
E47	房屋建筑业	3	0	0
H61	住宿业	7	0	0
H62	餐饮业	3	0	0
I63	电信、广播电视和卫星传输服务	21	0	0
M75	科技推广和应用服务业	4	0	0
O80	机动车、电子产品和日用产品修理业	1	0	0
R88	体育	2	0	0
R85	新闻和出版业	29	0	有企业开展衍生品业务
E50	建筑装饰和其他建筑业	33	0	
B06	煤炭开采和洗选业	25	0	
G53	铁路运输业	6	0	
B07	石油和天然气开采业	11	0	

仅 2022 年发布过衍生品业务相关公告的企业占该子行业的企业总数的比例如表 5 - 2 所示。

表 5 - 2   发布过业务开展公告的相关行业分布（2022 年）   单位：%

行业代码	行业名称	占比	行业代码	行业名称	占比
M74	专业技术服务业	2.4	B08	黑色金属矿采选业	16.7
G54	道路运输业	2.7	C19	皮革、毛皮、羽毛及其制品和制鞋业	16.7
N78	公共设施管理业	4.3	C14	食品制造业	17.9
G55	水上运输业	5.3	C34	通用设备制造业	19.2

续表

行业代码	行业名称	占比	行业代码	行业名称	占比
D46	水的生产和供应业	5.6	C35	专用设备制造业	20.4
Q83	卫生	5.6	C20	木材加工及木、竹、藤、棕、草制品业	22.2
C23	印刷和记录媒介复制业	6.7	C31	黑色金属冶炼及压延加工业	24.3
F52	零售业	7.3	C36	汽车制造业	24.7
K70	房地产业	7.4	E49	建筑安装业	25.0
I65	软件和信息技术服务业	7.5	M73	研究和试验发展	25.9
R86	广播、电视、电影和影视录音制作业	7.7	C22	造纸及纸制品业	26.2
E48	土木工程建筑业	7.9	C42	废弃资源综合利用业	26.7
C15	酒、饮料和精制茶制造业	8.0	F51	批发业	27.7
P82	教育	8.3	C21	家具制造业	28.1
D45	燃气生产和供应业	9.1	C28	化学纤维制造业	29.4
C40	仪器仪表制造业	9.5	C25	石油加工、炼焦及核燃料加工业	30.0
A01	农业	9.5	G59	仓储业	30.0
C18	纺织服装、服饰业	11.4	C39	计算机、通信和其他电子设备制造业	30.6
D44	电力、热力生产和供应业	11.6	C29	橡胶和塑料制品业	31.2
B11	开采辅助活动	11.8	C17	纺织业	31.5
S90	综合	12.0	C41	其他制造业	31.8
I64	互联网和相关服务	12.3	C26	化学原料及化学制品制造业	33.0
C27	医药制造业	12.3	L71	租赁业	33.3
A04	渔业	12.5	C38	电气机械及器材制造业	36.7
R87	文化艺术业	12.5	A03	畜牧业	36.8
C37	铁路、船舶、航空航天和其他运输设备制造业	12.6	C33	金属制品业	37.9

行业代码	行业名称	占比	行业代码	行业名称	占比
N77	生态保护和环境治理业	12.8	G60	邮政业	40.0
C30	非金属矿物制品业	13.7	C13	农副食品加工业	41.2
G56	航空运输业	14.3	C24	文教、工美、体育和娱乐用品制造业	44.0
G58	装卸搬运和运输代理业	16.7	B09	有色金属矿采选业	44.4
L72	商务服务业	16.7	C32	有色金属冶炼及压延加工业	49.5

由表 5-2 可知，2022 年度开展过衍生品业务的行业内，占比最低的为专业技术服务业（2.4%），最高的为有色金属冶炼及压延加工业（49.5%）。

在 2000—2022 年发布过衍生品业务相关公告的企业占该子行业的企业总数的比例如表 5-3 所示。

表 5-3　　　发布业务开展公告的相关行业分布（2002—2022 年）　　单位：%

行业代码	行业名称	占比	行业代码	行业名称	占比
M74	专业技术服务业	2.4	C34	通用设备制造业	24.3
N78	公共设施管理业	4.3	C35	专用设备制造业	25.4
G54	道路运输业	5.4	C14	食品制造业	25.6
D46	水的生产和供应业	5.6	B07	石油和天然气开采业	27.3
R85	新闻和出版业	6.9	M73	研究和试验发展	29.6
P82	教育	8.3	C36	汽车制造业	30.1
E50	建筑装饰和其他建筑业	9.1	L72	商务服务业	31.8
E48	土木工程建筑业	10.5	B08	黑色金属矿采选业	33.3
G55	水上运输业	10.5	C19	皮革、毛皮、羽毛及其制品和制鞋业	33.3
I65	软件和信息技术服务业	10.6	C20	木材加工及木、竹、藤、棕、草制品业	33.3

行业代码	行业名称	占比	行业代码	行业名称	占比
K70	房地产业	11.5	C42	废弃资源综合利用业	33.3
R86	广播、电视、电影和影视录音制作业	11.5	L71	租赁业	33.3
F52	零售业	11.9	C21	家具制造业	34.4
A04	渔业	12.5	F51	批发业	34.7
R87	文化艺术业	12.5	C28	化学纤维制造业	38.2
C40	仪器仪表制造业	12.6	C39	计算机、通信和其他电子设备制造业	38.5
C23	印刷和记录媒介复制业	13.3	C25	石油加工、炼焦及核燃料加工业	40.0
C37	铁路、船舶、航空航天和其他运输设备制造业	13.8	C22	造纸及纸制品业	42.9
D45	燃气生产和供应业	15.2	C26	化学原料及化学制品制造业	44.1
C18	纺织服装、服饰业	15.9	C33	金属制品业	45.6
B06	煤炭开采和洗选业	16.0	C29	橡胶和塑料制品业	46.4
G53	铁路运输业	16.7	C38	电气机械及器材制造业	49.7
G58	装卸搬运和运输代理业	16.7	C13	农副食品加工业	50.0
Q83	卫生	16.7	C17	纺织业	50.0
B11	开采辅助活动	17.6	C41	其他制造业	50.0
C27	医药制造业	18.1	E49	建筑安装业	50.0
I64	互联网和相关服务	18.5	G56	航空运输业	50.0
N77	生态保护和环境治理业	19.2	G59	仓储业	50.0
C15	酒、饮料和精制茶制造业	20.0	C24	文教、工美、体育和娱乐用品制造业	52.0
C30	非金属矿物制品业	21.0	G60	邮政业	60.0
D44	电力、热力生产和供应业	23.3	C31	黑色金属冶炼及压延加工业	62.2
A01	农业	23.8	A03	畜牧业	63.2
S90	综合	24.0	C32	有色金属冶炼及压延加工业	65.6
			B09	有色金属矿采选业	74.1

5.2 案例汇总框架

本章案例汇总框架如图 5 - 9 所示。

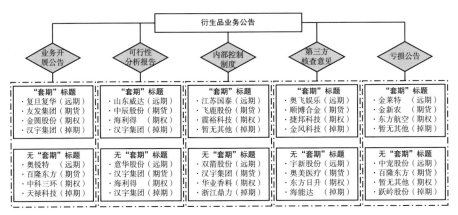

图 5 - 9 案例汇总框架

本章呈报了上市公司衍生品业务公告的相关案例，这些案例按公告主题又分为业务开展报告、可行性分析报告、内部控制制度、第三方核查意见、亏损公告五种类型。

5.3 业务开展公告

本节汇总了上市公司开展远期、期货、期权和掉期业务时所公布的业务开展公告，且在四类衍生品业务下又进一步按公告标题中是否带"套期"分别找到两份公告进行对比，对比案例的选取依据包括：公告中的衍生品业务类型一致或接近、两个上市公司所在资本市场类型一致、公告发布时间接近等。

1. 远期

600624　复旦复华　关于开展远期结售汇套期保值业务的公告　2022/4/30	605116　奥锐特　关于开展远期外汇交易业务的公告　2022/4/30
一、基本情况－开展远期结售汇套期保值业务的基本情况；审批程序 二、外汇套期保值业务概述－基本说明－外币种类、业务金额、汇率、办理结汇期限；产品说明；敏感性分析－汇率、流动性、信用、法律风险 三、风险控制分析 四、对公司利润的影响 五、独立董事意见 六、截至2021年12月31日，2021年度累计进行远期结售汇套期保值业务的金额为0日元。 七、备查文件－董事会决议；独立董事意见	一、开展远期外汇交易业务的目的 二、开展远期外汇交易业务的主要情况－业务情况；交易对手；合约期限；流动性安排；授权金额与期限 三、开展远期外汇交易业务的风险分析－市场风险；回款预测风险；法律风险 四、开展远期外汇交易的风险控制措施

2. 期货

601686　友发集团　关于开展期货套期保值业务的公告　2022/7/20	601339　百隆东方　关于2022年度开展棉花期货业务的公告　2022/4/27
一、期货套期保值业务的目的 二、开展期货套期保值业务的基本情况－套期保值交易品种；预计投入资金额度及业务期间；资金来源 三、套期保值业务的风险分析－市场风险；流动性风险；操作风险；技术风险；政策风险 四、风险控制措施 五、开展期货套期保值业务的会计核算原则－22、24、37号准则及指南 六、相关决策程序及意见－决策程序；独立董事意见	一、开展棉花期货业务目的 二、开展棉花期货业务基本情况－期货投资品种；资金来源；保证金金额；授权有效期 三、期货交易风险分析－价格波动风险；交割风险 四、应对风险措施 五、独立董事意见

3. 期权

000546　金圆股份　关于子公司开展期权套期保值业务的公告　2022/1/22	000970　中科三环　中科三环关于开展远期结售汇和外汇期权业务的公告　2022/3/26
一、套期保值的目的 二、套期保值的期权品种 三、期权套期保值的额度及期间 四、公司开展的期权套期保值业务满足《企业会计准则》规定的运用套期保值会计方法的相关条件 五、开展套期保值业务的可行性分析 六、套期保值的风险分析及风险控制措施 – 市场风险及对策；资金风险及对策；信用风险及对策；技术风险及对策 七、独立董事发表的独立意见 八、保荐机构意见 九、备查文件 – 董事会决议；独立董事意见；核查意见	一、情况概述 – 业务种类、业务规模及期限；资金来源；合作银行 二、开展远期结售汇和外汇期权业务必要性 三、远期结售汇及外汇期权业务的风险分析 – 风险分析 – 市场风险、操作风险、法律风险 四、采取的风险控制措施 五、会计政策及核算原则 – 22、24、37 号准则及指南 六、独立董事意见 七、保荐机构核查意见

4. 掉期

300403　汉宇集团　关于开展以套期保值为目的的远期结售汇业务、外汇期权业务、外汇掉期业务的公告　2023/4/12	301045　天禄科技　关于开展远期结售汇业务、外汇掉期业务的公告　2023/4/21
一、投资情况概述 – 投资目的；交易金额、期限及授权；交易方式；资金来源 二、审议程序 – 董事会审议；监事会审议 三、交易风险分析 – 汇率波动风险；客户违约风险；回款预测风险 四、公司拟采取的风险控制措施 五、交易相关会计处理 – 22、24、37、39 号准则及指南	一、投资情况概述 二、履行的审议程序 三、开展外汇远期结售汇业务的可行性分析 四、远期结售汇业务、外汇掉期业务的风险与风险控制措施 – 远期结售汇业务、外汇掉期业务的风险；风险控制措施 五、投资对公司的影响 六、相关批准程序及审核意见

300403　汉宇集团　关于开展以套期保值为目的的远期结售汇业务、外汇期权业务、外汇掉期业务的公告　2023/4/12	301045　天禄科技　关于开展远期结售汇业务、外汇掉期业务的公告　2023/4/21
六、独立董事意见 七、备查文件－董事会决议；监事会决议；独立董事意见	七、备查文件－董事会决议；监事会决议；独立董事意见；保荐机构核查意见

5.4　可行性分析报告

本节汇总了上市公司开展远期、期货、期权和掉期业务时所公布的可行性分析公告，且在四类衍生品业务下又进一步按公告标题中是否带"套期"分别找到两份公告进行对比，对比案例的选取依据包括：公告中的衍生品业务类型一致或接近、两个上市公司所在资本市场类型一致、公告发布时间接近等。

1. 远期

002026　山东威达　关于开展远期结售汇套期保值业务的可行性分析报告　2021/4/20	002897　意华股份　关于开展2021年度远期结汇业务的可行性分析报告　2021/4/28
一、开展远期结售汇套期保值业务的背景 二、开展远期结售汇套期保值业务的必要性和可行性 三、公司拟开展远期结售汇套期保值业务概述－主要涉及币种；业务期限；资金来源及资金规模；交易对手；流动性安排 四、远期结售汇套期保值业务的风险分析－汇率波动风险；内部控制风险；客户违约风险；回款预测风险 五、公司采取的风险控制措施 六、公司开展远期结售汇套期保值业务的可行性分析结论	一、开展远期结售汇业务的背景 二、开展远期结售汇业务的必要性和可行性 三、公司拟开展的远期结汇业务概述－主要涉及币种；业务期限；资金来源及资金规模；交易对手；流动性安排 四、远期结汇业务的风险分析－汇率波动风险；内部控制风险；客户违约风险；回款预测风险 五、公司采取的风险控制措施 六、公司开展远期结汇业务的可行性分析结论

2. 期货

300933　中辰股份　关于开展期货套期保值业务的可行性分析报告　2022/10/14	300403　汉宇集团　关于开展期货投资业务的可行性分析报告　2022/10/19
一、期货套期保值的目的和必要性 二、开展的期货套期保值业务情况 – 交易品种；计划额度；期限及授权；资金来源 三、期货套期保值业务的风险分析 – 价格波动和汇率风险；流动性风险；操作风险；技术风险；政策风险 四、公司采取的风险控制措施 五、会计政策及核算原则 – 22、24 等会计准 六、可行性分析结论	一、期货投资目的和可行性 二、期货投资业务的开展 三、开展的期货投资业务情况 – 交易品种；持仓数量及投入金额；有效期；资金来源和其他说明 四、期货投资业务的风险分析 – 价格波动；资金风险；内部控制风险；技术风险 五、公司拟采取的风险控制措施 六、会计政策及核算原则 – 22、24、37 号准则及指南 七、公司开展期货投资业务的可行性分析结论

3. 期权

002206　海利得　关于开展商品期货、期权套期保值业务的可行性分析报告　2023/3/31	002206　海利得　关于开展远期结售汇及外汇期权业务的可行性分析报告　2023/3/31
一、套期保值业务开展的目的 二、套期保值业务的开展 三、预计开展的套期保值业务情况 – 套期保值的期货品种；预计投入资金；资金来源 四、套期保值业务的风险分析 – 价格波动风险；内部控制风险；客户违约风险；技术风险 五、风险控制措施 六、可行性分析结论	一、远期结售汇及外汇期权业务的目的 二、远期结售汇及外汇期权业务概述 – 主要涉及的外币及业务品种；预计业务期间和交易金额；交易对方；资金来源 三、远期结售汇及外汇期权业务的风险分析 – 市场风险；操作风险；法律风险 四、风险控制措施 五、可行性分析结论

4. 掉期

300403 汉宇集团 关于开展以套期保值为目的的远期结售汇业务、外汇期权业务、外汇掉期业务的可行性分析报告 2023/4/12	300403 汉宇集团 关于开展远期结售汇业务、外汇期权业务、外汇掉期业务的可行性分析报告 2022/4/29
一、开展远期结售汇业务、外汇期权业务、外汇掉期业务的目的	一、开展远期结售汇业务、外汇期权业务、外汇掉期业务的目的
二、开展远期结售汇业务、外汇期权业务、外汇掉期业务的基本情况 – 交易金额、期限及授权；交易方式；资金来源	二、开展远期结售汇业务、外汇期权业务、外汇掉期业务品种
三、公司拟开展远期结售汇业务、外汇期权业务、外汇掉期业务的必要性与可行性分析	三、预计远期结售汇业务、外汇期权业务、外汇掉期业务交易的基本情况 – 远期结售汇金额；外汇期权金额；掉期业务金额；授权额度期限；负责人
四、交易风险分析 – 汇率波动风险；客户违约风险；回款预测风险	四、远期结售汇业务、外汇期权业务、外汇掉期业务风险分析 – 汇率波动风险；客户违约风险；回款预测风险
五、公司拟采取的风险控制措施	五、公司拟采取的风险控制措施
六、交易相关会计处理 – 22、24、37、39 号准则及指南	六、开展远期结售汇业务、外汇期权业务、外汇掉期业务的可行性分析结论
七、开展远期结售汇业务、外汇期权业务、外汇掉期业务的可行性分析结论	

5.5 内部控制制度

本节汇总了上市公司开展远期、期货、期权和掉期业务时所公布的内部控制制度公告，且在四类衍生品业务下又进一步按公告标题中是否带"套期"分别找到两份公告进行对比，对比案例的选取依据包括：公告中的衍生品业务类型一致或接近、两个上市公司所在资本市场类型一致、公告发布时间接近等。

1. 远期

002091　江苏国泰　远期结售汇套期保值业务内控管理制度　2020/8/26	002381　双箭股份　远期结售汇业务内部控制制度　2020/4/25
第一章　总则	第一章　总则
第二章　操作原则	第二章　远期结售汇业务操作原则
第三章　审批权限	第三章　远期结售汇业务的审批权限
第四章　内部操作流程	第四章　组织机构及其职责
第五章　信息隔离措施	第五章　信息隔离措施
第六章　内部风险报告制度及风险处理程序	第六章　内部风险报告制度及风险处理程序
第七章　信息披露和档案管理	第七章　远期结售汇业务的信息披露
第八章　附则	第八章　其他事项

2. 期货

300665　飞鹿股份　商品期货套期保值业务内控管理制度　2022/1/27	300403　汉宇集团　期货投资内部控制制度　2022/10/19
第一章　总则	第一章　总则
第二章　组织机构	第二章　组织机构
第三章　审批权限及信息披露	第三章　审批权限
第四章　授权制度	第四章　授权制度
第五章　业务流程	第五章　期货投资业务流程
第六章　信息隔离措施	第六章　风险管理制度
第七章　风险管理制度	第七章　报告制度
第八章　报告制度	第八章　期货投资业务的信息披露
第九章　档案管理制度	第九章　保密制度
第十章　附则	第十章　档案管理制度
	第十一章　应急处理预案控制制度
	第十二章　责任追究
	第十三章　附则

3. 期权

300953　震裕科技　商品期货期权套期保值业务管理制度　2022/6/28	300886　华业香料　远期结售汇及外汇期权业务管理制度　2022/10/27
第一章　总则	第一章　总则
第二章　组织机构	第二章　操作原则
第三章　审批权限及授权制度	第三章　审批权限
第四章　内部操作流程	第四章　业务管理及内部操作流程
第五章　信息隔离措施	第五章　信息隔离措施
第六章　风险管理制度	第六章　内部风险管理
第七章　报告制度	第七章　信息披露和档案管理
第八章　应急处理预案控制制度	第八章　附则
第九章　档案管理制度	
第十章　责任承担制度	
第十一章　附则	

4. 掉期

暂未找到	603338　浙江鼎力　外汇掉期业务内部管理制度　2018/8/22
	第一章　总则
	第二章　外汇掉期业务操作原则
	第三章　外汇掉期业务的审批权限
	第四章　外汇掉期业务的管理及内部操作流程
	第五章　信息隔离措施
	第六章　内部风险报告制度及风险处理程序
	第七章　金融衍生品交易业务的信息披露
	第八章　附则

5.6　第三方核查意见

　　本节汇总了上市公司开展远期、期货、期权和掉期业务时所公布的第三方核查意见公告，且在四类衍生品业务下又进一步按公告标题中是否带

"套期"分别找到两份公告进行对比，对比案例的选取依据包括：公告中的衍生品业务类型一致或接近、两个上市公司所在资本市场类型一致、公告发布时间接近等。

1. 远期

002292 奥飞娱乐 东方证券承销保荐有限公司关于公司开展远期外汇套期保值业务的核查意见 2022/11/12	002986 宇新股份 安信证券股份有限公司关于公司开展外汇远期结售汇业务的核查意见 2022/6/30
一、开展外汇套期保值业务的目的 二、外汇套期保值业务概述－主要涉及币种及业务品种；拟投入资金及业务期间 三、公司对远期外汇套期保值的可行性分析 四、外汇套期保值业务的风险分析 五、公司采取的风险控制措施 六、开展外汇套期保值业务的会计核算原则 七、相关审批程序 八、保荐机构核查意见	一、开展外汇远期结售汇业务的目的 二、外汇远期结售汇品种及业务规模 三、外汇远期结售汇业务的风险分析及风险控制措施－风险分析－汇率波动风险、内部控制风险、客户违约风险、法律风险；风险控制举措 四、对公司的影响 五、审议程序及独立董事意见 六、保荐机构核查意见

2. 期货

002996 顺博合金 国海证券股份有限公司关于公司开展商品期货套期保值业务的核查意见 2022/4/28	002950 奥美医疗 中信证券股份有限公司关于公司2022年度商品期货业务交易方案的核查意见 2022/4/26
一、投资情况概述－投资目的；投资金额；投资方式；投资期限；资金来源 二、审议程序及相关意见 三、投资风险分析及风控措施－市场风险；资金风险；技术风险；操作风险；内部控制风险；信用风险；法律风险 四、投资对公司的影响 五、保荐机构核查意见	一、投资概述－投资目的；投资额度与投资方式；资金来源；投资期限 二、审议程序与实施程序 三、公司拟开展外汇衍生品交易业务概述－市场风险；流动性风险；履约风险；强平风险 四、对公司的影响 五、独立董事意见 六、保荐机构核查意见

3. 期权

301326　捷邦科技　中信建投证券股份有限公司关于公司增加远期结售汇及外汇期权套期保值业务额度的核查意见　2023/4/7	300118　东方日升　中信建投证券股份有限公司关于公司预计公司及下属公司开展远期结售汇业务及外汇期权业务的核查意见　2023/4/22
一、投资情况概述 – 投资目的；交易金额；交易方式；交易期限；资金来源 二、审议程序 三、增加远期结售汇及外汇期权套期保值业务额度的风险分析及风险控制措施 – 风险分析；风险控制措施 四、交易相关会计处理 – 22、24、37 号准则及指南 五、独立董事意见 六、保荐机构核查意见	一、远期结售汇业务及外汇期权业务概述 – 交易的背景与目的；业务规模；业务方式；主要涉及币种；期限及实施方式；资金来源 二、开展远期结售汇业务及外汇期权业务的风险分析及风险控制措施 – 风险分析；风险控制措施 三、开展远期结售汇业务及外汇期权业务对公司的影响 四、履行的审批程序及专项意见 – 董事会意见；监事会意见；独立董事意见 五、保健机构核查意见

4. 掉期

002202　金风科技　海通证券股份有限公司关于公司开展利率掉期和外汇套期保值业务的核查意见　2019/8/24	002583　海能达　国信证券股份有限公司关于公司开展利率掉期业务的核查意见　2018/4/24
一、利率掉期情况介绍 – 开展利率掉期业务的目的；利率掉期方案；利率掉期的会计核算原则 – 22、24、39、37 号准则 二、外汇套期保值情况介绍 三、风险分析及风险控制措施 – 风险分析；风险控制措施 四、履行的程序 – 董事会意见；独立董事意见 五、保荐机构核查意见	一、保荐人进行的核查工作 二、利率掉期业务的必要性与可行性 – 利率掉期业务的背景；利率掉期品种；拟开展利率掉期的规模和时间 三、开展利率掉期的内部控制 四、利率掉期的风险分析与风险管理措施 – 利率掉期风险分析 – 利率波动风险、交割风险、信用风险、内部控制风险；利率掉期风险管理措施 五、利率掉期会计核算政策及后续披露 – 22、24、39、37 号准则 六、独立董事意见 七、保荐机构的核查意见

5.7　盈亏或预亏公告

本节汇总了上市公司开展远期、期货、期权和掉期业务时所公布的盈亏或预亏公告，且在四类衍生品业务下又进一步按公告标题中是否带"套期"分别找到两份公告进行对比，对比案例的选取依据包括：公告中的衍生品业务类型一致或接近、两个上市公司所在资本市场类型一致、公告发布时间接近等。

1. 远期

002723　金莱特　关于外汇套期保值情况的提示性公告　2018/8/15	002891　中宠股份　关于衍生品交易进展的提示性公告　2022/11/2
一、外汇套期保值业务的决策程序 二、外汇套期保值业务开展情况 三、应对措施及对公司的影响 四、风险提示	一、衍生品交易情况概述 二、形成亏损 三、风险提示

2. 期货

002548　金新农　关于公司生猪期货套期保值业务出现亏损的提示性公告　2021/4/28	601339　百隆东方　关于 2018 年底棉花期货持仓合约浮亏的提示性公告　2019/1/3
一、重要提示 二、形成亏损的主要原因 三、对公司的影响 四、风险提示	一、重要提示 二、形成浮亏原因 三、对公司业绩的影响

3. 期权

600115 东方航空 关于航油套期保值业务的提示性公告暨 2008 年度业绩预亏公告 2009/1/12	601111 中国国航 关于燃油套期保值的提示性公告及 2008 年度业绩预亏公告 2009/1/17
第一部分 关于航油套期保值业务的提示性公告形成亏损的主要原因 第二部分 2008 年度业绩预亏公告 – 本期业绩的预计情况；上期同期业绩情况；原因分析；其他相关说明	第一部分 燃油套期保值的提示性公告 第二部分 2008 年度业绩预亏公告 – 本期业绩的预计情况；2007 年度同期业绩情况；业绩预亏的原因；其他相关说明

4. 掉期

公告标题中直接出现掉期、套期、亏损或提示性等关键词的公告，在本章样本期内暂时未找到，跃岭股份 2018 年的公告标题中也未出现相应关键词，仅在公告内容中提到衍生品业务"包括但不限于外汇远期、结构性远期、外汇掉期、外汇期权、利率掉期和结构性掉期等业务"。

暂未找到	2725 跃岭股份 关于衍生品投资进展情况的提示性公告 2018/10/11
	一、衍生品交易业务概述 二、应对措施及对公司的影响 三、风险提示

5.8 案例总结分析

5.3 节 ~5.7 节列举了上市公司在衍生品业务上的开展公告、可行性分析报告、配套制度报告（主要是内部控制制度）、第三方核查意见（主要是保荐机构的核查意见），以及预亏公告，以下分别对上述五类公告及其要素进行汇总分析。

5.8.1　标题中有套期的开展公告要素更完备

上交所和深交所的自律监管指南中的相关章节对上市公司开展衍生品业务公告进行了规范，内容要素总体类似，在个别条款上略有差异，具体见表5-4。

表5-4　　　上交所和深交所对衍生品业务公告格式的相关规定对比

上交所上市公司自律监管指南第1号——公告格式	深交所上市公司自律监管指南第2号——公告格式
重要内容提示： 1. 交易目的、交易品种、交易工具、交易场所和交易金额； 2. 已履行及拟履行的审议程序； 3. 特别风险提示	重要内容提示： 1. 交易目的、交易品种、交易工具、交易场所和交易金额； 2. 已履行及拟履行的审议程序； 3. 风险提示
一、交易情况概述 （一）交易目的；（二）交易金额；（三）资金来源；（四）交易方式；（五）交易期限	一、投资情况概述 1. 投资目的；2. 交易金额；3. 交易方式；4. 交易期限；5. 资金来源
二、审议程序	二、审议程序
三、交易风险分析及风控措施	三、交易风险分析及风控措施
四、交易对公司的影响及相关会计处理	四、交易相关会计处理
五、中介机构意见（如适用）	五、中介机构意见（如适用）
六、进展披露（如有）	六、备查文件
上网公告文件 中介机构意见	1. 董事会决议及公告；2. 保荐人意见（如适用）；3. 公司出具的可行性分析报告；4. 专业机构出具的可行性分析报告（如适用）；5. 期货和衍生品交易相关的内控制度；6. 以公司名义开立的期货和衍生品合约账户和资金账户情况；7. 期货和衍生品交易合同或者具体说明材料；8. 本所要求的其他文件
报备文件 1. 期货和衍生品交易相关的内控制度 2. 可行性分析报告	

由表 5 – 4 可知,交易所对上市公司衍生品业务开展公告规定了范式,共同提及的必备要素包括:重要内容提示、交易情况概述、审议程序、风险及控制、会计处理、备查文件等。

对照上述要求,总结 5.3 节的案例可以发现,各公司的业务开展公告总体上符合制度规定的要求,但公告标题中有"套期"字样的业务开展公告比没有"套期"字样的业务开展公告,公告要素更完备,具体见表 5 – 5。

表 5 – 5　　　　公告标题中是否有套期对业务开展公告要素的影响

衍生品	公告类型——业务开展公告					前者比后者多的要素
远期	600624	复旦复华	2022/4/30	605116	奥锐特　2022/4/30	审议程序、对公司利润的影响
期货	601686	友发集团	2022/7/20	601339	百隆东方　2022/4/27	审议程序、会计核算原则
期权	000546	金圆股份	2022/1/22	000970	中科三环　2022/3/26	审议程序、满足套期会计方法
掉期	300403	汉宇集团	2023/4/12	301045	天禄科技　2023/4/21	重要内容提示

由表 5 – 5 可知,2023 年之前,无论标题中是否有"套期"字样,两类公告中都很少独立出现"重要内容提示"的标题,但有"套期"字样的上市公司通常会在公告内容开始之前有一段文字性介绍,包括"重要内容提示"所规范的要件。从内容要素来看,标题中有"套期"的开展公告比没有"套期"的,在审议程序和会计核算方法方面的信息披露更完整。

5.8.2　可行性分析报告的要素基本一致

总结 5.4 节的案例,可以发现各公司的可行性分析报告的要素,一致性程度较高，且都会给出最终的可行性结论，表 5-6 对比总结了标题中是否带"套期"字样的两类公告的内容要素，提炼出其中的共同部分。

表 5-6　公告标题中是否有"套期"对可行性分析报告要素的影响

衍生品	公告类型——可行性分析报告				共同要素
远期	002026	山东威达 2021/4/20	002897	意华股份 2021/4/28	背景、必要性可行性、业务情况、风险、控制措施、结论
期货	300933	中辰股份 2022/10/14	300403	汉宇集团 2022/10/19	目的、业务情况、风险、控制措施、会计核算、结论
期权	002206	海利得 2023/3/31	002206	海利得 2023/3/31	
掉期	300403	汉宇集团 2023/4/12	300403	汉宇集团 2022/4/29	

5.8.3　内控制度、第三方意见公告要素略有差异

总结 5.5 节和 5.6 节的案例，可以发现各公司的可行性分析报告的要素基本一致，略有差异，表 5-7 对比总结了标题中是否带"套期"字样的两类公告的内容要素，提炼出其中的共同部分。

表 5-7　公告标题中是否有"套期"对内控制度要素的影响

衍生品	公告类型——配套制度		共同要素
远期	002091　江苏国泰 2020/8/26	002381　双箭股份 2020/4/25	总则、操作原则、审批权限、信息隔离措施、报告和处理、信息披露
期货	300665　飞鹿股份 2022/1/27	300403　汉宇集团 2022/10/19	总则、组织机构、审批权限、授权、业务流程、风险管理制度、报告、信息隔离
期权	300953　震裕科技 2022/6/28	300886　华业香料 2022/10/27	总则、审批和授权、操作流程、信息隔离、风险管理制度、信息披露和档案管理
掉期	暂无	603338　浙江鼎力 2018/8/22	总则、操作原则、审批、操作流程、信息隔离、报告与风险处理、信息披露

由表 5 - 7 可知，内控制度的共同要素包括了操作原则、审批权限、信息隔离措施、内部风险报告制度及风险处理程序、信息披露等要素，但也有企业提出了个性化的特定要求，如汉宇集团的期货投资内部控制制度和震裕科技的商品期货期权套期保值业务管理制度，都规定了应急处理预案控制制度、责任追究、责任承担制度等。

由表 5 - 8 可知，第三方核查意见的共同要素包括了业务概述、风险及控制、审议程序、保荐机构核查意见等，但也有公司会额外提到会计核算等要素，如中信建投证券股份有限公司关于捷邦科技公司增加远期结售汇及外汇期权套期保值业务额度的核查意见，以及国信证券股份有限公司关于海能达公司开展利率掉期业务的核查意见。

表 5 - 8 　　　　公告标题中是否有"套期"对第三方核查意见要素的影响

衍生品	公告类型——第三方核查意见		共同要素
远期	002292　奥飞娱乐 2022/11/12	002986　宇新股份 2022/6/30	目的、业务概述、风险及控制、审议程序、保荐机构核查意见
期货	002996　顺博合金 2022/4/28	002950　奥美医疗 2022/4/26	投资情况概述、审议程序、风险、保荐机构核查意见
期权	301326　捷邦科技 2023/4/7	300118　东方日升 2023/4/22	业务概述、审议程序、风险及控制、独立董事意见、保荐机构核查意见
掉期	002202　金风科技 2019/8/24	002583　海能达 2018/4/24	业务概述、风险及控制、独立董事意见、保荐机构核查意见

5.8.4　预亏公告的标题总体较为隐晦

如 2.3 节所示，按照《上海证券交易所股票上市规则》《深圳证券交易所股票上市规则》《上海证券交易所上市公司自律监管指引第 5 号——交易与关联交易》《深圳证券交易所上市公司自律监管指引第 7 号——交易与关联交易》的相关规定，上市公司期货和衍生品交易已确认损益及浮动亏损金额每达到公司最近一年经审计的归属于上市公司股东净利润的10%且绝对金额超过1 000万元人民币的，应当及时披露。

总结5.7节的案例，可以发现各公司在发布预亏公告时比较保守谨慎，如5.1.2节所示，衍生品亏损或者预亏公告本身数量不多，直接在标题中出现"亏损""浮亏""损失"等关键词的公告更少，公司更倾向于以"提示性公告""进展公告""实施情况""实施结果"等标题发布此类公告，具体见表5-9。

表5-9   预亏公告的标题汇总

衍生品	公告类型——预亏公告	
远期	002723　金莱特　关于外汇套期保值情况的提示性公告　2018/8/15	002891　中宠股份　关于衍生品交易进展的提示性公告　2022/11/2
期货	002548　金新农　关于公司生猪期货套期保值业务出现亏损的提示性公告　2021/4/28	601339　百隆东方　关于2018年底棉花期货持仓合约浮亏的提示性公告　2019/1/3
期权	600115　东方航空　关于航油套期保值业务的提示性公告暨2008年度业绩预亏公告　2009/1/12	601111　中国国航　关于燃油套期保值的提示性公告及2008年度业绩预亏公告　2009/1/17
掉期	暂未找到	002725　跃岭股份　关于衍生品投资进展情况的提示性公告　2018/10/11

表5-9列举的预亏公告，从内容要素上看总体还比较完整，还有一些预亏公告正文只有极为简短的情况说明，如中国国航2008年12月20日发布的关于燃油套期保值的提示性公告、罗平锌电2009年10月13日发布的关于锌期货套期保值业务提示性公告等。

另外，也有个别公司因衍生品盈利而触发临时公告要求的情况，如华孚时尚 2019 年 1 月 4 日发布的关于 2018 年棉花期货套期保值情况的提示性公告、华立股份 2019 年 4 月 26 日发布的关于期货交易实施情况的公告，以及永悦科技 2020 年 10 月 24 日发布的关于生产经营相关原材料的商品期货套期保值业务的进展公告等。

第6章 衍生品业务监管问询函的案例

6.1 衍生品监管问询函的总体情况

本章从中国研究数据服务平台（CNRDS）监管问询（CRID）中获取上市公司 2014 年 12 月—2022 年 12 月末的监管问询函信息，从问询内容和公司回复内容等字段的文字描述中梳理出与"衍生""套期""远期""期货""期权""掉期""互换"等关键词有关的样本，从中剔除问询函的发函时间超过 2022 年 12 月 31 日的样本，剔除金融业或 B 股上市公司，再通过人工读取方式进一步核实数据准确性，最终找到 101 条公司/年度/问询函样本，共涉及 79 家公司和 92 条公司/年度样本（由于有的公司会因为同一年度的一份衍生品业务收到多份问询函，除了年报问询函之外，通常还有关注函、半年报问询函、三季度问询函等，有 1 家公司因其 2015 年的衍生品业务收到 3 份问询函，有 7 家公司因同一年的衍生品业务收到 2 份问询函）。

总体而言，将衍生品业务列为监管问询的问询函并不多，101 条公司/年度/问询函样本仅占 A 股非金融类上市公司 2014—2022 年样本期内相关监管问询（包括年报问询函、关注函、半年报问询函、三季报问询函四种类型）总数的 0.92% ，79 家样本公司占同期收到四类问询函公司总数的 3.22% ，以下为明细信息。

6.1.1　相关问询函的年度和行业分布

1. 问询函所在年度的分布

由于问询函的发函日期与问询函所提问的业务之间都有一定的滞后性，且各类问询函、每个公司/年度的滞后时间也不一致，此外，问询函通常有发函日期、限期回复日期，以及公司实际回复日期三个日期，为统一起见，本节所指的年度为该问询函所提问的业务所在的年度，如 2022年 5 月 18 日收到的年报问询函，则该业务的年度为 2021 年；如 2022 年9 月 20 日收到的半年报问询函，则该业务的年度为 2022 年；如 2022 年1 月 18 日收到的关注函，则该业务的年度为 2022 年。在此基础上，前述101 条公司/年度/问询函样本的年度分布情况如图 6 - 1 所示。

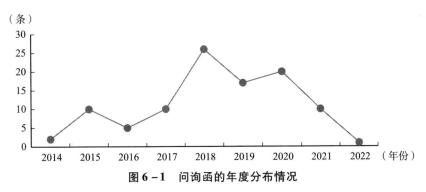

图 6 - 1　问询函的年度分布情况

注：由于问询函的发函时间在 2022 年 12 月 31 日之前，图中的 2022 年是指 2022 年底之前发函且所询问的业务时间在 2022 年度的样本数。考虑到询问时间和业务时间的滞后性，2022 年的数据有一定缺失。

2. 上市公司所在行业的分布

79 家公司的行业分布见表 6 - 1。

表 6 - 1　　　　　　　　问询函相关公司的行业分布情况　　　　　单位：家

行业代码	行业名称	公司数量	行业代码	行业名称	公司数量
C13	农副食品加工业	9	I64	互联网和相关服务	2
C38	电气机械及器材制造业	8	I65	软件和信息技术服务业	2
C39	计算机、通信和其他电子设备制造业	8	L72	商务服务业	2
C32	有色金属冶炼及压延加工业	7	A03	畜牧业	1
C35	专用设备制造业	4	B07	石油和天然气开采业	1
F51	批发业	4	B11	开采辅助活动	1
C17	纺织业	3	C28	化学纤维制造业	1
C24	文教、工美、体育和娱乐用品制造业	3	C29	橡胶和塑料制品业	1
C26	化学原料及化学制品制造业	3	D44	电力、热力生产和供应业	1
B09	有色金属矿采选业	2	E48	土木工程建筑业	1
C15	酒、饮料和精制茶制造业	2	K70	房地产业	1
C27	医药制造业	2	L71	租赁业	1
C34	通用设备制造业	2	N78	公共设施管理业	1
C41	其他制造业	2	R88	体育	1
F52	零售业	2	S90	综合	1

3. 上市公司所在资本市场的分布

79 家公司所在资本市场的分布见表 6 - 2。

表 6 - 2　　　　　　　　　　**问询函相关公司的市场分布情况**

市场类型	公司数量（家）	占比（%）
上海主板	17	21.5
深圳主板	43	54.4
创业板	18	22.8
科创板	1	1.3
合计	79	100

由表 6 - 2 的结果可知，从 79 家公司在资本市场上的分布来看，深交所发出的问询函占总问询函的 77.2%，上交所占 22.8%，深交所在问询强度上远高于上交所，其中的原因之一在 2.3.3 节有所提及，深交所较早就通过《深圳证券交易所主板上市公司规范运作指引》对上市公司衍生品业务的信息披露进行规定，为问询工作提供了制度依据。另外，监管问询（CRID）数据库中囊括的问询函类型以监管问询为主，并未完全覆盖证券交易所的其他监管措施，如上交所除了监管问询之外，还会通过监管警示、通报批评、公开谴责、公开认定、监管工作函的形式对上市公司的相关问题进行监管，以 2022 年为例，上交所曾先后对杭萧钢构股份有限公司期货套期保值事项，以及上海永茂泰汽车科技股份有限公司期货套期保值事项发出监管工作函。与年报问询函不同，这两份监管工作函的起点是公司公告，工作函发出时间与公司公告时间前后仅差一两天，内容也是专项围绕特定事项开展的，监管时效性和监管强度较强。

6.1.2　相关问询函的内容明细

1. 交易所关注侧重点的分布

将 101 条公司/年度/问询函样本按其问询内容是否出现"套期""风

险管理"等关键词进行分类，进一步分为"有套期"和"无套期"两类，前者数量为53，后者数量为48，其年度分布情况如图6－2所示。

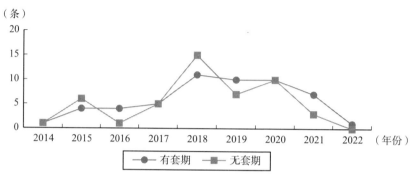

图6－2　交易所问询函关注侧重点的分年度情况

2. 监管关注强度的分布

尽管样本所涉及的公司家数量不多，但多家公司在多年被问询到其开展的衍生品业务，从一定程度上体现了证券交易所对该公司该业务事项的关注强度，具体信息见表6－3。

表6－3　　　　　　　　　公司被问询次数的强度分布情况

被问询次数	公司数量（家）	占比（%）
4	1	1.3
3	4	5.1
2	11	13.9
1	63	79.7
合计	79	100

6.2 案例汇总框架

本章案例汇总框架如图 6 – 3 所示。

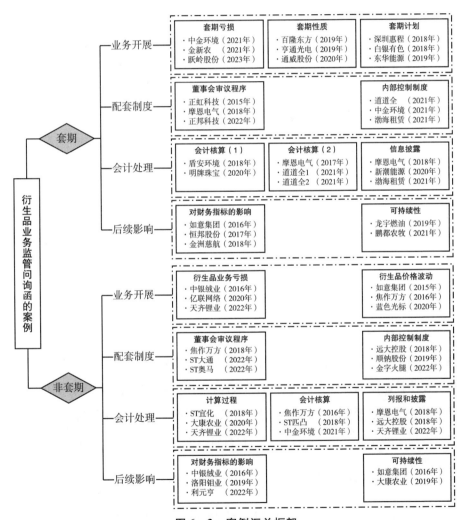

图 6 – 3 案例汇总框架

本章呈报了衍生品业务监管问询函的若干案例，这些案例又分为套期和非套期两大类型。

交易所问询函通常会围绕上市公司发布的公开信息，针对某些方面会提出几个相互联系的小问题，公司会按顺序逐个回复，以下仅摘抄问询函中与衍生品业务有关的提问，如有多个小问题的，按关注点归类。公司回复的内容通常较多，本章仅对"会计处理"和"后续影响"提问，简要摘抄或归纳公司的回复。在个别案例中还会补充上市公司被问询的具体年报信息，以便辅助读者理解。除此之外，公司回复均略去，读者可自行查阅问询函及回复原文。

6.3　对套期业务开展情况的问询

6.3.1　套期亏损的原因

1. 中金环境（2021 年）

2021/5/11【提问】8. 报告期内，公司因贵金属套期保值业务亏损形成投资损失 1 126.15 万元，确认公允价值变动损失 278.09 万元。请补充说明：（1）公司开展套期保值业务的背景及原因，业务相关内控制度及其有效性，相关风险控制体系是否完善、有效；（2）报告期内套期保值业务的开展情况，是否与公司业务规模相匹配，是否符合公司内控制度要求，报告期内产生较大金额损失的原因，相关会计处理是否符合《企业会计准则》的规定。

2. 金新农（2021 年）

2021/5/13【提问】8. 你公司 4 月 28 日披露的《关于公司生猪期货套期保值业务出现亏损的提示性公告》显示，截至 2021 年 3 月 31 日，公司开展期货套期保值业务，平仓损失 10 015.57 万元，浮动损失 3 083.87 万元，根据套期会计准则的规定，影响报告期内利润总额 – 10 015.57 万元。请你公司：（1）说明 2020 年一季度套期保值的具体执行情况，套期保值业务规模与公司现货经营是否匹配；（2）自查对套期保值业务建立的内控制度及其有效性，报告期内相关风控体系是否完善，是否能够有效控制投资风险；（3）说明除开展套期保值外，是否存在其他期货投资交易的情况，如是，请说明具体情况并充分提示相关风险。

3. 跃岭股份（2023 年）

2023/6/26【提问】5. 报告期，你公司开展以套期保值为目的的衍生品投资，期末投资金额 28 580.86 万元，占净资产比例的 28.05%，报告期累计亏损 1 339.08 万元。请说明报告期内进行衍生品投资的具体情况，套保业务发生亏损的原因及合理性，业务规模与你公司现货经营是否匹配，是否能够有效控制投资风险，是否存在超过授权限额进行高风险衍生品投资的情形，并请说明相关会计处理是否符合企业会计准则的规定。请年审会计师发表核查意见。

6.3.2　套期性质

1. 百隆东方（2019 年）

2019/4/17【提问】6. 报告期内公司开展了棉花期货套期保值业务。年报披露，报告期末棉花期货持仓合约浮亏 7 109 万元。请公司补充披露：（1）期末棉花期货持仓的明细，主要包括持仓方向、规模、交割日期以及买入时点至期末棉花期货价格的变化等；（2）套期保值政策及内部风险控制措施，以及相关会计处理；（3）在期末结存大量棉花存货的情况下，公司利用棉花期货来进行套期保值的必要性、合理性，是否存在投机行为。

2. 亨通光电（2019 年）

2019/6/10【提问】8. 年报披露，报告期公司进行商品套期交易形成期货合约保证金 3.74 亿元及存入期货公司备用保证金 0.71 亿元。请公司结合相关基础资产的数量、金额及相关业务开展的情况等，说明公司套期交易的性质，是否存在套利业务以及对应风险敞口等。请年审会计师发表意见。

3. 通威股份（2020 年）

2020/5/14【提问】9. 关于公司套期保值业务开展。根据公司 4 月 21 日披露的公告，拟开展累计金额不超过 7 亿美元的外汇套期保值业务，仅限于与公司生产经营相关的原材料及产成品。2018 年及 2019 年相关业务的拟投入金额分别为不超过 6 亿元人民币及 2 亿美元，公司开展相关业务的金额上限逐年提升。请公司：（1）补充披露上市公司开展外汇套期保值业务的具体业务模式、合同约定的主要条款、公司相关的主要权利和义务等；（2）近三年公司开展外汇套期保值业务情况，包括但不限于交易的产品类别金额以及产生的损益等，说明相关业务的会计处理情况；（3）结合近三年公司涉及外汇结算的商品购销金额以及境外业务增长情况，说明开展外汇套期保值业务明显增长的商业合理性；（4）补充披露套期保值业务的风险敞口，并说明公司相关风险管理措施。

6.3.3 套期计划

1. 深圳惠程（2018 年）

2018/5/4【提问】13. 报告期内，你公司财务费用中"汇兑损益"确认金额为 16.38 万元，较去年同期金额 −41.64 万元增长幅度较大。请说明汇兑损益产生的原因以及增长幅度较大的原因，你公司相关业务是否涉及外币收支以及是否开展外币套期保值业务。

2. 白银有色（2018 年）

2018/8/31【提问】3. 半年报披露，公司本期汇兑损失同比增加 1.1
亿元原因是本期美元升值人民币贬值，汇率变动增加汇兑损失。请公司补
充披露目前的汇率风险敞口，并就汇率波动对汇兑损益进行敏感性分析，
并说明公司是否利用套期保值工具及其他风控措施抵御汇率风险。

3. 东华能源（2019 年）

2019/4/29【提问 1 – 2021 年 4 月 29 日】（4）你公司报告期现金流
量表明细中，筹资活动现金流量中银行保证金新增 7.43 亿元，投资活动
现金流量中新增支付期货保证金 1.11 亿元。请结合报告期内期货、信用
证等业务的开展情况说明上述现金流量表明细科目大幅增长的原因。

2019/5/20【提问 2 – 2021 年 5 月 20 日】8. 问询函回复称，你公司
进行套期保值是必不可少的成本控制方式。请补充披露 2018 年你公司开
展套期保值业务的详细情况，是否已建立套期保值内部控制和风险管理制
度并履行相应审议程序和信息披露义务。说明你公司以前年度是否开展套
期保值业务，若是，请说明以前年度未支付期货保证金的原因；若否，请
说明直至 2018 年才开展套期保值业务进行成本控制的原因及合理性。

6.4　对套期业务配套制度的问询

6.4.1　套期业务董事会审议程序

1. 正虹科技（2015 年，半年报问询函）

2015/9/24【提问】2. "衍生品投资情况"项下显示，公司子公司上

海正虹贸易发展有限公司衍生品投资初始投资金额为 3 943 万元，董事会批准的公告日为 2013 年 12 月 13 日；查看公司披露的《关于全资子公司开展期货套期保值业务的公告》，董事会授权的投资保证金额度为不超过人民币 2 000 万元，拟套期保值的原料合约最高数量约占当年度对应原料预计耗用量的 20%，业务时间从董事会审议通过之日起开始。请公司说明前述衍生品投资的董事会授权的截止日期以及相应的董事会授权是否明确，报告期内的衍生品实际投资是否符合前述授权的保证金额度和头寸额度的规定。

2. 摩恩电气（2018 年）

2018/4/20【提问】31. 报告期内，你公司确认公允价值变动损失 5.7 万元，具体为衍生金融工具产生的公允价值变动损失。请补充披露以下事项：（1）你公司开展的衍生品投资的具体情况、是否涉及套期业务、会计核算科目，相关业务开展前是否履行必要的审议程序和披露义务。（2）……

【回复梗概】公司生产电缆所需主要原材料为铜，为对冲铜价格波动对公司造成的影响，公司通过在期货市场开展铜期货交易。2017 年公司仅发生 4 笔铜期货交易，共计 450 吨。由于公司在实际操作过程中，对于销售订单、期货开仓、平仓、现货交易等环节未实现完全配比，不符合套期保值有效性条件。对于无效套保，根据《企业会计准则第 22 号——金融工具确认和计量》的相关规定将其划分为以公允价值计量且其变动计入当期损益的金融资产或金融负债。所涉及的会计核算科目主要为"投资收益""公允价值变动损益"，报告期内因铜期货产生投资收益为 157 348.08 元，对公允价值变动损益金额影响为 - 57 000.00 元。根据《深圳证券交易所中小企业板上市公司规范运作指引》《深圳证券交易所股票上市规则》等相关规定，上述交易事项并未达到披露标准。

3. 正邦科技（2022 年）

2022/5/24【提问】4. 你公司前期公告显示，你公司分别于 2020 年 8 月 27 日、2021 年 8 月 30 日召开董事会审议通过了开展一年期的 5 亿元额度、10 亿元额度的商品期货、期权套期保值业务。你公司 2020 年实际未开展衍生品投资；2021 年，你公司购入生猪期货 188.76 万元。你公司称报告期在授权范围内少量尝试参与生猪期货套期保值，主要为熟悉套期保值内部操作流程，为后期批量参与套期保值做准备。请你公司：（1）结合所处行业发展、你公司生产经营等情况，说明你公司套期保值业务实际开展情况与审议情况差异较大的原因；（2）说明你公司是否存在其他衍生品投资业务，如是，说明详情及其履行相应审议程序和临时信息披露的情况（如适用）。

6.4.2　套期业务内部控制制度

1. 道道全（2021 年，关注函）

2021/1/13【提问】2021 年 1 月 13 日，你公司披露《2020 年度业绩预告》，预计 2020 年归属于上市公司股东的净利润为 -0.40 亿元至 -0.60 亿元，上年同期盈利 1.29 亿元，亏损的主要原因为对原材料套期保值产生平仓亏损约 2.07 亿元。我部对此表示关注，请你公司就以下事项进行核查并作出书面说明：（1）请结合原材料价格、公司对原材料进行套期保值的具体情况，说明报告期内产生平仓亏损的原因及相关会计处理。（2）请你公司自查对套期保值业务建立的内控制度及其有效性，报告期内相关风控体系是否完善，是否能够有效控制投资风险，是否符合《深圳证券交易所上市公司规范运作指引（2020 年修订）》6.1.4 条、6.1.5 条、

6.1.12 条的规定。（3）请说明你公司知悉套期保值存在投资损失的具体时点，以及是否及时履行信息披露义务，并作出充分的风险提示，是否符合《深圳证券交易所上市公司规范运作指引（2020 年修订)》6.1.13 条的规定。

2. 中金环境（2021 年）

2021/5/11【提问】8. 报告期内，公司因贵金属套期保值业务亏损形成投资损失 1 126.15 万元，确认公允价值变动损失 278.09 万元。请补充说明：（1）公司开展套期保值业务的背景及原因，业务相关内控制度及其有效性，相关风险控制体系是否完善、有效；（2）报告期内套期保值业务的开展情况，是否与公司业务规模相匹配，是否符合公司内控制度要求，报告期内产生较大金额损失的原因，相关会计处理是否符合《企业会计准则》的规定。

3. 渤海租赁（2021 年）

2021/6/4【提问】3. 年报显示，报告期内，你公司存在衍生品投资。经过你公司董事会及股东大会审议，同意你公司以套期保值为目的，在不超过公司最近一期净资产 10% 的范围内进行衍生品投资，包括采用保证金或担保、抵押进行交易，或采用无担保、无抵押的信用交易。你公司进行衍生品交易的原因是公司境外资产占比较高，租赁收入和利息支出受汇率波动影响较大。报告期内，你公司衍生品交易合计亏损 2 531.40 万元。请你公司：（1）补充披露你公司开展套期保值业务的具体业务模式，合同约定的主要条款、公司相关的主要权利和义务、风险敞口等；（2）说明你公司衍生品交易规模与你公司具体业务规模、外汇收支的匹配性；（3）你公司已制定《衍生品交易业务管理制度》，请你公司说明相关内控制度的执行情况，是否能够有效控制投资风险。

6.5 对套期业务会计处理的问询

6.5.1 套期会计的适用性

1. 摩恩电气（2017 年）

2017/5/24【提问】22. 请结合你公司 2016 年铜套期保值业务的有效性等方面，说明你公司对套期保值业务会计处理的合规性。请你公司会计师发表明确意见。

【公司回复 – 会计处理】公司生产电缆所需主要原材料为铜，为对冲铜价格波动对公司造成的影响，公司通过在期货市场的铜交易实现套期保值。公司 2016 年开展的均是以铜为基础的期货交易事项，本年仅发生 4 笔交易，共计 600 吨。根据《企业会计准则》规定，符合套期保值的条件为销售订单的签署时间及数量、期货开仓时间及数量、期货平仓时间以及数量、现货采购交易时间必须均保持一致。由于公司在实际操作过程中，对于销售订单、期货开仓、平仓、现货交易等环节未实现完全配比，不符合《企业会计准则》规定的套期保值确认条件，对此认定为无效套保，故作为投资收益核算。

【会计师意见】公司开展的铜套期保值业务，不符合《企业会计准则》规定的套期保值确认条件，故作为投资收益核算符合《企业会计准则》规定。

【补充信息 –2016 年年报】

【p. 70 – 十一节 财务报告 – 二、财务报表 – 3. 合并利润表】

单位：元

项目	本期发生额	上期发生额
六、其他综合收益的税后净额		452 046.73
归属母公司所有者的其他综合收益的税后净额		452 046.73
（二）以后将重分类进损益的其他综合收益		452 046.73
4. 现金流量套期损益的有效部分		452 860.98

【p. 105～107－十一节　财务报告－五、重要会计政策及会计估计－34. 其他－套期会计】照抄 CAS 24 的会计处理方法。

【p. 141－十一节　财务报告－七、合并财务报表项目注释－68. 投资收益】

单位：元

项目	本期发生额	上期发生额
处置长期股权投资产生的投资收益	958 340.91	－ 41 394.00
铜期货合约	1 402 019.92	－ 1 226 023.63
合计	2 360 360.83	－ 1 267 417.63

其他说明： 铜期货合约平仓损益中，属无效现金流量套期以及非套期合约部分计入投资收益。

【p. 147－十一节　财务报告－七、合并财务报表项目注释－78. 套期】

按照套期类别披露套期项目及相关套期工具、被套期风险的定性和定量信息。

2. 盾安环境（2018 年）

2018/5/18【提问】11. 你公司披露铜等主要原材料价格快速上涨。请说明原料价格上涨对公司营业成本造成的具体影响、是否存在持续上涨的风险和应对措施，你公司对套期工具具体的会计处理、核算过程及其合法合规性。请会计师发表明确意见。

【回复－会计处理】根据《企业会计准则第 24 号——套期保值》的规定，对套期工具以套期交易合同签订当日的公允价值计量，并以其公允价值进行后续计量，公允价值为正数的套期工具确认为其他流动资产，公允价值为负数的套期工具确认为其他流动负债。公司铜套期保值适用现金流量套期。公司对套期工具采用比率分析法来评价其有效性，当满足下列两个条件时，确认套期高度有效：（1）在套期开始及以后期间，该套期预期会高度有效地抵销套期指定期间被套期项目引起的公允价值或现金流量变动；（2）套期的实际抵销结果在 80% ~ 125% 的范围内。公司对套期的抵销结果逐笔测算，对于高度有效的套期，其平仓盈亏计入主营业务成本，对于无效的套期保值平仓盈亏，公司全部计入投资收益。

【会计师意见】我们取得了盾安环境套期工具的相关文件、会议记录、会计处理等资料，并复算金额是否正确，未发现异常。经核查，我们认为，盾安环境套期工具具体的会计处理、核算过程符合企业会计准则的相关规定。

3. 明牌珠宝（2020 年）

2020/7/21【提问】6. 你公司存货期末余额 19.38 为亿元，同比增长 22.24%，占总资产比例为 44.12%，其中被套期项目余额为 8.71 亿元，系使用套期工具对其价格波动风险进行对冲之后的库存商品的公允价值。（1）请对比黄金价格、行业竞争情况、同行业公司情况等，说明你公司存货余额增长较大且占总资产比例较大的原因及合理性。（2）请补充说明被套期项目相关会计处理及计算过程，是否符合《企业会计准则》相关规定。（3）请年审会计师对上述事项进行核查及发表明确意见。

【回复－会计处理】1. 适用套期会计的说明。根据《企业会计准则第

24 号——套期保值》的规定，套期工具是指企业为进行套期而指定的、其公允价值或现金流量变动预期可抵销被套期项目的公允价值或现金流量变动的金融工具。上海黄金交易所 AU（T + D）延期交易工具以及金融系统内的黄金租赁业务其公允价值能够可靠计量且能够有效对冲专营黄金产品价格大幅下跌的风险，因此上海黄金交易所 AU（T + D）延期交易工具以及金融系统内的黄金租赁业务具备套期工具的特征，可以作为套期工具。目前公司根据发出黄金产品库存情况及公司风险控制的要求，对公司专营黄金产品套期保值交易的品种主要是金融系统内的黄金租赁业务。被套期项目是指使企业面临公允价值或现金流量变动风险，且被指定为被套期对象的、能够可靠计量的下列项目：（1）已确认资产或负债；（2）尚未确认的确定承诺；（3）极可能发生的预期交易；（4）境外经营净投资。公司专营黄金产品的销售是尚未承诺但预期会发生的交易，交易量可根据历史数据预估，交易价格面临黄金公允价值变动风险，符合被套期项目的定义。公司开展套期保值业务满足《企业会计准则第24号——套期保值》关于套期关系仅由符合条件的套期工具和被套期项目组成、企业在套期开始时对套期关系有正式指定，以及套期关系符合套期有效性等相关条件。同时，公司已建立《商品套期保值业务内控管理制度》，对套期保值业务作出明确规定；公司也已建立了相应的业务流程，通过实行授权和岗位牵制以及内部审计等措施进行有效控制。

2. 具体会计处理。公司依据《企业会计准则第24号——套期保值》的规定，对金融系统内的黄金租赁业务会计处理如下：黄金租赁业务发生时，按借入时黄金的价格确认存货成本，同时对银行金融机构形成其他流动负债（以公允价值计量且其变动计入当期损益的金融负债）；因黄金价格变动导致黄金租赁业务产生的利得或损失计入套期损益，同时确认其他流动负债金额；因黄金价格变动导致存货公允价值变动计入套期损益，同时调整被套期项目（专营黄金产品）的账面价值。

【会计师意见】年审会计师获取了公司套期保值业务相关制度，对业务流程进行了解并测试，检查了黄金租赁协议，复核了公司对套期保值业务的相关会计处理等。经核查，年审会计师认为公司套期保值业务的确认与计量符合企业会计准则的相关规定。

4. 道道全（2021 年）

2021/1/13【提问 1－2021 年 1 月 13 日－关注函】2021 年 1 月 13 日，你公司披露《2020 年度业绩预告》，预计 2020 年归属于上市公司股东的净利润为－0.40 亿元至－0.60 亿元，上年同期盈利 1.29 亿元，亏损的主要原因为对原材料套期保值产生平仓亏损约 2.07 亿元。我部对此表示关注，请你公司就以下事项进行核查并作出书面说明：（1）请结合原材料价格、公司对原材料进行套期保值的具体情况，说明报告期内产生平仓亏损的原因及相关会计处理。

【回复 1－会计处理】根据《企业会计准则第 24 号——套期会计》的规定，报告期期末，公司对套期工具有效性进行评价。套期同时满足下列条件的，公司认定套期关系符合套期有效性要求，与 CAS 24（2017）一致，略。

套期工具平仓或交割后，评价结果为有效的部分，形成的利得或亏损按套保项目不同对应计入营业收入或营业成本。其中，公司的菜油和豆油买入套保、豆粕套保为现金流量套保，有效的菜油和豆油买入套保损益调整营业成本，有效的豆粕套保损益调整营业收入；菜油和豆油卖出套保为公允价值套保，有效套保调整营业成本。

2020 年未经审计的认定为有效套保平仓亏损调减营业收入 462.52 万元，为豆粕套保合计平仓亏损；调增营业成本 1 920.88 万元，其中菜油买入有效套保平仓亏损 426.81 万元，菜油卖出有效套保平仓亏损 1 494.07 万元；评价结果为非有效的部分，形成的利得或亏损计入投资收益，2020 年未经审计的认定为非有效套保的平仓亏损 18 343.50 万元，计入投资收益，属于当期的非经常性损益。

会计分录如下：

（1）豆粕有效套保平仓

借：主营业务收入（豆粕）　　　　　462.52 万元

　　贷：其他货币资金/期货账户　　　462.52 万元

（2）菜油有效套保平仓

借：原材料（菜油）　　　　　　　1 920.88 万元

　　贷：其他货币资金/期货账户　　1 920.88 万元

借：主营业务成本（菜油）　　　　1 920.88 万元

　　贷：原材料（菜油）　　　　　1 920.88 万元

（3）认定为非有效套保的平仓损益

借：投资收益　　　　　　　　　　18 343.50 万元

　　贷：其他货币资金/期货账户　　18 343.50 万元

非有效套保的损益源于公司正常生产经营中的套保业务，因无法完全满足套期会计准则的要求，因此从会计角度属于当期的非经常性损益。从业务角度，该损益应计入营业收入或营业成本。

2021/5/13【提问2－2021年5月13日－年报问询函】3. 年报显示，你公司 2020 年非经常性损益合计－1.56 亿元，其中"除同公司正常经营业务相关的有效套期保值业务外，持有交易性金融资产、衍生金融资产、交易性金融负债、衍生金融负债产生的公允价值变动损益，以及处置交易性金融资产、衍生金融资产、交易性金融负债、衍生金融负债和其他债权投资取得的投资收益"（以下简称"投资损益"）报告期亏损 2.16 亿元。年报"衍生品投资情况"显示，为有效减小原材料和产成品的价格波动对公司经营业绩带来的不利影响，公司利用商品期货这一套期保值工具规避市场价格波动风险，保证公司经营的稳定性和可持续性，但同时也会存在一定风险，报告期内你公司投资期货合约亏损约 2 亿元。请你公司：

（1）补充披露上述投资损益的明细情况，包括而不限于涉及的具体投资类别、投资金额、损益金额、确认损益的时点及依据等，并说明相应会计处理的情况。

【回复 2－会计处理】2. 公司套期保值业务会计处理。

根据《企业会计准则第 24 号——套期会计》的规定，报告期期末，公司对套期工具有效性进行评价。套期同时满足下列条件的，公司认定套期关系符合套期有效性要求，与 CAS 24（2017）一致，略。套期工具平仓或交割后，评价结果为有效的部分，形成的利得或亏损按套保项目不同对应计入营业收入或营业成本；评价结果为非有效的部分，形成的利得或亏损计入投资损益。

根据套期会计准则的要求："在评估被套期项目和套期工具之间是否存在经济关系时，企业可以采用定性或定量的方法。如果套期工具和被套期项目的主要条款（例如名义金额、到期期限和基础变量）均匹配或大致相符，企业可以根据此类主要条款进行定性评估。如果套期工具和被套期项目的主要条款并非基本匹配，企业可能需要进行定量评估（例如通过比较被套期风险引起的套期工具和被套期项目公允价值或现金流量变动的比率，或通过采用回归分析方法分析套期工具和被套期项目价值变动的相关性），但两个变量之间仅仅存在某种统计相关性的事实本身不足以有效证明套期工具与被套期项目之间存在经济关系。"

公司被认定为非有效套保的损益主要源于对应公司包装油产品的菜油生产业务的卖出套保和大豆压榨业务的豆油卖出套保。因为没有包装油期货品种，而菜油和豆油是公司包装油的原材料，包装油作为被套期项目与作为套期工具的菜油和豆油期货的经济关系不能通过定性评估确定；而包装油产品的价格与菜油和豆油的期货价格在变化方向上趋势一致，最终变化幅度大致相当，但难以进行定量评估，因此从会计的角度只能被认定为非有效套保。

该部分非有效套保的损益源于公司正常生产经营中的套保业务，因无法完全满足套期会计准则的要求，因此从会计角度属于当期的非经常性损益，计入投资损益科目。从业务角度，该损益应计入营业收入或营业成本。

【会计师意见】问询函并未就该问题要求年审会计师就此事项进行核查并发表意见。但年审会计师在回复"营业收入扣除项目扣除金额""成本费用确认依据和金额""季度财务数据波动较大的原因和合理性"等问题时，提到以下相关内容。

（一）执行的主要核查程序 - 4. 了解期货内控制度，并执行穿行测试及控制测试；执行函证程序，检查套期会计相关科目期末余额的准确性；复核期末期货合约公允价值，对公司 2020 年的期货交易情况进行详查；复核公司对有效套保的认定及其会计处理，检查期货会计的核算程序，评估所采用套期会计政策的合理性；获取期货会计业务台账核对至期货保证金账户对账单，与管理层讨论及检查相关支持性文件，评估套期有效性的合理性。

（二）核查意见 - 季度财务数据波动较大的主要原因系利用衍生金融工具对冲原材料采购价格与现货价值波动风险当期产生盈亏，具备合理性。

6.5.2 补充信息披露

1. 摩恩电气（2018 年）

2018/4/20【提问】31. 报告期内，你公司确认公允价值变动损失 5.7 万元，具体为衍生金融工具产生的公允价值变动损失。请补充披露以下事项：（1）你公司开展的衍生品投资的具体情况、是否涉及套期业务、会计核算科目，相关业务开展前是否履行必要的审议程序和披露义务。（2）你公司将衍生金融工具投资在"以公允价值计量的且其变动计入当期损益的金融资产"科目列报，请说明资产负债表相关会计科目数据填列的准确性。（3）请在年报第四节"以公允价值计量的资产和负债"中补充披露衍生金融资产期初数、本期公允价值变动损益、计提减值金额、购买金额、出售金额和期末数等。请年审会计师就上述事项发表意见。

2. 新潮能源（2020 年）

2020/4/28【提问】4. 年报披露，公司报告期内确认公允价值变动损益 -4.73 亿元，去年同期为 6.93 亿元，年报称主要是由于套期保值合约的公允价值波动所致。2020 年第一季度，存量套期保值合约确认公允价值变动损益 9.62 亿元，变动幅度较大。请公司补充披露：（1）套期保值业务的交易品种、保证金规模、主要业务风险、风险控制措施等；（2）结合国际原油价格走势、套期保值策略等，分析说明套期保值合约的公允价值波动较大的原因；（3）相关套期保值业务的会计处理。请会计师发表意见。

3. 渤海租赁（2021 年）

2021/6/4【提问】3. 年报显示，报告期内，你公司存在衍生品投资。经过你公司董事会及股东大会审议，同意你公司以套期保值为目的，在不超过公司最近一期净资产 10% 的范围内进行衍生品投资，包括采用保证金或担保、抵押进行交易，或采用无担保、无抵押的信用交易。你公司进行衍生品交易的原因是公司境外资产占比较高，租赁收入和利息支出受汇率波动影响较大。报告期内，你公司衍生品交易合计亏损 2 531.40 万元。请你公司：（1）补充披露你公司开展套期保值业务的具体业务模式，合同约定的主要条款、公司相关的主要权利和义务、风险敞口等；（2）说明你公司衍生品交易规模与你公司具体业务规模、外汇收支的匹配性；（3）你公司已制定《衍生品交易业务管理制度》，请你公司说明相关内控制度的执行情况，是否能够有效控制投资风险。

6.6 对套期业务后续影响的问询

6.6.1 套期业务对其他财务数据的影响

1. 如意集团（2016 年）

2016/3/3【提问】2. 请你公司根据《主板上市公司规范运作指引》第 7.2.22 条的相关要求，在年报中对已经开展的衍生品交易相关信息予以补充披露：（1）补充披露衍生品交易持仓信息披露情况所采用的分类方式和标准。（2）已交易的衍生品是否存在与其风险对冲资产，如有，补充披露资产组合的浮动盈亏变化情况及对公司当期损益的影响；如无，说明原因及公司期现货有效结合的经营模式下选取衍生品投资品种的具体依据。（3）补充披露对衍生品公允价值的分析具体使用的方法及相关假设与参数的设定。

2. 恒邦股份（2017 年）

2017/5/25【提问】3. 你公司报告期内公允价值变动损益中以公允价值计量且其变动计入当期损益的金融负债形成收益 −1.25 亿元，买卖持仓公允价值变动收益 1.5 亿元，锁汇公允价值变动收益 0.08 亿元；投资收益中黄金租赁业务收益 −0.42 亿元，无效套期保值投资收益 −0.21 亿元；以后将重分类进损益的其他综合收益中现金流量套期损益的有效部分形成收益 −0.54 亿元。请说明：（1）请结合你公司黄金租赁、黄金 T + D 等业务的开展情况，说明相关业务的具体会计处理方法、上述公允价值变动损益、投资收益以及其他综合收益的形成原因、计算过程。（2）……

3. 金洲慈航（2018 年）

2018/5/23【提问】7. 年报显示，报告期末存货账面价值为 22.98 亿元，其中库存商品账面价值为 19.71 亿元，公司未对存货计提跌价准备。请你公司说明：（1）报告期内，存货各产品类型（黄金饰品、铂金产品、K 金产品、钻石饰品、其他产品等）的分布情况；（2）报告期内，存货的库龄分布与存货周转率情况，请结合相关产品的宏观市场环境、存货性质与特点、可变现净值预计等因素说明相关产品存货跌价准备的计提是否充足；（3）报告期内，是否存在套期保值工具管理存货的情况，如是，请说明对当期损益的影响。

6.6.2 套期损益的可持续性

1. 龙宇燃油（2019 年）

2019/5/17【提问】1. 年报披露，公司 2018 年度营业收入 160.35 亿元，同比下降 4.73%，归母净利润 6 352.87 万元，同比增加 7.62%，扣非后归母净利润 341.59 万元，同比下降 96.2%，其中以套期保值为目的的期货业务对扣非后归母净利润影响金额为 1 777.98 万元，另外公司通过现金管理活动获得理财收益 3 695.65 万元。请补充披露：（1）套期保值为目的的期货业务具体情况，利润大幅增长的原因及可持续性；（2）理财收益大额增加的原因及合理性、资金来源及后续安排；（3）结合行业特点说明公司主营业务利润大幅下滑的原因、公司具体应对措施。

2. 鹏都农牧（2021 年）

2021/6/15【提问】2. 年报显示，你公司运用衍生工具控制利率波动风险、汇率波动风险以及价格波动风险对你公司经营的影响。你公司认为，该等业务与你公司正常经营业务直接相关，因此将该等业务产生的损益界定为经常性损益项目。年报"衍生品投资情况"显示，报告期内衍生品投资损益 12 096.95 万元。请你公司：（1）对照《公开发行证券的公司信息披露解释性公告第 1 号——非经常性损益》，详细说明将上述损益界定为经常性损益是否符合上述规定，并说明相关界定理由的充分性及合理性。（2）补充说明你公司开展套期保值业务的具体业务模式、合同约定的主要条款、公司相关的主要权利和义务、风险敞口等，以及公司对套期保值业务建立的内控制度、风险管理措施是否完善，是否能够有效控制投资风险。请年审会计师核查并发表明确意见。

6.7　对非套期业务开展情况的问询

6.7.1　衍生品业务亏损

1. 中银绒业（2016 年）

2016/5/6【提问】7. 2014 年 9 月 26 日，你公司及子公司香港东方公司与拉萨和润咨询服务有限公司及凯欣（香港）有限公司（合称乙方）就卓文时尚公司股权转让事项签订《股权转让协议书》。乙方承诺，卓文时尚公司在 2014—2016 年度经审计后的扣除非经常性损益后税后净利润为：2014 年不低于 5 000 万元人民币，2015 年不低于 6 000 万元人民币，2016 年不低于 7 000 万元人民币。根据《北京卓文时尚纺织股份有限公司 2015 年度业绩承诺实现情况鉴证报告》披露显示，卓文时尚公司 2015 年度合并净利润（归属于母公司股东的净利润）为 2 128.44 万元，扣除非经常性损益 −2 646.59 万元后的合并净利润为 4 775.03 万元，未达到约定的承诺金额 6 000 万元。请你公司就下列问题进行详细说明：（1）请详细列示卓文时尚公司 2015 年度扣除非经常性损益后合并净利润的计算过程，同时提供卓文时尚公司的 2015 年度经审计的财务报表。请年报审计机构及保荐机构单独核查并发表意见。（2）根据你公司年报显示，你公司 2015 年度衍生品投资亏损 3 423.77 万元，主要为卓文时尚公司所投资的衍生品亏损，上述亏损是否作为非经常性损益从卓文时尚公司 2015 年度的扣非后合并净利润中扣除；若是，请说明是否符合《股权转让协议书》的约定。

2. 亿联网络（2020 年）

2020/4/18【提问】11. 公司报告期内汇兑净损失为 –1 037.76 万元，公司董事会审议通过使用不超过 5 000 万美元自有资金开展外汇衍生品投资。请你公司补充说明报告期内公司进行外汇衍生品投资的具体情况，包括投资的品种、模式以及金额，是否存在超过投资限额或者开展与公司外汇资产规模不匹配的外汇衍生品投资的情形。

3. 天齐锂业（2022 年）

2022/5/16【提问】4. 你公司衍生品投资情况中报告期实际损益金额为 –4 969.83 万元。你公司将所持有的部分 SQM 公司 B 股股票押记给摩根士丹利，以取得 3 年期借款，并买入与押记股票数额相当的看跌期权，作为借款偿还能力的保证，同时卖出与押记股票数额相当的看涨期权以对冲部分融资成本，上述看跌期权将于 2022 年全部到期，故你公司将其由其他非流动金融资产重分类至交易性金融资产。（1）请说明近三年套期产品和衍生金融工具的主要标的、金额、具体执行、盈亏情况，对投资收益、公允价值变动收益、其他综合收益、衍生金融资产、衍生金融负债、其他非流动金融资产、交易性金融资产等会计科目的具体影响及影响原因，套期保值业务规模与公司现货经营是否匹配，相关会计处理是否符合企业会计准则的规定，是否与同行业可比公司一致。（2）请说明将看跌期权由其他非流动金融资产重分类至交易性金融资产的具体过程，期末余额较期初余额发生较大变动的原因，具体会计处理及合规性。（3）请说明卖出的看涨期权报告期发生的具体变动情况。（4）请说明近三年套期保值业务亏损的原因及合理性，结合套保业务决策流程、人员权限及审批情况说明对期货业务的风险防控措施，是否能够有效控制投资风险，是否存在超过授权限额进行高风险期货投资的情形。（5）衍生品投资情况中期初投资金额、报告期内购入金额、报告期内售出金额、计提减值准备金额、期末投资金额、期末投资金额占公司报告期末净资产比例均为0，请说明是否有误，若有误，请更正。请会计师事务所核查（1）至（3）事项并发表明确意见。

6.7.2 衍生品价格波动过大

1. 如意集团（2015年，半年报问询函）

2015/10/8【提问】5. 半年报显示，报告期公司公允价值变动收益金额为207 676 775.72元，比上年同期的 –101 619 343.11元增加304.37%，主要原因是由于本期末期货浮亏额大幅下跌，浮盈额大幅上升所致；公司投资收益金额为863 243 541.67元，比上年同期442 711 910.52元增加了94.99%，主要原因是本期期货、电子交易平仓收益大幅上升所致；同时，公司衍生品交易品种主要在期货交易所交易，市场透明度大，成交活跃，流动性较强，成交价格和当日结算单价能充分反映衍生品的公允价值。请你公司结合报告期内经营业绩及衍生品交易情况，详细说明衍生品持仓公允价值变动情况、主要交割日投资收益确认是否达到《上市规则》第九章及第十一章第十一节规定的披露标准，是否履行相应的信息披露义务。

2. 焦作万方（2016 年）

2016/6/5【提问】4. 报告期内，以公允价值计量且其变动计入当期损益的金融资产由 26 953 250 元减少为 0，衍生金融工具产生的公允价值变动收益为 −26 953 250 元，请你公司详细说明上述衍生金融工具的主要内容、公允价值变动情况及原因，涉及的具体会计处理。

3. 蓝色光标（2020 年）

2020/5/14【提问】12. 年报显示，你公司非经常性损益项目及金额中"除同公司正常经营业务相关的有效套期保值业务外，持有交易性金融资产、衍生金融资产、交易性金融负债、衍生金融负债产生的公允价值变动损益，以及处置交易性金融资产、衍生金融资产、交易性金融负债、衍生金融负债和其他债权投资取得的投资收益"的金额为 3.58 亿元，2018 年的金额为 −543 万元。请补充说明该项目的具体构成，与 2018 年相比出现大幅波动的原因，以及相关投资风险是否可控。

6.8 对非套期业务配套制度的问询

6.8.1 衍生品业务董事会审议程序

1. 焦作万方（2018 年，半年报问询函）

2018/9/20【提问】4. 你公司 2018 年上半年衍生品投资初始投资金额 6 388.8 万元，报告期内购入 15 462.56 万元，售出 70 025.61 万元，实际损益 2 785.91 万元。你公司分别于 2018 年 8 月 4 日和 8 月 22 日召开董事会和股东大会审议通过《公司 2018 年期货及场外期权操作计划》的议案。请结合《主板上市公司规范运作指引》7.2.10 条和 7.2.11 条，说明你公司是否存在未经董事会和股东大会审议即开展衍生品交易的情形。

【回复梗概】公司的铝产品期货业务以套期保值为目的，是多年来公司日常经营的一项基本业务。公司 2018 年度期货业务审批推迟原因：公司股东自 2016 年以来、董事会成员自 2017 年以来发生较大变化。依照惯例，公司原考虑将该期货业务议案安排在年度董事会上审议，由于部分董事对该业务的不了解建议暂缓审议，故该议案未提交年度董事会审议。公司年度董事会后，管理层就期货套保业务与主要股东和董事进行了充分沟通，取得股东与董事们的认可。2018 年上半年，公司套期保值开仓 10 470 吨，平仓 32 005 吨，交割 16 200 吨。其中绝大部分基于惯例发生在年度董事会之前。之后仅有对合金业务原材料套期保值 1 250 吨，也是基于保证全体股东利益为出发点，锁定加工成本，降低公司经营风险。

公司在未经董事会批准前开展了少量的产品和原材料套期保值业务，一是依照历年惯例，以保障公司经营成果，降低公司经营风险为出发点而开展；二是本着对全体股东负责任的态度，在环保限产等大环境制约的前提下，尽可能降低公司损失，保障全体股东权益。交易事项本身以现货交割、锁定合金产品原材料价格为目标，不存在损害公司和股东利益的情形。年度董事会后，公司吸取教训，就此事进行了内部专项整改。

2. ST 大通（2022 年）

2022/5/18【提问】14. 年报显示，你公司报告期内存在衍生品投资业务，主要投资类型为期货（动力煤）。请你公司：（1）说明从事衍生品投资的资金来源，你公司针对衍生品投资业务是否履行了相应的审议程序和信息披露义务。（2）说明报告期内进行衍生品投资的具体情况、套期保值业务规模与公司现货经营是否匹配、是否能够有效控制投资风险、相关会计处理是否符合《企业会计准则》的规定。

3. ST 奥马（2022 年）

2022/6/6【提问】2. 报告期内，你公司投资收益为 3.30 亿元，占利润总额比例为 65.15%，其中 3.27 亿元为衍生金融工具收益，上期无此收益。请说明以下事项：（1）请说明本期衍生金融工具的主要标的、金额、具体执行、盈亏情况、投资收益计算过程，相关会计处理是否符合企业会计准则的规定。请年审会计师核查并发表明确意见。（2）你公司开展衍生金融工具交易的原因，相关业务开展前是否履行必要的审议程序和信息披露义务，是否具备风险投资的相应决策程序和风险控制措施。

6.8.2 衍生品业务内部控制制度

1. 远大控股（2018 年）

2018/5/16【提问】一、公司全资子公司远大物产涉嫌操纵期货市场案

2018 年 4 月 12 日，公司披露《重大风险事项进展公告》，公告称公司子公司远大物产接到辽宁省抚顺市人民检察院的电话，告知远大物产涉嫌操纵市场案，远大物产控股 70% 的子公司远大石化已将 5.60 亿元扣押款划至有关部门指定账户。5. 根据公司内控自我评价报告，公司将上述事项认定为存在非财务报告内部控制重大缺陷，请公司说明相关认定的主要原因及合理性，并分析说明目前的内控制度及其执行情况是否有效以及未来具体整改计划。

2. 顺钠股份（2019 年）

2019/5/30【提问】二、衍生品交易

根据年报，你公司报告期内实现投资收益约 1.39 亿元，基本为处置衍生金融资产取得的投资收益。请你公司具体说明衍生品交易的开展情

况，浙江瀚晟被查封事项对衍生品交易的具体影响，浙江瀚晟被查封后你公司后续实施衍生品交易的主体以及仍开展衍生品交易的必要性、与公司日常经营需求的相关程度，你公司对衍生品交易的准备情况，衍生品交易的风险分析和风险管理措施，相关风险可能导致相关合约产生最大损失金额等。请你公司年审会计师说明针对投资收益所实施的审计程序，并就投资收益的真实性和准确性、衍生品交易的内部控制是否存在重大缺陷发表专项核查意见。

3. 金字火腿（2021 年）

2022/1/28【提问 – 2021 年 1 月 28 日 – 关注函】

2022 年 1 月 27 日，你公司披露《关于商品期货套期保值业务的进展公告》《关于 2021 年第三季度报告会计差错更正的公告》称，你公司期货交易员擅自将持有的合约进行了平仓操作，导致公司账户总计亏损 5 510.53 万元，你公司未及时作相应披露。根据你公司相关规章制度，你公司要求期货交易员承担全部责任。截至 2021 年 9 月 30 日，你公司期货交易员已筹措足相应亏损补偿款项 5 510.53 万元，全额填补了上述损失。你公司管理层及财务人员将赔偿款误认为期货套保本金计入收回期货本金中，对于投资损失和赔偿收入均未进行账务处理，因此未在第三季度报告中对此进行披露，你公司本次会计差错更正将赔偿款计入营业外收入。我部对此表示关注。请你公司核实说明以下问题：1. 说明你公司对商品期货套期保值业务建立的内控制度、风险管理措施是否完善，是否能够有效控制风险，结合你公司商品期货套期保值业务相关制度的执行情况，包括不限于交易内容、具体交易额度、本次平仓操作等，说明你公司内部控制是否存在重大缺陷。

2022/4/23【提问 – 2021 年 4 月 23 日 – 年报问询函】5. 年报显示，2021 年 9 月中旬开始，你公司期货交易员未按照公司指令进行平仓操作，且平仓交易量远远大于当月在现货市场购入量，你公司将套期工具产生的损失认定为套期无效部分，计入当期损益。同时由于期货交易员私自进行平仓操作导致你公司发生重大损失，依据你公司《期货套期保值业务操作考核办法》，由期货交易员全额赔偿公司损失。经查，期货交易员支付给你公司的赔偿款，来源于其岳父施雄飚（为持有你公司 3.45% 股份的自然人股东，且施雄飚为你公司前实际控制人施延军之兄）自有及自筹资金，因此你公司将赔偿款计入营业外收入。由于上述事项，年审会计师对你公司出具了保留意见的内部控制鉴证报告。请你公司：（1）说明你公司相关内部控制缺陷的整改情况及效果；（2）说明上述事项是否属于权益性交易及其依据和合理性，相关赔偿款能否计入 2021 年营业外收入，你公司是否存在利用相关会计处理调节利润的情形。请年审会计师对上述问题（2）进行核查并发表明确意见。

6.9　对非套期业务会计处理的问询

6.9.1　衍生品业务计算过程

1. ST 宜化（2018 年，半年报问询函）

2018/9/18【提问】1. 报告期内，你公司确认投资收益 8.6 亿元，其中处置长期股权投资产生的投资收益 6.6 亿元，丧失控制权后剩余股权按公允价值重新计量产生的利得 1.6 亿元，处置以公允价值计量且其变动计入当期损益的金融资产取得的投资收益 4 265.5 万元。根据半年报，请你公司说明以下事项：（3）请说明处置以公允价值计量且其变动计入当期损益的金融资产的具体情况及其投资收益的计算过程。

【回复】以公允价值计量且其变动计入当期损益的金融资产及衍生金

融工具期初余额为 4 237.96 万元，系 2017 年度公司为降低实际经营活动中汇率波动对公司资产、负债和盈利水平变动的不利影响，利用金融机构提供的外汇产品开展 6 528.19 万美元人民币与外币掉期交易，合约期间一年，2017 年度根据其公允价值重估，将外汇期权内在价值及时间价值变动 4 237.96 万元计入公允价值变动收益，期末外汇期权的公允价值 4 237.96 万元计入衍生金融资产。公司于本期处置该部分外汇产品，将其转入投资收益，根据《企业会计准则第 22 号——金融工具确认和计量》中的相关规定，企业处置交易性金融资产时，将处置时的该交易性金融资产的公允价值与初始入账金额之间的差额确认为投资收益，同时调整公允价值变动损益。公司本期确认公允价值变动收益 –4 265.53 万元，确认投资收益 4 265.53 万元。

2. 大康农业（2020 年）

2020/7/4【提问】7. 报告期内，你公司处置交易性金融资产取得的投资收益为 1.17 亿元，较上年增加 1.17 亿元，衍生金融工具产生的公允价值变动收益 1.07 亿元，较上年增加 1.19 亿元。请补充说明上述投资收益和公允价值变动损益的具体内容、计算过程，是否履行了必要的审议程序和信息披露义务。

【回复–计算过程梗概】产生投资收益和公允价值变动损益的金融衍生品投资的具体内容包括：外汇远期合约、外汇掉期合约、商品远期合约以及商品互换合约。其中外汇远期合约、外汇掉期合约和商品远期合约均为巴西子公司业务，商品互换合约为新西兰子公司业务。

（1）关于巴西子公司投资收益和公允价值变动损益的计算过程说明：①谷物产品采购远期合约投资收益和公允价值变动损益的计算过程说明；②关于巴西子公司谷物商品销售远期合约投资收益和公允价值变动损益的计算过程说明；③关于巴西子公司外汇远期和掉期合约投资收益和公允价值变动损益的计算过程说明。（2）关于新西兰子公司投资收益和公允价值变动损益的计算过程说明。

3. 天齐锂业（2022 年）

2022/5/16【提问】4. 你公司衍生品投资情况中报告期实际损益金额为 - 4 969.83 万元。你公司将所持有的部分 SQM 公司 B 股股票押记给摩根士丹利，以取得 3 年期借款，并买入与押记股票数额相当的看跌期权，作为借款偿还能力的保证，同时卖出与押记股票数额相当的看涨期权以对冲部分融资成本，上述看跌期权将于 2022 年全部到期，故你公司将其由其他非流动金融资产重分类至交易性金融资产。（1）请说明近三年套期产品和衍生金融工具的主要标的、金额、具体执行、盈亏情况，对投资收益、公允价值变动收益、其他综合收益、衍生金融资产、衍生金融负债、其他非流动金融资产、交易性金融资产等会计科目的具体影响及影响原因，套期保值业务规模与公司现货经营是否匹配，相关会计处理是否符合企业会计准则的规定，是否与同行业可比公司一致。（2）请说明将看跌期权由其他非流动金融资产重分类至交易性金融资产的具体过程，期末余额较期初余额发生较大变动的原因，具体会计处理及合规性。（3）请说明卖出的看涨期权报告期发生的具体变动情况。

【回复 - 期权定价计算过程梗概】公司近三年的套期产品和衍生金融工具主要为远期外汇合约、跨价期权利率交换、买入/卖出的以 SQM 发行的 B 类股为标的看跌/涨期权（以下简称"领式期权"）、泰利森与电力公司 Alinta 的电力远期合约和法兴银行利率掉期。

考虑到资本市场缺乏对应于 SQM 看跌期权和看涨期权价值的公开报价，且为避免对目标股票的价格造成负面影响，此类衍生品交易通常不能进行公开询价，因此公司与摩根士丹利就 SQM 看跌期权和看涨期权的公允价值计量方案进行了充分沟通，确定采用国际上通行的 BSM 期权估值模型（Black - Scholes Option Pricing Model）对 SQM 看跌期权和看涨期权的公允价值进行计量。在资产负债表日，公司通过 BSM 期权估值模型分别确认看涨期权和看跌期权的公允价值，该公允价值与上一个资产负债表日公允价值的差额确认为公允价值变动损益。根据 BSM 期权估值模型，影响 SQM 看跌看涨期权公允价值的因素有 SQM 的股票价格、隐含波动率、无风险利率、期权剩余期限和期权执行价格等。BSM 估值模型针对看跌期权的公式及参数含义如下：略。领式期权定价参数选取及依据如下所示，以下参数均可在公开市场中获取：略。

2021 年度，公司根据 BSM 期权估值模型计算出 2020 年末和 2021 年末看跌期权的公允价值分别为 71 008 607.22 元和 4 097 268.60 元，并根据其差额确认了公允价值变动损益 − 66 911 338.62 元。2020 年末和 2021 年末看涨期权的公允价值分别为 484 671 760.45 元和 385 558 298.90 元，并根据其差额确认了公允价值变动损益 99 113 461.55 元。

【补充资料：2021 年年报】

【p. 143 ~ 144 − 第十节　财务报告 − 二、财务报表 − 1. 合并资产负债表】

单位：元

项目	2021 年 12 月 31 日	2020 年 12 月 31 日
交易性金融资产	4 097 268.60	
衍生金融资产		
交易性金融负债	392 497 927.40	561 428 901.09
衍生金融负债		

【p. 192 − 第十节　财务报告 − 七、合并财务报表项目注释 − 2. 交易性金融资产】

项目	期末余额	期初余额
以公允价值计量且其变动计入当期损益的金融资产	4 097 268.60	
其中：衍生金融资产	4 097 268.60	
合计	4 097 268.60	

注：交易性金融资产系一年内到期的买入以 SQM 发行的 B 类股为标的看跌期权，因该期权将于 2022 年到期，因此年末重分类至本科目列报，详见本附注"七、‐12. 其他非流动金融资产"所述。

【p. 215 ‐第十节　财务报告 ‐ 七、合并财务报表项目注释 ‐ 21. 交易性金融负债】

项目	期末余额	期初余额
交易性金融负债	392 497 927. 40	561 428 901. 09
其中：衍生金融负债	392 497 927. 40	561 428 901. 09
合计	392 497 927. 40	561 428 901. 09

注：本期末衍生金融负债包括：卖出的以 SQM 发行的 B 类股为标的的看涨期权、利率掉期以及泰利森电力远期合约。

6.9.2　衍生品业务会计核算

1. 焦作万方（2016 年）

2016/6/5【提问】4. 报告期内，以公允价值计量且其变动计入当期损益的金融资产由 26 953 250 元减少为 0，衍生金融工具产生的公允价值变动收益为 ‐ 26 953 250 元，请你公司详细说明上述衍生金融工具的主要内容、公允价值变动情况及原因，涉及的具体会计处理。

【回复 ‐ 会计处理】按照《企业会计准则》相关规定，我公司"公允价值变动损益"核算过程为：在资产负债表日，按照期末期货持仓盈利，借记"衍生工具"科目，贷记"公允价值变动损益"科目；次月，将上月末期货持仓盈亏所做的凭证反方向冲销，并根据新的期货持仓盈利金额重新确认公允价值变动损益额，借记"衍生工具"科目，贷记"公允价值变动损益"科目。直到期货持仓量为 0。

2014 年底，我公司将上述持仓盈利额作如下会计处理，在资产负债表列示为"以公允价值计量且其变动计入当期损益的金融资产"：

借：衍生工具　　　　　　　　　　　　26 953 250 元

　　贷：公允价值变动损益　　　　　　　　　26 953 250 元

2015 年初，我公司将上述持仓盈利额凭证作反方向冲销处理，至 2015 年底没有期货持仓量，所以利润表公允价值变动收益金额为 − 26 953 250 元，冲销的会计处理为：

借：衍生工具　　　　　　　　　　　　− 26 953 250 元

　　贷：公允价值变动损益　　　　　　　　　− 26 953 250 元

2. ST 匹凸（2018 年，定期报告事后审核意见函）

2018/3/5【提问】10. 关于公允价值变动。年报披露，公司公允价值变动收益为 − 692 万元，投资收益为 1 392 万元，请公司结合业务模式及期末所持期货合约情况，说明上述会计处理的原因及依据，请会计师发表意见。

【回复】公司将期货合约的持有与处置作为规避现货市场风险的手段之一，难以同时满足套期保值会计要求的五个前提条件，因此无法使用套期保值会计处理方法，会计处理按初始以衍生交易合同签订当日的公允价值进行计量，并以其公允价值进行后续计量。公允价值为正数的衍生金融工具确认为一项资产，公允价值为负数的确认为一项负债。期末，以活跃市场中的报价作为确定在手合约公允价值的计量基础，据此调整衍生金融资产/负债的账面价值并确认当期的公允价值变动损益。合约平仓时，将交易收益（包括已确认的公允价值变动损益）确认为当期投资收益。报告期，公司期货合约公允价值变动导致公允价值变动收益为 − 692 万元，合约平仓收益导致投资收益为 1 392 万元，公司期货套保业务合计影响净利润金额为 700 万元。

【会计师意见】（依据与公司回复内容完全一致，略）。（结论）我们认为：公司上述会计处理符合企业会计准则的规定。

3. 中金环境（2021 年）

2021/5/11【提问】8. 报告期内，公司因贵金属套期保值业务亏损形成投资损失 1 126.15 万元，确认公允价值变动损失 278.09 万元。请补充说明：（1）公司开展套期保值业务的背景及原因，业务相关内控制度及其有效性，相关风险控制体系是否完善、有效；（2）报告期内套期保值业务的开展情况，是否与公司业务规模相匹配，是否符合公司内控制度要求，报告期内产生较大金额损失的原因，相关会计处理是否符合《企业会计准则》的规定。

【回复–会计处理】公司作为被套期项目的风险净敞口是连续变化的，公司通过期货对该连续变化的风险净敞口进行套期保值，从而导致被套期项目和套期工具都是不断变化的，被套期项目和套期工具无法指定一一对应的关系，不适用我国现行的《企业会计准则第 24 号——套期保值》的相关规定。公司持有的期货产品属于衍生工具，会计处理适用《企业会计准则第 22 号——金融工具确认和计量》以及《企业会计准则第 37 号——金融工具列报》，具体会计处理如下：公司购入期货产品缴纳保证金时，计入"其他货币资金——期货保证金"；根据期末期货持仓部分的公允价值确认交易性金融资产或交易性金融负债，同时将期末期货持仓部分的浮动盈亏记入公允价值变动损益；将已平仓期货合约产生的平仓盈亏计入当期投资收益。

6.9.3 衍生品的列报和披露

1. 摩恩电气（2018 年）

2018/4/20【提问】31. 报告期内，你公司确认公允价值变动损失 5.7 万元，具体为衍生金融工具产生的公允价值变动损失。请补充披露以下事项：（1）你公司开展的衍生品投资的具体情况、是否涉及套期业务、会计核算科目，相关业务开展前是否履行必要的审议程序和披露义务。（2）你公司将衍生金融工具投资在"以公允价值计量的且其变动计入当期损益的金融资产"科目列报，请说明资产负债表相关会计科目数据填列的准确性。（3）请在年报第四节"以公允价值计量的资产和负债"中补充披露衍生金融资产期初数、本期公允价值变动损益、计提减值金额、购买金额、出售金额和期末数等。请年审会计师就上述事项发表意见。

【回复-（1）】非列报与披露问题，略。重点介绍公司对第（2）、（3）问题的回复。

【回复-（2）】公司2017年初将其持有的尚未平仓的期货交易产生的公允价值变动金额57 000.00元，列报在"以公允价值计量且其变动计入当期损益的金融资产"项目。2017年公司持有的上述期货交易已经到期平仓，并且2017年末无其他期货交易持仓。根据《企业会计准则》规定，处置交易性金融资产时要将原先确认的公允价值变动损益结转到投资收益处理，故本期公允价值变动损益发生额为-57 000.00元。

【回复-（3）】具体衍生金融资产期初数、本期公允价值变动损益、计提减值金额、购买金额、出售金额和期末数如下所示。

单位：元

资产类别	初始投资成本	本期公允价值变动损益	计入权益的累计公允价值变动	报告期内购入金额	报告期内售出金额	累计投资收益	期末金额	资金来源
以公允价值计量且其变动计入当期损益的金融资产	6 795 000.00	-57 000.00		21 295 500.00	28 203 750.00	170 250.00	—	自有资金
合计	6 795 000.00	-57 000.00		21 295 500.00	28 203 750.00	170 250.00	—	

【会计师意见】公司开展的铜期货交易不符合《企业会计准则》规定的套期保值确认条件，属于无效套保，应将其划分为以公允价值计量且其变动计入当期损益的金融资产或金融负债进行核算，在处置交易性金融资产时要将原先确认的公允价值变动损益结转到投资收益处理，公司对铜期货交易的会计核算符合《企业会计准则》规定。

【补充资料 – 2017 年年报】

【p. 24 – 第四节 经营情况讨论与分析 – 五、投资状况分析 – 4. 以公允价值计量的金融资产】

□适用 ☑不适用

【p. 80～81 – 第十一节 财务报告 – 二、财务报表 – 1. 合并资产负债表】

单位：元

项目	期末余额	期初余额
流动资产：		
以公允价值计量且其变动计入当期损益的金融资产		57 000.00
衍生金融资产		
流动负债：		
以公允价值计量且其变动计入当期损益的金融负债		
衍生金融负债		

【p. 126 – 第十一节 财务报告 – 七、合并财务报表项目注释 – 2. 以公允价值计量且其变动计入当期损益的金融资产】

单位：元

项目	期末余额	期初余额
交易性金融资产		57 000.00
衍生金融资产		57 000.00
合计		57 000.00

【p. 126 – 第十一节　财务报告 – 七、合并财务报表项目注释 – 3. 衍生金融资产】

□适用　☑不适用

【此外】2016 年年报的列报方式与 2017 年一致，2018 年未开展期货业务。

2. 远大控股（2018 年）

2018/5/16【提问】二、衍生品金融资产及负债年报显示，2017 年末衍生金融资产金额为 36 097 819.67 元，衍生金融负债金额为 149 579 835.97 元；衍生金融资产和衍生金融负债为公司之子公司远大物产集团有限公司及其子公司在期货经纪公司和电子交易中心从事衍生金融工具投资期末持有的合约价值；衍生品投资情况中期末投资金额为 718 293.06 万元。2. 请你公司结合股东大会审议通过的衍生品投资保证金额度及杠杆情况，说明衍生金融资产金额、衍生金融负债金额与衍生品投资情况中期末投资金额的匹配关系。4. 请你公司说明衍生金融资产、衍生金融负债第一层次公允价值计量与第二层次公允价值计量的划分标准和依据。

【回复 – 2】衍生金融资产的核算是以对于同一期货公司，所有在该期货公司期末持仓合约成本价与结算价相比，处于浮动盈利的合约，其持仓合约成本价与结算价之差计入衍生金融资产；处于浮动亏损的合约，其持仓合约成本价与结算价之差，计入衍生金融负债。衍生金融资产金额、衍生金融负债金额与衍生品投资情况中期末投资金额三者之间具体匹配关系如下：衍生品投资情况中期末投资公允价值 – 投资成本 = 衍生金融资产期末余额 – 衍生金融负债期末余额。

【补充资料 – 2017 年年报】【p. 22 ~ 23 – 第四节　经营情况讨论与分析 – 五、投资状况 – 4. 金融资产投资 –（2）衍生品投资情况】

单位：万元

衍生品投资操作方名称	衍生品投资类型	衍生品投资初始投资金额	期初投资金额	报告期内购入金额	报告期内售出金额	计提减值准备金额	期末投资金额	期末投资金额占公司报告期末净资产比例	报告期实际损益金额
鲁证期货股份有限公司等	商品期货	790 655.28	781 244.93	40 892 289.58	40 732 982.56	—	472 510.42	177.57%	64 263.57
合计	商品期货、商品期权、远期外汇	1 475 301.52	1 397 841.04	41 498 514.55	41 673 192.83	—	718 293.06	269.94%	35 097.11

【p. 81~83 – 第十一节　财务报告 – 二、财务报表 – 1. 合并资产负债表】

单位：元

项目	期末余额	期初余额
衍生金融资产	36 097 819.67	400 316 206.84
衍生金融负债	149 579 835.97	98 274 500.34

【回复 – 公允价值划分标准】第一层次：在场内交易的商品期货于计量日能够取得的相同资产或负债在活跃市场上未经调整的报价，故采用第一次层次的公允价值计量。第二层次：对于不在活跃市场上交易的远期外汇等衍生品，采用第二层次公允价值计量。

【补充资料 – 2017 年年报】【p. 165～166 – 第十一节　财务报告 – 十一、公允价值的披露】

1. 以公允价值计量的资产和负债的期末公允价值。

单位：元

项目	期末公允价值			
	第一层次公允价值计量	第二层次公允价值计量	第三层次公允价值计量	合计
一、持续的公允价值计量	—	—		—
（一）衍生金融资产	35 672 931.20	424 888.47		36 097 819.67
持续以公允价值计量的资产总额	35 672 931.20	424 888.47		36 097 819.67
（二）衍生金融负债	79 682 593.51	69 897 242.46		149 579 835.97
持续以公允价值计量的负债总额	79 682 593.51	69 897 242.46		149 579 835.97
二、非持续的公允价值计量	—	—		—

2. 持续和非持续第一层次公允价值计量项目市价的确定依据：本集团采用第一层次公允价值计量的衍生金融资产和衍生金融负债根据相同资产或负债在活跃市场中的报价（未经调整的）。

3. 持续和非持续第二层次公允价值计量项目，采用的估值技术和重要参数的定性及定量信息：对于不在活跃市场上交易的金融工具，采用第二层次公允价值计量，即直接（即价格）或间接（即从价格推导出）地使用除第一层次中的资产或负债的市场报价之外的可观察输入值。当需要采用估值技术确定其公允价值时，本集团所使用的估值模型主要为现金流量折现模型和市场可比公司模型等；估值技术的输入值主要包括无风险利率、基准利率、汇率、信用点差、流动性溢价、缺乏流动性折价等。

3. 天齐锂业（2022 年）

2022/5/16【提问】4. 你公司衍生品投资情况中报告期实际损益金额为 –4 969.83 万元。你公司将所持有的部分 SQM 公司 B 股股票押记给摩根士丹利，以取得 3 年期借款，并买入与押记股票数额相当的看跌期权，作为借款偿还能力的保证，同时卖出与押记股票数额相当的看涨期权以对冲部分融资成本，上述看跌期权将于 2022 年全部到期，故你公司将其由其他非流动金融资产重分类至交易性金融资产。（5）衍生品投资情况中期初投资金额、报告期内购入金额、报告期内售出金额、计提减值准备金额、期末投资金额、期末投资金额占公司报告期末净资产比例均为 0，请说明是否有误，若有误，请更正。

【回复】公司披露的衍生品投资情况中的衍生品投资系 2019 年购入的利率掉期合约，主要内容是将 4 亿美元贷款浮动利率与法兴银行交换为固定利率，以锁定利息成本。根据其业务模式，利率掉期合约基于已有的贷款合同，初始时无需额外现金投入，在合约持有期间无购入或出售现金流，合约到期无须处置。因此，衍生品投资情况中期初投资金额、报告期内购入金额、报告期内售出金额、期末投资金额均为 0，且期末投资金额占公司报告期末净资产比例为 0。公司将利率掉期分类为以公允价值计量且其变动计入当期损益的金融负债，并以其在资产负债表日的公允价值对其进行后续计量。因其在资产负债表日已按照公允价值计量，无须计提减值准备，故计提减值准备金额为 0。

【补充资料 - 2021 年年报】

【p. 50 - 第三节　管理层讨论与分析 - 七、投资状况分析 - 4. 金融资产投资 - （2）衍生品投资情况】

单位：万元

衍生品投资操作方名称	关联关系	是否关联交易	衍生品投资类型	衍生品投资初始投资金额	起始日期	终止日期	期初投资金额	报告期内售出金额	计提减值准备金额	期末投资金额	报告期实际损益金额
法国兴业银行（中国）有限公司	无	否	利率掉期	0	2018 年 12 月 21 日	2021 年 11 月 29 日	0	0	0	0	- 4 584. 34
法国兴业银行（中国）有限公司	无	否	利率掉期	0	2018 年 12 月 21 日	2021 年 11 月 29 日	0	0	0	0	- 385. 49
合计				0			0	0	0	0	- 4 969. 83

6.10 对非套期业务后续影响的问询

6.10.1 衍生品业务对其他财务指标的影响

1. 中银绒业（2016 年）

2016/5/6【提问】7. 2014 年 9 月 26 日，你公司及子公司香港东方公司与拉萨和润咨询服务有限公司及凯欣（香港）有限公司（合称乙方）就卓文时尚公司股权转让事项签订《股权转让协议书》。乙方承诺，卓文时尚公司在 2014—2016 年度经审计后的扣除非经常性损益后税后净利润为：2014 年不低于 5 000 万元人民币，2015 年不低于 6 000 万元人民币，2016 年不低于 7 000 万元人民币。根据《北京卓文时尚纺织股份有限公司 2015 年度业绩承诺实现情况鉴证报告》披露显示，卓文时尚公司 2015 年度合并净利润（归属于母公司股东的净利润）为 2 128.44 万元，扣除非经常性损益 -2 646.59 万元后的合并净利润为 4 775.03 万元，未达到约定的承诺金额 6 000 万元。请你公司就下列问题进行详细说明：（1）请详细列示卓文时尚公司 2015 年度扣除非经常性损益后合并净利润的计算过程，同时提供卓文时尚公司的 2015 年度经审计的财务报表。请年报审计机构及保荐机构单独核查并发表意见。（2）根据你公司年报显示，你公司 2015 年度衍生品投资亏损 3 423.77 万元，主要为卓文时尚公司所投资的衍生品亏损，上述亏损是否作为非经常性损益从卓文时尚公司 2015 年度的扣非后合并净利润中扣除；若是，请说明是否符合《股权转让协议书》的约定。

2. 洛阳钼业（2019 年，重大资产重组预案审核意见函）

2019/5/15【提问】4. 草案显示，2018 年末，IXM 衍生金融资产余额约为2.50亿美元，衍生金融负债余额约为1.57亿美元，主要系IXM为抵御产品价格波动风险而开展了套期保值业务。请公司补充披露：（1）IXM公司近年来套期保值业务的收益变化，结合业务流程说明风险控制的具体措施；（2）除开展套期保值外的期货投资情况，是否发生过投资损失，如有，请具体分析发生投资损失的具体情况；（3）本次重组完成后，IXM的钴金属贸易量是否可能出现大幅增长，应对钴价大幅波动的相关措施。

3. 利元亨（2022年，问询函）

2022/4/8【提问】你公司于2022年4月8日披露《关于公司拟开展金融衍生品交易的公告》称，公司及子公司2022年度拟分多批开展不超过1亿美元或等值外币的金融衍生品交易业务。经事后审核，根据《上海证券交易所科创板股票上市规则》14.1.1条，请你公司及持续督导机构民生证券股份有限公司（以下简称民生证券）对以下问题予以说明并补充披露。一、根据披露，公司出口业务结算货币主要为美元，人民币对美元汇率波动对公司生产经营会产生一定影响。公司拟通过开展金融衍生品业务降低汇率波动对主营业务收入带来的不确定性风险。但根据公司2021年年报，公司报告期内实现营业收入共计2 331 349 001.63元，其中境外收入共计35 282 087.81元，占比仅为1.51%。另据披露，公司开展金融衍生品交易业务是以具体经营业务为依托。请公司董事会：（1）根据公司最近三个会计年度境外收入的金额及占比情况，测算汇率波动对公司整体收入和净利润的实际影响，并进一步说明开展金融衍生品交易业务的实际原因，以及公司设置1亿美元额度的合理性；（2）说明公司董事会如何保证"开展金融衍生品交易业务是以具体经营业务为依托"，而不是以营利为目的的投机和套利交易；（3）充分论证开展不超过1亿美元或等值外币的金融衍生品交易业务的必要性及合理性，并审慎决策。

6.10.2 衍生品损益的可持续性

1. 如意集团（2016 年）

2016/3/3【提问】10. 年报显示，2015 年度投资收益金额为 1 877 746 511.31 元，占利润总额比例为 224.06%，公司称形成原因主要是子公司远大物产集团有限公司及其部分子公司于报告期从事电子交易、期货交易业务实现的净损益，具有可持续性。请你公司说明 2015 年度电子交易、期货交易业务与现货业务的匹配情况，电子交易、期货交易业务实现的净损益是否均归入投资收益，公司判断投资收益具有可持续性的原因及合理性。

2. 大康农业（2019 年，半年报问询函）

2019/8/28【提问】1. 报告期内，公司实现营业收入 673 753 万元，同比下降 1.94%；实现归属于上市公司股东的净利润 3 238 万元，同比增长 32.76%；实现归属于上市公司股东的扣除非经常性损益的净利润 3 263 万元，同比增长 129.15%。公司报告期内实现盈利主要由于公允价值变动实现收益 9 574 万元，通过递延所得税费用调整实现收益 7 099 万元。请补充说明以下内容：（2）报告期内，公司实现的衍生金融工具产生的公允价值变动收益为 9 525 万元。请详细说明衍生金融工具的类型、计算依据，将其公允价值变动产生收益计入经常性收益的合理性。

【回复】报告期内衍生金融工具产生的公允价值变动损益明细如下：

单位：万元

项目	金额
商品远期合约	12 734.69
外汇远期合约	− 2 381.40

续表

项目	金额
外汇掉期合约	−393.43
原奶套期合约	−435.12
合计	9 524.75

计算依据、计入非经常性收益的合理性如下（略）。报告期内公司实现的衍生金融工具产生的公允价值变动收益符合非经常性损益定义，公司将其计入非经常性收益具有合理性。

【补充 − 2019 年半年报】【p. 18 − 第四节　经营情况讨论与分析 − 三、非主营业务分析】

☑适用　□不适用

单位：人民币元

	金额	占利润总额比例	形成原因说明	是否具有可持续性
公允价值变动损益	95 741 912.42	−334.84%	主要是巴西子公司未交割的远期合约公允价值变动	具有可持续性

6.11　案例总结分析

本章对 2014 年 12 月—2022 年 12 月样本期的 101 份公司/年度/问询函样本进行了归纳和汇总，按是否与套期有关将问询函分为两大类，并从两类业务中分别归纳了交易所对两类业务各自的监管关注侧重点，对 6.3 节 ~ 6.10 节的案例进行汇总分析。表格中的问询时间为交易所发出问询函的日期，监管预留天数为交易所要求回复的日期与问询函发出日期之间的间隔，实际回复超过天数为公司实际回复的日期与交易所要求回复的日期之间的间隔，如为正数表明后者在前者日期之后的天数，如为负数表明后者在前者日期之前的天数。从表中相关数字可知，通常交易所会给上市公司留出一至二周准备和回复的时间，鲜少有公司会在交易所要求回复日期之前回复，大部分上市公司会在要求回复日当天或略晚几天的时间范围内及时回复，但也不排除部分公司会超期十天半个月，乃至近两个月时间才回复。

此外，由于101份问询函总样本中有77.2%来自深圳证券交易所，因此本章所选取的典型案例也主要集中在深圳证券交易所，本节后续各表所涉及的36家上市公司中有27家来自深圳证券交易所，占比75%，与总样本分布保持一致。

6.11.1 交易所对套期业务的关注点汇总

1. 在业务开展中关注套期亏损、套期性质和应套未套问题

由表6-4可知，对于上市公司开展的套期保值业务，当套期工具端（即衍生品端）发生巨额亏损时更可能引起监管者关注，进而追踪其亏损原因，探究其是否为套期保值的业务本质。另外，如果上市公司发生了较大的汇兑损失，则监管者也会关注其为何未开展汇率风险管理活动，以及是否后续有相关套期计划。

表6-4 交易所对套期业务的关注点

代码	公司名称	问询函主要关注点	问询日期	监管预留天数	实际回复超过天数
300145	中金环境	套期业务亏损的原因	2021/5/11	8	7
002548	金新农		2021/5/13	12	0
002725	跃岭股份		2023/6/26	10	0

代码	公司名称	问询函主要关注点	问询日期	监管预留天数	实际回复超过天数
601339	百隆东方	套期业务的性质	2019/4/17	8	15
600487	亨通光电		2019/6/10	7	1
600438	通威股份		2020/5/14	8	0
002168	深圳惠程	未套期原因或未来计划	2018/5/4	12	1
601212	白银有色		2018/8/31	7	0
002221	东华能源		2019/4/29	11	4
002221	东华能源		2019/5/20	0	6

2. 在配套制度中关注审议流程的规范性和内控制度的有效性

由表 6-5 可知，对于上市公司开展的套期保值业务，当套期工具端（即衍生品端）发生巨额亏损时更可能引起监管者关注，进而倒追其事前的董事会审议流程，质疑其内部控制制度的有效性问题。此外，监管者也可能对照公司公告和定期报告的相关信息，从中发现未能完全匹配的情形，并以此为契机追踪套期业务开展的程序正当性。

表 6-5　　　　　　　　交易所对套期业务配套制度的关注点

代码	公司名称	问询函主要关注点	问询日期	监管预留天数	实际回复超过天数
000702	正虹科技	董事会审议流程	2015/9/24	6	35
002451	摩恩电气		2018/4/20	12	58
002157	正邦科技		2022/5/24	7	15
002852	道道全	内部控制制度	2021/1/13	5	8
300145	中金环境		2021/5/11	8	7
000415	渤海租赁		2021/6/4	10	16

3. 在会计问题中关注套期会计适用性和信息披露充分性

由表 6-6 可知，对于上市公司开展的套期保值业务并适用套期会计准则时，监管者可能从其从定期报告中获取或未能有效获取的信息中找到问题，要求上市公司对其执行的套期会计进行更细致的解释，有时会要求公司提供会计核算分录，也可能要求公司提供与套期会计表内列报相适配的表外信息披露，以辅助支持公司选用套期会计的合理性。

表 6 - 6   交易所对套期业务会计问题的关注点

代码	公司名称	问询函主要关注点	问询日期	监管预留天数	实际回复超过天数
002451	摩恩电气	套期会计的适用性	2017/5/24	7	21
002011	盾安环境		2018/5/18	6	8
002574	明牌珠宝		2020/7/21	7	10
002852	道道全		2021/1/13	14	0
002852	道道全		2021/5/13	13	0
002451	摩恩电气	补充信息披露	2018/4/20	12	58
600777	新潮能源		2020/4/28	14	- 1
000415	渤海租赁		2021/6/4	10	16

4. 在后续影响中关注对财务绩效的影响和盈亏的可持续性

由表 6 - 7 可知，监管者会关注上市公司开展套期保值业务并将该业务上的损益归属于经常性损益的情况，进而探究其性质归属的合理性，以及对利润等财务业绩的影响。另外，如果上市公司在套期业务的套期工具端（即衍生品端）发生了较大的盈利，或将经常性损益扭亏为盈时，监管者也会对其盈利情况的可持续性提出疑问。

表 6 - 7   交易所对套期业务后续影响的关注点

代码	公司名称	问询函主要关注点	问询日期	监管预留天数	实际回复超过天数
000626	如意集团	对其他财务数据的影响	2016/3/3	4	1
002237	恒邦股份		2017/5/25	12	1
000587	金洲慈航		2018/5/23	5	2

代码	公司名称	问询函主要关注点	问询日期	监管预留天数	实际回复超过天数
603003	龙宇燃油	影响的可持续性	2019/5/17	8	13
002505	鹏都农牧		2021/6/15	7	8

6.11.2 交易所对非套期业务的关注点汇总

1. 在业务开展中关注衍生品业务亏损、衍生品公允价值波动过大等问题

由表6-8可知，对于上市公司开展的非套期保值业务，监管者会更关注衍生品发生巨额亏损或衍生品公允价值波动幅度很大的情形，进而追踪其亏损原因，探究其是否有相应的风险控制举措等。

表6-8   交易所对非套期业务的关注点

代码	公司名称	问询函主要关注点	问询日期	监管预留天数	实际回复超过天数
000982	中银绒业	衍生品业务亏损	2016/5/6	7	15
300628	亿联网络		2020/4/18	3	0
002466	天齐锂业		2022/5/16	11	1
002193	如意集团	衍生品公允价值波动过大	2015/10/8	2	0
000612	焦作万方		2016/6/5	7	9
300058	蓝色光标		2020/5/14	7	0

2. 在配套制度中关注审议流程和信息披露的规范性及内控制度的有效性

由表6-9可知，对于上市公司开展的非套期保值业务，当衍生品发生巨额亏损或衍生品公允价值波动幅度很大的情形时，监管者会倒追其是否开展了必要的事前审议程序，事前制定的内部控制制度是否有效，以及是否按要求开展了必要的事中进展公告等。

表 6 - 9　　　　　　　　交易所对非套期业务配套制度的关注点

代码	公司名称	问询函主要关注点	问询日期	监管预留天数	实际回复超过天数
000612	焦作万方	董事会审议制度、信息披露要求	2018/9/20	6	13
000038	ST 大通		2022/5/18	14	44
002668	ST 奥马		2022/6/6	12	7
000626	远大控股	内部控制制度	2018/5/16	5	9
000533	顺钠股份		2019/5/30	7	7
002515	金字火腿		2022/1/28	14	0
002515	金字火腿		2022/4/23	16	0

3. 在会计问题中关注衍生品公允价值及变动的计算过程、会计核算及列报和披露问题

由表 6 - 10 可知，当上市公司非经常性损益明细表中"除同公司正常经营业务相关的有效套期保值业务外，持有交易性金融资产、衍生金融资产、交易性金融负债、衍生金融负债产生的公允价值变动损益，以及处置交易性金融资产、衍生金融资产、交易性金融负债、衍生金融负债和其他债权投资取得的投资收益"项目的本期发生额波动过大，或绝对额过大时，监管者可能会要求公司列出明细，此外由于衍生品本身的公允价值不全都能公开市场中获取，监管者还可能要求上市公司提供有助于辅助理解的计算过程。与表 6 - 10 类似的案例还有远望谷（2020）、宝利国际（2020）、澳洋健康（2020）、欧菲光（2020）、协鑫集成（2021）等，均要求列出过程或明细。

表6-10   交易所对非套期业务会计问题的关注点

代码	公司名称	问询函主要关注点	问询日期	监管预留天数	实际回复超过天数
000422	ST宜化	计算过程	2018/9/18	6	2
002505	大康农业		2020/7/4	6	0
002466	天齐锂业		2022/5/16	11	1
000612	焦作万方	会计核算	2016/6/5	7	9
600696	ST匹凸		2018/3/5	7	1
300145	中金环境		2021/5/11	8	7
002451	摩恩电气	列报和披露	2018/4/20	12	58
000626	远大控股		2018/5/16	0	14
002466	天齐锂业		2022/5/16	11	1

此外，正如4.4节所发现的，上市公司会选择性地避开衍生金融资产/负债科目，而将其开展的衍生品业务"隐匿"至交易性金融资产/负债，乃至以公允价值计量且其变动计入损益的会计科目下，此外，由于衍生品的公允价值及其波动情况较难获取，上市公司对衍生品公允价值层次的选择有一定的主观性。上述两点也是监管者对其科目列报和表外披露会提出的质疑。

4. 在后续影响中关注对财务绩效的影响和盈亏的可持续性

由表6-11可知，当上市公司开展的衍生品业务发生巨额损益变动时，监管者会关注该事项对包括利润总额、非经常性损益、可持续性经营等方面的影响，以及相关影响的持续性程度。

表6-11   交易所对非套期业务后续影响的关注点

代码	公司名称	问询函主要关注点	问询日期	监管预留天数	实际回复超过天数
000982	中银绒业	对其他财务指标的影响	2016/5/6	7	15
603993	洛阳钼业		2019/5/15	7	3
688499	利元亨		2022/4/8	7	−1

续表

代码	公司名称	问询函主要关注点	问询日期	监管预留天数	实际回复超过天数
000626	如意集团	影响的可持续性	2016/3/3	4	1
002505	大康农业		2019/8/28	7	16

综上所述，证券交易所作为资本市场监管者，能够从定期报告、公司公告、媒体报道，乃至投资者举报等多个渠道获取公开和非公开的信息，并对这些信息进行专业的解读，从维护投资者利益的角度出发，基于独立第三方的视角，对上市公司提出问询和监管。

第7章 衍生品业务被列为关键审计事项的案例

7.1 衍生品业务在年报审计中的总体情况

本章从 CSMAR 数据库 - 关键审计事项明细表中获取上市公司 2016—2022 年度关键审计事项，从关键审计事项分类和关键审计事项等字段的文字描述中梳理出与"衍生""套期""远期""期货""期权""掉期""互换"等关键词有关的样本，从中剔除金融业或 B 股上市公司，再通过人工读取关键审计事项核实，最终找到 87 条"公司/年度/关键审计事项分类"样本，涉及 32 个公司和 85 个公司/年度［其中远大控股（000626）在 2019 年和 2020 年有两项关键审计事项与衍生品业务有关］。

总体而言，将衍生品业务列为关键审计事项的审计报告并不多，85 条公司/年度样本仅占 A 股非金融类上市公司 2016—2022 年样本期内审计报告总数的 0.35%，以下为明细信息。

7.1.1 相关审计报告的年度和行业分布

1. 审计报告所在年度的分布

85 条公司/年度样本的年度分布情况如图 7 - 1 所示。

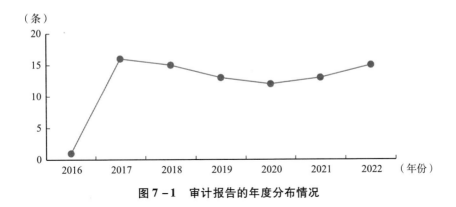

图 7 - 1　审计报告的年度分布情况

2. 上市公司所在行业的分布

32 家公司的行业分布见表 7 - 1。

表 7 - 1　　　　　　　公司所处行业分布情况　　　　　　单位：条

行业代码	行业名称	样本数	行业代码	行业名称	样本数
A01	农业	1	C35	专用设备制造业	2
B09	有色金属矿采选业	3	C36	汽车制造业	1
C13	农副食品加工业	3	C38	电气机械及器材制造业	6
C17	纺织业	1	C39	计算机、通信和其他电子设备制造业	?
C21	家具制造业	1	C41	其他制造业	1
C26	化学原料及化学制品制造业	1	D45	燃气生产和供应业	1
C31	黑色金属冶炼及压延加工业	1	F51	批发业	2
C32	有色金属冶炼及压延加工业	5	I64	互联网和相关服务	1

3. 上市公司所在资本市场的分布

32 家公司所在资本市场的分布见表 7 - 2。

表 7 - 2   公司上市类型情况

市场类型	公司总数（家）	样本公司数（家）	比例（%）
上海主板	1631	15	0.92
深圳主板	1509	11	0.73
创业板	1261	6	0.48
科创板	509	无	
北交所	194		

7.1.2 相关审计报告的内容明细

1. 审计师关注侧重点的分布

将 87 条关键审计事项按其文字描述是否出现"套期""风险管理"等关键词进行分类，进一步分为"有套期"和"无套期"两类，前者数量为 36，后者数量为 51，其年度分布情况如图 7 - 2 所示。

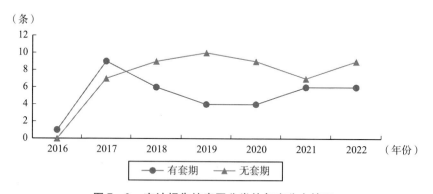

图 7 - 2　审计报告按意图分类的年度分布情况

2. 审计师及审计意见类型的分布

85 条公司/年度审计报告所涉及的会计师事务所及其审计意见类型见

表 7 - 3。在将衍生品业务列为关键审计事项的事务所中，频次列在前三位的分别为中审众环、天健和安永华明三家，出具的审计意见类型均为标准无保留意见。在 85 条审计报告中，无保留意见加事项段的审计意见类型出现 2 次，保留意见的审计意见类型出现 3 次。

表 7 - 3   相关会计师事务所及审计意见类型情况

事务所名称	审计意见类型	频次	事务所名称	审计意见类型	频次
中审众环会计师事务所（特殊普通合伙）	标准无保留意见	12	广东正中珠江会计师事务所（特殊普通合伙）	标准无保留意见	3
天健会计师事务所（特殊普通合伙）	标准无保留意见	11	大华会计师事务所（特殊普通合伙）	标准无保留意见	3
安永华明会计师事务所（特殊普通合伙）	标准无保留意见	9	信永中和会计师事务所（特殊普通合伙）	无保留意见加事项段	2
中审华会计师事务所（特殊普通合伙）	标准无保留意见	6	德勤华永会计师事务所（特殊普通合伙）	标准无保留意见	2
信永中和会计师事务所（特殊普通合伙）	标准无保留意见	6	北京永拓会计师事务所（特殊普通合伙）	标准无保留意见	2
立信会计师事务所（特殊普通合伙）	标准无保留意见	6	中证天通会计师事务所（特殊普通合伙）	标准无保留意见	1
中汇会计师事务所（特殊普通合伙）	标准无保留意见	5	中喜会计师事务所（特殊普通合伙）	标准无保留意见	1
致同会计师事务所（特殊普通合伙）	标准无保留意见	3	中勤万信会计师事务所（特殊普通合伙）	标准无保留意见	1
天职国际会计师事务所（特殊普通合伙）	标准无保留意见	3	天圆全会计师事务所（特殊普通合伙）	标准无保留意见	1
天衡会计师事务所（特殊普通合伙）	保留意见	3	山东和信会计师事务所（特殊普通合伙）	标准无保留意见	1
天衡会计师事务所（特殊普通合伙）	标准无保留意见	3	大信会计师事务所（特殊普通合伙）	标准无保留意见	1

3. 审计关注强度的分布

尽管样本所涉及的公司家数不多，但多家公司的多年审计报告均将衍生品业务列为关键审计事项，从一定程度上体现了事务所对该公司该业务事项的关注强度，具体信息见表7-4。

表7-4　　　　　　　　审计师持续关注年度的情况

持续关注年数	公司数量（家）	占比（%）
1	14	43.8
2	5	15.6
3	5	15.6
4	1	3.1
6	7	21.9
合计	32	100

此外，通常事务所会在一份审计报告中列出1~6项关键审计事项，衍生品业务在所有关键审计事项中的占比也能在一定程度上体现事务所对该公司该业务事项的关注强度，具体信息见表7-5。

表7-5　　　　　　　　占关键审计事项比重的分布

在关键审计事项中的占比	审计报告数（条）	分布情况（%）
1/4	5	5.9
1/3	33	38.8
1/2	40	47.1
1/1	7	8.2
合计	85	100

7.1.3 注册会计师审计与交易所监管的关注点互为补充

将 6.1 节总体情况中的 92 条公司/年度问询函记录和 7.1 节总体情况中的 85 条公司/年度审计报告记录进行对比分析，两套记录只在远大控股（000626）2017 年、白银有色（601212）2018 年，以及道道全（002852）2020 年存在交集，即该上市公司该年度的衍生品业务既被交易所问询又被事务所列为关键审计事项，而其余公司/年度的记录均互斥。换言之，交易所的监管关注点与注册会计师在外部审计中的关注点并不一致，两者之间更多是互为补充，而不是互相替代的关系。此外，上市公司公布的年报本身就是经审计之后的，交易所是基于已审计的年报信息而展开的，在事后监管过程中，交易所基于比注册会计师更广泛的信息来源，提出了需要上市公司进一步补充说明的问题。

7.2 案例汇总框架

本章案例汇总框架如图 7 - 3 所示。

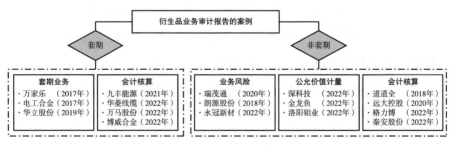

图 7 - 3 案例汇总框架

本章呈报了衍生品业务审计报告的若干案例，这些案例又分为套期和非套期两大类。

7.3 将套期业务列为关键审计事项

7.3.1 套期业务的审计风险及应对

1. 万家乐（2017 年）

【关键审计事项】

2017 年度，万家乐公司净敞口套期损益发生额为人民币 9 259.65 万元，占利润总额的 98.35%。管理层在套期保值会计的运用过程中需要对套期关系进行正式指定、准备套期关系、风险管理目标和套期策略的正式书面文件，并对套期有效性进行评价。其中，预期交易、套期关系的指定及对套期有效性的评价，均涉及较多的估计及判断因素，因此，我们将商品期货套期保值业务公允价值变动损益的确认认定为关键审计事项。

【审计应对】

（1）检查并评估管理层对套期会计而准备的正式书面文件，包括董事会决议及会议纪要，对套期工具、被套期项目、套期关系、被套期风险的性质以及套期有效性评价方法等文件。

（2）复核管理层所采用的套期保值计算模型，检查管理层对套期有效性评价的合理性。

（3）获取相关交易记录及合同，查阅主要交易条款，复核套期会计处理的准确性。

（4）针对该套期会计流程执行穿行测试及内部控制测试。

（5）向期货公司发询证函，证实期货交易及账户余额的真实性、正确性。

（6）检查财务报表中关于套期会计列示和披露的充分性和完整性。

基于获取的审计证据，我们得出审计结论，万家乐公司管理层对商品期货套期业务的列报与披露是适当的。

2. 电工合金（2017 年）

【关键审计事项】

电工合金公司主要生产电气化铁路接触网和铜母线，电解铜的成本占产品总成本比例较高，为降低铜价波动给公司带来的影响，公司根据远期订单合同以及未来的原材料采购需求量制订期货交易计划，通过购买沪铜期货的方式实现套期保值，以降低未来预期发生电解铜采购价格波动的风险。管理层在制定套期策略时需要大量估计，包括对电解铜需求量的预计，电解铜的价格以及公司运营资金的预计，且套期业务对公司材料成本影响较大。为此我们确定套期保值业务为关键审计事项。

【审计应对】

（1）获取了公司《期货套期保值制度》，根据抽样原则，抽取样本检查套期保值制度的执行情况，评价其执行的有效性。

（2）获取了期货交易记录，对交易记录和资金流水进行检查、核对。

（3）检查本期的期货套期保值申请书，复核公司套期关系指定情况。

（4）获取主要被套期项目的合同等文件，落实被套期项目的存在性。

（5）检查并复核了公司对报告期内套期业务的会计处理。

（6）对公司期末持有的套期工具数量及公允价值进行了函证。

（7）复核公司与套期业务相关各项目的列报和披露。

3. 华立股份（2019 年）

【关键审计事项】

为降低主要原材料（PVC）采购价格大幅度上涨所带来的相关经营风

险，公司 PVC 原材料使用期货工具进行套期保值。2019 年公司确认期货投资的投资收益及公允价值变动收益分别为 13 061 195.09 元和 496 175.00 元，合并占当期利润总额的比例为 12.80%。由于期货市场波动风险较大，且公司确认期货投资收益及公允价值变动收益金额重大，我们将期货套期保值确定为关键审计事项。

【审计应对】

（1）询问管理层华立股份开展期货交易的原因。

（2）查询期货交易内部控制制度文件，检查相关控制制度是否能够合理控制期货的相关流程；检查期货的相关内控制度是否符合证券法、公司法、《上市规则》及公司章程的规定。

（3）获取期货交易对账单，检查各期期货开仓的实际数量与金额、盈亏情况及相关会计处理，检查公司期货相关会计处理是否符合企业会计准则要求。

（4）实施穿行测试，检查相关内控制度是否得到执行。

（5）实施控制测试，检查相关期货开仓及平仓交易是否依据内部控制制度履行决策程序。

（6）发函询证期末期货保证金账户余额，确认其真实性和准确性。

7.3.2　套期会计的审计风险及应对

1. 九丰能源（2021 年）

【关键审计事项】

九丰能源公司通过购买原油期货等商品期货、期权应对采购价格波动的风险。考虑期货、期权业务本身具有较高的风险，上述期货交易产生的损益的完整性和准确性对九丰能源公司的经营成果存在重大影响，可能存在重大错报风险。因此，我们将商品期货、期权交易损益及套期保值会计处理确定为关键审计事项。

【审计应对】

（1）了解、评价了九丰能源公司与金融工具投资相关的内部控制的设计，选取九丰能源公司与期货、期权及套期保值投资相关的文件，测试了关键内部控制流程运行的有效性。

（2）检查九丰能源公司对套期会计制定的正式书面文件、套保方案，关于套期工具、被套期项目、被套期风险的性质以及套期有效性评价方法的文件。

（3）检查九丰能源公司期货投资协议、对账单、银行回单等与投资收益确认相关的关键性证据，复核相关会计处理的准确性及会计政策是否正确运用。

（4）获取全部的期货账户对账单，从对账单中选择样本，检查与该笔对账单对应的银行回单和会计账簿记录，确认所有的投资收益都已准确计入财务报表。检查期末各期货账户对账单并函证以确认公允价值是否已准确记载于财务报表。

（5）获取期货交易台账、交易结算单和预期采购计划、实际采购单等资料，选取样本，核查期货交易的时点和手数是否符合套期会计的要求。

（6）检查财务报表中关于套期会计列示和披露的充分性和完整性。

2. 华菱线缆（2022 年）

【关键审计事项】

华菱线缆公司使用商品期货合约对原材料采购价格变动风险及存货价格变动风险进行套期。铜、铝是华菱线缆公司产品生产过程中主要原材料，套期保值业务涉及的金额较大；同时，套期会计适用的会计政策和会计处理较为复杂，且运用过程中涉及较多的估计和判断因素。因此，我们将套期保值业务核算确定为关键审计事项。

【审计应对】

（1）检查并评估管理层对套期会计而制定的正式书面文件，包括董事会决议及会议纪要，关于套期工具、被套期项目、被套期风险的性质以及套期有效性评价方法的文件。

（2）了解公司期货套期保值业务的制度及业务流程，并对套期保值业务内控运行的有效性执行内部控制测试。

（3）检查期货套期保值业务开展的相关文件，如期货交易审批单、期货套期保值方案等。

（4）向期货公司函证本期期货交易、期末持仓及客户权益等情况。

（5）获取期货交易台账、交易结算单和采购单等资料，选取样本，核查期货交易的时点和手数是否符合套期会计的要求。

（6）检查期货套期保值业务会计处理的相关凭证，复核管理层所采用的有效性评价标准及其计算过程，并对期货套期有效性的测算进行复核，确定会计处理是否正确。

（7）检查与套期保值业务相关的信息是否已在财务报表中作出恰当列报。

3. 万马股份（2022 年）

【关键审计事项】

铜是万马股份公司产品生产过程中主要原材料，万马股份公司使用商品期货合约、期权合约对主要原材料采购价格变动风险进行套期。于2022 年度，投资收益已列支期货期权平仓收益 3 811.45 万元，公允价值变动损益列示期货期权合约浮盈 345.24 万元。套期业务涉及的交易金额较大，适用的会计政策和会计处理较为复杂，运用过程中涉及较多的估计和判断因素。因此我们将套期业务的列报和计量识别为关键审计事项。

【审计应对】

（1）了解、评价并测试了与套期业务及会计处理相关内部控制设计和运行的有效性。

（2）了解套期会计业务核算流程，检查并评估了管理层对套期会计制定的书面文件，分析和评价套期业务相关会计政策的选择和会计处理方法是否符合企业会计准则的规定。

（3）获取期货、期权交易记录、期货、期权账户交易流水、期货、期权交易台账等文件，复核套期会计处理的准确性。

（4）抽样检查被套期项目铜的现货采购情况，核对至采购合同等支持性文件，评估套期有效性。

（5）对期货、期权账户期末持仓数量、套期工具公允价值、保证金余额和本期的累计平仓损益等情况执行了函证程序。

（6）检查了与套期业务相关的信息在财务报表中的列报与披露是否充分、适当。

4. 博威合金（2022 年）

【关键审计事项】

博威合金公司根据与客户或供应商达成的销售合同或采购合同签订了一定期限后以固定价格销售新材料产品或购买铜、锌、镍等金属材料的合约（未确认的确定承诺）以及净持有的新材料业务存货，为规避价格变动风险对该确定承诺和净持有存货的价格变动风险采用期货合约进行公允价值套期。

博威合金公司以铜、锌、镍等金属期货合约为套期工具，并定期对套期有效性进行评价，以满足套期会计的运用条件，进而按照套期保值业务进行会计处理。因套期保值业务涉及的金额较为重大，套期会计适用的会计政策和会计处理较为复杂，我们将博威合金公司套期保值业务的相关会计处理确定为关键审计事项。

【审计应对】

（1）了解与套期保值业务相关的关键内部控制，评价这些控制的设计，确定其是否得到执行，并测试相关内部控制的运行有效性。

（2）获取套期保值业务的正式书面文件，包括套期保值管理政策、套期保值评价制度规定等文件，检查对套期工具、被套期项目、套期关系、被套期风险的性质的指定以及套期有效性的评价方法。

（3）获取期货交易记录统计、期货账户交易流水、套期保值台账等文件，检查期货交易行为是否符合政策规定。

（4）对期货账户期末持仓和账户权益情况实施函证程序。

（5）复核对套期保值业务公允价值和有效性的确定方法，独立查询公开市场价格信息，检查公允价值计量的准确性和套期有效性评价的合理性。

（6）就本年进行的套期保值业务，选取样本，检查套期保值管制表、合同、送货单以及期货交易记录等支持性文件，评价相关套期保值业务的套期会计处理准确性。

（7）检查与套期保值相关的信息是否已在财务报表中作出恰当列报。

7.4　将非套期业务列为关键审计事项

7.4.1　非套期业务的审计风险及应对

1. 瑞茂通（2020 年）

【关键审计事项】

瑞茂通 2020 年度期货、期权业务（剔除油品套期部分的期货业务）已经实现的收益金额为 −41 825.27 万元；瑞茂通 2020 年度与期货、期权业务有关的公允价值变动净收益为 −7 015.20 万元。期货、期权业务实现的投资收益和公允价值变动净收益对财务报表影响重大，我们将期货、期权实现的投资收益、公允价值变动净损益作为关键审计事项。

【审计应对】

（1）对瑞茂通期货、期权业务的关键内部控制设计和执行进行了解和测试，评价其业务的内部控制是否有效。

（2）获取瑞茂通开立交易账户的各期货公司的全年期货、期权业务数据资料，核实账目出金、入金、平仓收益、手续费、持仓合约、保证金余额，可用资金余额与期货公司流水是否一致。

（3）抽样检查重要业务，确定瑞茂通是否按照企业会计准则对投资收益、公允价值变动净损益进行真实、准确、完整的确认、记录。

（4）向开立交易账户的各期货公司实施函证程序，询证本期实现的平仓收益、手续费，期末持仓合约情况，保证金余额及可用资产余额，根据合约情况计算其期末持仓合约的浮盈浮亏金额是否准确。

（5）抽样测试 2020 年 12 月 31 日前后重要的投资收益、公允价值变动净损益会计记录，确定是否存在提前或延后确认收益的情况。

（6）复核财务报表是否按照企业会计准则要求进行了充分适当的披露。

2. 朗源股份（2018 年）

【关键审计事项】

公司 2018 年度进行期货交易，形成投资收益 30 960 242.71 元。由于期货交易事宜对朗源股份 2018 年度业绩产生重大影响，因此，我们确定该事项为关键审计事项。

【审计应对】

（1）获取并检查本次交易相关的董事会、股东会决议等决策文件，以判断相关决策程序是否适当。

（2）检查朗源股份开立的期货账户的全年交易记录。

（3）对朗源股份开立的期货账户交易情况，执行函证程序，核实该项交易的真实性。

（4）检查朗源股份期货交易的银行流水及银行进账单。

（5）通过执行分析、重新计算等审计程序核查投资收益确认及相关会计处理的准确性。

（6）检查朗源股份对相关交易在财务报告中的列报与披露是否充分、适当。

3. 永冠新材（2022 年）

【关键审计事项】

2022 年度公司为了对冲汇率波动、商品价格波动带来的风险，使用了汇率衍生金融工具产品和商品衍生金融工具产品。2022 年度因衍生金融产品业务形成的公允价值变动损益金额为 39.06 万元，已实现衍生金融产品业务产生的投资收益金额为 −2 069.44 万元。因该业务涉及交易金额重大，对上海永冠公司的经营成果影响较大，因此，我们将其确定为关键审计事项。

【审计应对】

（1）了解并测试衍生金融产品业务相关的关键内部控制。

（2）获取并查阅公司董事会授权及管理层投资决策文件，对上海永冠公司管理层进行访谈，了解开展衍生金融产品业务的必要性和合理性。

（3）获取衍生金融产品的交易、结算等相关文件，检查相关手续是否完整并与会计记录相核对。

（4）对衍生金融产品执行函证程序。

（5）获取报表日衍生金融产品公允价格或估值通知书，结合测算衍生金融产品已实现和未实现的损益，复核上海永冠公司对该项金融资产的分类、计量和列报情况。

7.4.2 公允价值计量的审计风险及应对

1. 深科技（2022年）

【关键审计事项】

截至 2022 年 12 月 31 日，贵公司衍生金融资产的余额为 2 015.53 万元，衍生金融负债的余额为 5.45 万元，2022 年因衍生品业务形成的公允价值变动损益金额为 − 59 195.69 万元，因为该业务涉及交易金额重大，对贵公司的资产状况和经营成果影响较大，因此，我们将衍生金融品业务识别为关键审计事项。

【审计应对】

（1）对贵公司衍生金融产品业务相关的关键内控设计和执行情况进行了解和测试，评价相关业务的内部控制是否有效。

（2）获取并查阅公司董事会授权及管理层投资决策文件，对贵公司管理层进行访谈，了解开展衍生金融产品业务的必要性和合理性。

（3）了解并评价签约机构的资信状况，核查衍生金融产品签约、到期结汇或购汇单据等相关文件，检查相关手续是否完成。

（4）索取报表日银行估值报告，重新测算公允价值计量的准确性，同时向银行进行询证并取得回函。

（5）根据银行估值报告，结合测算衍生金融产品已实现和未实现的损益，以确认贵公司对该项金融资产的分类、计量和列报是否正确。

（6）检查此项交易是否在财务报表中充分披露。

2. 金龙鱼（2022年）

【关键审计事项】

集团购买汇率衍生金融工具、利率衍生金融工具和商品衍生金融工具，以控制与汇率、利率和商品价格相关的风险。2022 年 12 月 31 日的合并财务报表中，集团持有衍生金融资产和衍生金融负债的账面价值为人民币 6.89 亿元和人民币 13.48 亿元。我们将衍生金融工具作为关键审计事项，是由于其数量较多，对合并财务报表非常重要，且其公允价值评估涉及管理层判断和估计。

【审计应对】

（1）了解并测试了衍生金融工具的关键内部控制。

（2）对衍生金融工具执行了函证程序。

（3）复核了衍生金融工具的估值结果，包括查看了记录公允价值的金融机构对账单；在内部估值专家的协助下评估了集团管理层对衍生金融工具估值所使用的评估方法及重要参数的合理性，包括折现率和标的汇率波动率等。

（4）复核了财务报表附注中相关披露的充分性。

3. 洛阳钼业（2022 年）

【关键审计事项】

洛阳钼业自 2019 年收购瑞士金属贸易平台业务以来，业务持续扩大。由于金属贸易相关业务涉及大量以公允价值计量的金融工具及贸易存货，在确认相关资产及负债的公允价值时涉及活跃市场中类似资产或负债的报价、除报价以外的可观察输入值以及其他不可观察输入值等作为公允价值计量的输入值，输入值选取的合理性可能对财务报表层面造成重大影响，因此，我们将 IXM 之金融工具及贸易存货的公允价值计量作为关键审计事项。

【审计应对】

（1）了解和评估 IXM 金融工具及存货循环中与公允价值计量相关的内部控制，包括与公允价值计量中采用的输入值的准确性相关的内部控制，并测试其运行的有效性。

（2）了解 IXM 与公允价值计量有关的计量方法，并评估其是否符合企业会计准则的要求。

（3）对于以公允价值计量的商品期货合约和商品期权合约，获得资产负债表日相关项目的清单，通过向相关金融机构和外部经纪商进行询价，以评价其期末公允价值的合理性。

（4）对于远期商品合约、以公允价值计量且其变动计入当期损益的应收款项以及按公允价值计量且其变动计入当期损益的应付款项，获得资产负债表日相关项目的清单，从中选取样本复核相关合同条款，并采用活跃市场中类似资产或负债的报价或除报价以外的输入值进行测算，以评价其期末公允价值的合理性。

（5）对于以公允价值计量的贸易存货，获取资产负债表日的存货清单，从中选取样本，并采用活跃市场中类似资产或负债的报价、行业研报中存货所属地或所属地附近区域的升贴水价格等进行测算，以评价其期末公允价值的合理性。

7.4.3 会计核算的审计风险及应对

1. 道道全（2018 年）

【关键审计事项】

套期会计适用的会计政策和会计处理较为复杂，公司在套期保值会计的运用过程中需要对套期关系进行正式指定、准备套期关系、风险管理目标和套期策略的正式书面文件，并对套期有效性进行评价；预期交易、套期关系的指定及对套期有效性的评价，均涉及管理层作出较多的估计及判断，套期会计存在错报风险。因此，我们认为该事项为关键审计事项。

【审计应对】

（1）了解及评价套期保值相关的内部控制设计，并测试关键控制执行的有效性。

（2）检查并评估管理层对套期会计而制作的书面文件，包括董事会决议，对套期工具、被套期项目、套期关系、被套期风险的性质以及套期有效性评价方法等文件。

（3）将期货市场上平仓的远期合约与现货市场原材料采购合同进行核对，核实公司是否依据现货市场采购合同在期货市场平仓。

（4）复核并计算期货市场盈亏金额与现货市场盈亏金额实际抵销结果是否在80%至125%范围内。

（5）获取相关交易记录及合同，查阅主要交易条款，复核套期会计处理的准确性。

（6）检查财务报表中关于套期会计列示和披露的充分性及完整性。

2. 远大控股（2020年）

【关键审计事项】

远大控股之全资子公司远大物产集团有限公司及其子公司主要从事大宗商品交易，较广泛运用了商品期货、外汇远期等衍生工具作为重要交易方式和管理商品价格与汇率风险的重要工具。以上衍生工具交易采用公允价值计量且涉及金额重大，选用的会计政策与估计涉及管理层作出的评估和判断。因此我们将衍生工具交易作为关键审计事项进行关注。

【审计应对】

（1）了解与测试衍生工具业务的关键内部控制设计和执行情况，评价衍生工具业务相关内部控制的有效性。

（2）评价管理层选用的会计政策与估计之合理性。

（3）获取交易经纪商或交易对手提供的交易对账资料，并与会计记录进行核对；就期末未结清的交易合约之相关情况向交易经纪商或交易对手实施函证。

（4）复核管理层对衍生工具的公允价值计量是否恰当，包括获取相关金融工具在活跃市场上或交易对手的报价、检查管理层确定衍生工具公允价值的方法等。

（5）获取管理层针对衍生工具交易出具的声明书。

3. 格力博（2022 年）

【关键审计事项】

集团购买汇率衍生金融工具和利率衍生金融工具以控制与汇率和利率相关的风险。2022 年 12 月 31 日，合并财务报表中的衍生金融资产的账面价值为人民币 5 186 万元；合并财务报表中的衍生金融负债的账面价值为人民币 86 万元。我们将衍生金融工具作为关键审计事项，是由于其数量较多，对合并及公司财务报表非常重要，且其公允价值评估涉及管理层判断和估计。

【审计应对】

（1）我们了解并测试了衍生金融工具的关键内部控制。

（2）我们对衍生金融工具执行了函证程序。

（3）我们复核了衍生金融工具的估值结果，在内部估值专家的协助下评估了集团管理层对衍生金融工具估值所使用的评估方法及重要参数的合理性，包括折现率和标的汇率波动率等。

（4）我们也复核了财务报表附注中相关披露的充分性。

4. 秦安股份（2022 年）

【关键审计事项】

截至 2020 年 12 月 31 日，秦安股份公司期末账面交易性金融资产余额 22 653.20 万元、衍生金融资产余额 19.79 万元；2020 年金融产品累计投资收益 26 871.10 万元，公允价值变动收益 −1 315.77 万元，合计占本年利润总额的 63.83%。金融产品期末余额较大，且相关产品的投资收益为秦安股份公司 2020 年度主要利润来源，因此我们将投资的金融产品的确认、计量和列报确定为关键审计事项。

【审计应对】

（1）根据金融产品合同现金流量特征、被审计单位管理金融资产的业务模式，检查金融资产的分类是否正确。

（2）获取理财产品和期货交易账户的对账单，与明细账余额核对并向银行和期货公司发函询证，以确认其存在。

（3）以抽样方式检查金融产品本期增减的支持性文件，检查其是否经授权批准，确认有关金融资产的购入、售出及投资收益金额正确，记录完整。

（4）复核金融产品的计价方法，检查其公允价值取得依据、期末价值计量和会计处理是否正确。

（5）检查与金融产品相关的信息是否已在财务报表中作出恰当列报。

7.5　案例总结分析

本章对 2016—2022 年样本期的 85 条公司/年度的审计报告样本进行了归纳和汇总，按是否与套期有关将关键审计事项分为两大类，并从两类业务中分别归纳了审计师对两类业务各自的关注侧重点，本节对 7.3 节和 7.4 节的案例进行汇总分析，分别归纳至表 7 - 6 ～表 7 - 10。

此外，由于审计报告中的关键审计事项有一定的持续性，因此 85 条审计报告仅涉及 32 家公司，其中 15 家来自上海证券交易所，17 家来自深圳证券交易所，前者占 46.9%，后者占 53.1%。为防在典型案例中出现重复，本章所选取的典型案例中涉及的 16 家上市公司无重复，其中来自上海证券交易所的 7 家，占比 43.8%，与总样本分布保持一致。

7.5.1 审计师在套期业务审计中关注套期业务风险和套期会计适用性

与第 6 章资本市场监管者的角度相比，会计师事务所对套期业务的态度更多是基于其对审计风险的影响而作出的，由表 7-6 和表 7-7 可知，事务所对上市公司套期业务开展审计业务时，通常会关注套期业务和套期会计两方面。

表 7-6 审计师对套期业务的关注点

代码	公司名称	年份	关键审计事项	选取依据	事务所	审计意见
000533	万家乐	2017		净敞口套期损益发生额占利润总额比例很高，套期会计使用涉及大量估计和判断	大华会计师事务所	
300697	电工合金	2017	套期业务	套期工具公允价值变动较大，套期业务对公司材料成本影响较大	立信会计师事务所	标准的无保留意见
603038	华立股份	2019		期货市场波动风险较大，公司确认期货投资收益及公允价值变动收益金额重大	致同会计师事务所	

表 7-7 审计师对套期业务中会计核算的关注点

代码	公司名称	年份	关键审计事项	选取依据	事务所	审计意见
605090	九丰能源	2021	套期会计	交易风险本身较高，期货损益的完整性和准确性对公司经营成果存在重大影响，可能存在重大错报风险	致同会计师事务所	标准的无保留意见

代码	公司名称	年份	关键审计事项	选取依据	事务所	审计意见
001208	华菱线缆	2022		套期保值业务涉及金额较大；套期会计适用的会计政策和会计处理较为复杂，且运用过程中涉及较多的估计和判断因素	天健会计师事务所	
002276	万马股份	2022	套期会计	套期业务涉及的交易金额较大，适用的会计政策和会计处理较为复杂，运用过程中涉及较多的估计和判断因素	致同会计师事务所	标准的无保留意见
601137	博威合金	2022		套期保值金额较大，同时，套期会计适用的会计政策和会计处理较为复杂，套期保值会计的运用过程中涉及管理层作出较多的估计及判断，套期会计存在错报风险	天健会计师事务所	

7.5.2 审计师在非套期业务审计中关注业务风险、公允价值计量及会计核算差错等问题

与第 6 章资本市场监管者的角度相比，会计师事务所对非套期的衍生品业务的态度也是基于其对审计风险的影响而作出的，由表 7 - 8 ~ 表 7 - 10 可知，事务所对上市公司非套期衍生品业务开展审计时，通常会关注衍生品业务对财务报表的重大影响、衍生品公允价值层次的选择及公允价值本身的合理，以及衍生品业务会计处理的正确性等方面。

表 7 - 8   审计师对非套期业务的关注点

代码	公司名称	年份	关键审计事项	选取依据	事务所	审计意见
600180	瑞茂通	2020	业务风险	期货、期权业务实现的投资收益和公允价值变动净收益为负，对财务报表影响重大	中审众环会计师事务所	标准的无保留意见
300175	朗源股份	2018		期货投资收益金额较大，对公司业绩产生重大影响	中喜会计师事务所	
603681	永冠新材	2022		外汇、商品衍生产品业务涉及交易金额重大，对公司经营成果影响较大	中汇会计师事务所	

表 7 - 9   审计师对非套期业务中公允价值计量的关注点

代码	公司名称	年份	关键审计事项	选取依据	事务所	审计意见
000021	深科技	2022	公允价值计量	衍生金融资产、负债业涉及交易金额重大，对公司资产状况和经营成果影响较大	大信会计师事务所	标准的无保留意见
300999	金龙鱼	2022		衍生工具的数量较多，且其公允价值评估涉及管理层判断和估计	安永华明会计师事务所	
603993	洛阳钼业	2022		子公司衍生金融工具的定价，输入值选取的合理性可能对财务报表层面造成重大影响	德勤华永会计师事务所	

表 7 - 10   审计师对非套期业务中会计核算的关注点

代码	公司名称	年份	关键审计事项	选取依据	事务所	审计意见
002852	道道全	2018		套期会计存在错报风险	天职会计师事务所	
000626	远大控股	2020		衍生工具采用公允价值计量且涉及金额重大,选用的会计政策与估计涉及管理层作出的评估和判断	天衡会计师事务所	
301260	格力博	2022	会计核算	衍生工具的数量较多,对合并财务报表非常重要,且其公允价值评估涉及管理层判断和估计	安永华明会计师事务所	标准的无保留意见
603758	秦安股份	2022		金融产品期末余额较大,且相关产品的投资收益为秦安股份公司 2020 年度主要利润来源	天健会计师事务所	

第8章 政策建议

8.1 提高各级制度制定站位，统一到
服务国家战略的目标之下

目前，在西方国家企图对我国脱钩断链的情况下，制造业既是确保我国产业链、供应链完整的基础，也是我国的核心竞争力之一，因此发展和壮大制造业是我国的国家战略。我国是制造业大国，但还不是制造业强国，原因之一就是我国制造企业的风险管理能力不如国际先进企业。诸多的制造业企业在生产经营过程中，面临原材料或产品的价格波动风险，必须利用期货和衍生品工具实施套期保值。因此，各方面的相关制度应该立足于支持鼓励企业开展套期保值管理价格风险，增强我国制造业的实力。

然而，由于株冶、中航油、国储铜等风险事件，相关制度总体口径是从紧的，多数制度规定的出发点是限制企业开展期货和衍生品交易。这从第2章所摘录的相关制度规定中可窥一斑，如国资管理部门对国有企业开展金融衍生品交易的规定、套期会计准则所设置的高门槛、沪深交易所有关上市公司套期保值信息披露的规定等，都在一定程度上限制了企业套期保值业务的开展，降低了竞争力。

2022年4月，全国人大审议通过《中华人民共和国期货和衍生品法》

（以下简称《期货和衍生品法》），鼓励利用期货和衍生品市场从事套期保值等风险管理活动；但其他层级的制度，未做到从总体上支撑制造业强国的国家战略。该法颁布后，沪深两家证券交易所及时修订了上市公司监管指引，其他层级的相关制度特别是制定时间比较早的应据此作相应修改。以国资管理规定为例，一是在规定企业不断开展套期保值情形的同时，明确规定企业在什么情况下，必须开展套期保值活动有效管理大宗商品价格等风险。二是在评价国有企业开展套期保值时，必须将期货衍生品端的盈亏与对应现货端盈亏结合在一起，统一评价。

8.2　鼓励合作研究，推动各级监管制度配套衔接

从第 2 章的制度梳理来看，目前关于企业套期保值信息披露及衍生品管理方面的制度主要包括《期货和衍生品法》、CAS 22、CAS 24、CAS 37、上市公司信息披露内容与格式准则第 2 号、上市公司信息披露编报规则第 15 号、国资委关于企业金融衍生品业务管理规定、沪深交易所的上市公司自律监管规定、相关审计准则等。

上述规定从制度层次上可以划分为三个层面。第一个层面是国家层面的制度，目前有《期货和衍生品法》，按照该法律，套期保值是指交易者为管理其资产、负债等价值变动产生的风险而达成与上述资产、负债等基本吻合的期货和衍生品交易的活动，该法鼓励利用期货和衍生品市场从事套期保值等风险管理活动。第二个层面是部门规章，主要包括财政部制定的会计准则、证监会出台的上市公司信息披露规定、国资委出台的国有企业金融衍生品业务管理规定。第三个层面是中国注册会计师协会颁布的相关《审计准则》，沪深证券交易所关于上市公司套期保值业务信息披露的规定。

上述二三层面的制度是由财政部、证监会、国资委相关部委以及沪深证券交易所、中注协分头制定的，虽然相互征求过意见建议，但相互衔接仍不够。例如，深沪交易所在上市公司自律监管指引中对衍生品交易的信息披露作了总体性规定，同时又在"行业信息披露"中对各个行业的套期保值业务的信息披露作了具体规定。CAS 37 也专设"套期会计相关披露"一节，从企业的风险管理策略以及如何应用该策略管理风险、套期活动可能对其未来现金流量金额、时间和不确定性的影响、套期会计对资产负债表、利润表及所有者权益变动的影响、如何运用套期工具对被套期项目的特定风险敞口进行套期、某一特定风险成分指定为被套期项目、在因套期工具和被套期项目频繁变更而导致企业频繁地重设套期关系等方面进行较为全面的规定。但两套规定之间并不完全一致。从第 3 章所列举的典型案例信息披露情况来看，上市公司更多是遵守了证券交易所的规定，而未全面执行 CAS 37 的全部要求。又如 CAS 24 在 2017 年进行了修订，取消了有关套保有效性定量要求，但相关审计准则并未作相应修订。

8.3　降低准则执行成本，提高套期会计准则应用指南的可操作性

衍生品对我国而言是舶来品，因此，在制定监管制度方面，更多地学习借鉴了西方国家的做法，与衍生品及套期保值相关的一系列企业会计准则正是其中的典型代表之一，其中套期业务的确认和计量由 CAS 24（2006）规范，而套期会计相关披露又由 CAS 37（2006）单设一节进行规范，这两套准则既是在会计准则国际趋同的大势下制定的，同时也是在我国衍生品市场尚处于起步阶段、企业套期保值的实践尚处于初级阶段的情况下制定。准则制定过程中，主要是按国际会计准则第 39 号（IAS 39）中的相关内容翻译过来的，准则文字略显晦涩。尽管能够快速与当时的国

际通行做法保持一致，但对于我国企业的实际情况考虑不够，且两套准则之间还存在一些细微的不一致，进一步提高了企业对准则的执行成本。

在企业套期保值的实践中，被套期项目有原材料、产成品、预期采购、预期销售等多种情形，套期工具也可能需要滚动调仓，或面临亏损强平等情形，使得套期保值实践中的期现对应关系存在诸多不确定性，很难达到会计准则中所规定套期会计适用门槛。一些套保业务已经开展二三十年的企业，对此反映依然很强烈，刚开始做的企业就更难达到准则适用门槛。在前期调研中发现，开展大宗商品套期保值的企业，采用套期会计核算的占套期保值总业务量的比例不到20%。正如3.4节所列举的案例，类似"此类业务在实质上属于套期保值业务，但因其无法完全满足套期会计准则的要求，故公司……"的表述时有出现。而相关监管规定对套期保值业务界定标准和套期会计使用条件的不一致，又导致企业在财务报告列报披露中出现各种差错和问题，正如4.2节所列举的案例情形。从这些案例中，一方面能看到我国企业套期保值业务尚处于初级阶段，内部控制还比较弱、专业人才缺乏，市场上衍生品比较少、交易成本相对较高；另一方面也可以看出由于套期会计前置条件所限，特别是期现对应关系的要求过高，可能会在一定程度上制约我国企业特别是制造业企业开展套期保值业务。

与套期会计相关准则的"割裂"局面相对的，《商品期货套期业务会计处理暂行规定》的优势之一在于其"统一性"，其将CAS 24和CAS 37中的相关制度与企业开展商品期货套期保值业务实践结合起来，对该办法的适用范围、相关定义、应用条件进行了说明，分类解释并列出了相关的会计处理原则、具体科目设置、主要账务处理、报表列示，以及信息披露等，还以附表形式明确示例了期现匹配的披露表格，并明确标注出套期工具和被套期项目金额变化之间的勾稽关系。让企业能看懂，会执行，将有助于降低企业的准则执行成本。正如4.3.6节和4.3.7节所列举的案例所示，尽管套期会计相关准则2017年修订以来已有较长时间，《商品期货套期业务会计处理暂行规定》在实务中仍有较广的应用。

有鉴于此,本书提出以下建议。

第一,立足中国企业风险管理阶段性特征,立足于提升企业风险管理水平助力制造强国战略,重新修订 CAS 24 和 CAS 37 准则的应用指南,参考《商品期货套期业务会计处理暂行规定》的做法,将其中与套期保值有关的确认、计量、记录、报告、披露等内容联合起来,结合制造业企业风险管理的实践场景,给出一些综合性案例;在套期业务的列报和披露中,需强调套期工具和被套期项目的联合披露,以及定性和定量影响。

第二,考虑到套期会计本身是可选而非必选的会计准则,而财政部在2017 年发布《关于印发修订〈企业会计准则第 24 号——套期会计〉的通知》时,也仅提出"执行本准则的企业,不再执行……我部于 2015 年 11月 26 日印发的《商品期货套期业务会计处理暂行规定》",我们建议为降低企业转换会计准则的成本,对于套期业务仅限于商品期货套期保值的企业,可以继续适用《商品期货套期业务会计处理暂行规定》,同时为了确保实务中会计信息的可比性,理论界和实务界也要同时做好准则之间的可比性研究。

8.4 借鉴国际规则趋势,松绑套期业务在非经常性损益中的监管标准

1999 年我国证监会首次要求上市公司披露扣除非经常性损益后的净利润指标,非经常性损益项目开始引起市场关注,并日渐成为一项重要的资本市场监管指标,被广泛用于多种情形。例如,根据《公开发行证券的公司信息披露内容与格式准则第 2 号——年度报告的内容与格式》的要求,上市公司至少应当在年报的公司简介和主要财务指标中提供近 3 年的归属于上市公司股东的扣除非经常性损益的净利润,并同时说明报告期内

非经常性损益的项目及金额。根据《公开发行证券的公司信息披露解释性公告第 1 号——非经常性损益》的要求，公司在编制招股说明书、定期报告或发行证券的申报材料时，应对非经常性损益作出充分披露。根据《公开发行证券的公司信息披露编报规则第 9 号——净资产收益率和每股收益的计算及披露》的要求，公司在招股说明书、年度财务报告、中期财务报告中应该以净利润和扣除非经常性损益后的净利润分别为基础，披露净资产收益率和每股收益。

正如 6.11 节的案例总结分析所发现的，套期和非套期业务损益的性质归属是交易所监管问询的关注重点之一，就此问题向多家上市公司发出过问询函。从证监会发布的《2020 年上市公司年报会计监管报告》可以看出，目前相关监管部门仅将"按照套期会计准则处理且属于套期有效部分的损益"作为经常性损益，除此以外的均视为非经常性损益。然而，又如 4.4 节的案例总结分析所发现的，很多开展了套期业务的上市公司对"非经常性损益"相关规则的理解和执行各不相同，且有的并未收到监管问询，这种多种做法并存的实务现象，也给市场监管留下了隐患。

与我国的情况相对的，非经常性损益项目的列报和披露主要由包括国际会计准则理事会（IASB）和美国财务会计准则委员会（FASB）等在内的会计准则制订机构所规范，是利润表格式修订这一大议题下的技术问题。IASB 曾在 2019 年 12 月发布《一般列报和披露（征求意见稿）》（*General Presentation and Disclosures*），在修改完善的基础上于 2023 年 3 月发布了一项新的《国际会计准则第 1 号——财务报表列报》（IAS 1），替代现行准则，利润表将按利润来源分为四部分：经营性损益、来自一体化的联营企业和合营企业的损益、投资性损益、筹资性损益。[①] 在征求意见稿中专门讨论了"衍生品和风险管理在利润表内分类"，IASB 给出了表 8-1 所示的方案。

---

① https：//www.casc.org.cn/2021/0401/215583.shtml。

表 8 – 1 IASB 对衍生品损益在利润表内分类的建议

分类		损益来源	
		衍生品	非衍生品金融工具
用于风险管理	指定为套期工具	根据企业管理的风险所影响的类别进行分类，除非套期工具涉及多项风险头寸且被套期项目涉及多个风险类别时，可划分至投资类	
	不指定为套期工具	同上，如果执行成果过高，则应当划分至投资类别中	按利润表各类别的定义进行分类
	不用于风险管理	包含在投资类别中	

资料来源：General Presentation and Disclosures Exposure Draft, 2019. p. 56。

从表 8 – 1 可以看出，IASB 对达不到套期会计核算条件的套期保值业务，同样允许将其损益在利润表中划分至企业风险管理的风险所影响的类别，如衍生品是用于管理生产经营风险的，则其损益可计入经营性损益中；如衍生品是用于管理筹资风险的，则其损益可计入筹资性损益中；如衍生品是用于管理投资性风险的，则其损益可计入投资性损益中。[①] 我们认为上述划分方法较为符合我国企业风险管理实践中面临的现实状况，可以将其借鉴到与衍生品业务相关的非经常性损益的监管标准中，即经常性损益的认定标准不必仅拘泥于执行套期会计准则，还可以放宽至未执行套期会计准则但实际开展的套期保值业务。另外，为规避企业利用该规则进行盈余管理，可限定企业一旦作出会计政策选择不得随意变更，且需同时披露这一会计政策。

8.5 提高信息披露质量，统一表内列报科目集中信息披露位置

2.2 节汇总了衍生品业务在定期报告中的列报和披露要求，然而从

---

① 详见 *Basis for Conclusions on General Presentation and Disclosure*, Exposure Draft, BC93 – BC100。

3.3 节~3.6 节所呈报的上市公司对衍生品及套期业务的列报和披露案例来看，目前上市公司对其套期和非套期业务的表外披露散落在年报管理层讨论与分析、合并财务报表项目注释、公司简介和主要财务指标、其他重要的会计政策和会计估计、财务报告补充资料等相关部分。从 4.2 节所呈报的列报披露不完善的实务案例来看，还存在不少上市公司对其衍生品和套期保值业务的列报与披露不健全、不充分，不利于报表使用者获知相关的全面信息。从 4.3 节所呈报的企业实务做法来看，上市公司对衍生品业务的列报科目的选择还有一定的主观性和随意性，不利于报表使用者通过统一的财务列报口径获取可比的信息。

有鉴于此，建议财政部下一轮修订《一般企业财务报表格式》时，能对与衍生品业务相关的表内科目作出统一，例如衍生品在资产负债表中的列报仅列报在衍生金融资产/负债科目下，而不得随意选择放在交易性金融资产/负债、以公允价值计量且其变动计入损益的科目下。此外，也需要增加衍生品业务在现金流量表上的列报科目说明，同样可参考表 8-1 的分类标准，将衍生品按其持有意图分为两大类，如用于风险管理的，则其相应的现金流量按企业管理的风险所影响的类别归入经营活动、筹资活动或投资活动中；如不用于风险管理的，则归入投资活动中。

此外，对比 2.2 节所汇总的相关制度来看，《公开发行证券的公司信息披露编报规则第 15 号——财务报告的一般规定》（2023 年修订）相较于《公开发行证券的公司信息披露内容与格式准则第 2 号——年度报告的内容与格式》而言，对衍生品业务的规定更为翔实、细致，不仅注意到了套期和非套期在列报和披露上的差异，甚至还对套期业务按是否应用套期会计作了进一步的细分，制定了差异化的信息披露要求。为提升衍生品业务的信息披露质量，建议可将上市公司开展的套期或非套期业务在年报中专设一部分进行集中披露，相关信息需包括内控制度、业务计划、计划执行及套期效果、套期会计应用情况、报表列示情况、审计师意见等。

8.6　强化企业自身建设，提升企业套期保值的参与度和参与水平

从 4.2 节、6.3 节和 6.4 节所呈报的众多案例来看，上市公司对其衍生品和套期保值业务的列报和披露水平差异较大，有些公司套期业务比较精准，有些在实施套保的同时兼作投机；套期会计的适用比例很低，多数是依照 CAS 22 的相关规定进行核算；从套期业务信息披露情况看，有些公司披露比较完整，有些则披露相对简单。这说明上市公司已初步具备了开展并披露套期保值业务的条件，但仍需要大力加强自身建设，提高信息披露质量。

企业开展套期保值的内部条件，包括建立相关的内部管理制度，设立管理部门，配置培养懂期货衍生品业务又熟悉财务管理的复合型人才，搭建管理套期保值业务的信息系统等。从已经开展套期保值业务的企业看，这些条件初步具备，但程度良莠不齐。一般而言，业务开展时间长的企业，内部控制制度比较健全，系统建设及运行良好，人才队伍专业水平较高。但刚开始做的企业，或者做的时间比较短的企业，内控制度相对薄弱，有的还没有搭建系统，复合型人才还较为匮乏。

企业套期保值内控方面最为重要又最为关键的是将期货和现货业务在计划、预算及考核等关键环节进行统筹考虑和一盘棋安排。这一点，目前只有少数企业能够做到，多数企业是相互分割的。对大宗商品价格波动实施的套期保值，由于业务的复杂性，必须借助信息系统进行管理。目前有些企业已经自建管理系统，但在前期调研中发现，企业有时会反馈"系统建设费钱、费力又不好用"。因此，建议由国资委牵头，组织研究企业套期保值业务特点，推动市场机构推出好用、管用的套期保值信息管理系统。

8.7 发挥市场监管的专业力量，维护市场监管环境加强投资者教育

沪深交易所会通过包括监管问询函等在内的多种方式对企业开展的衍生品业务信息披露情况进行监管，从 6.11 节的案例总结分析可以看出，交易所监管的及时性和效果比较好，在一定程度上能够形成从制度到监管的闭环，各方面的监管都在遵照自身要求有条不紊地进行，能够督促上市公司遵照执行相关制度规定。

然而近几年也出现了一些非专业媒体或投资者对衍生品业务的过度解读，出现了一旦公司披露套期保值产生较大的浮亏，其股价就会大幅下跌，甚至拖累整个市场的情况。例如近年来的宁德时代、道道全、金龙鱼。这一方面是由于上市公司信息披露公告只披露期货衍生品端的亏损，没有同时披露对应现货端的收益情况；另一方面是由于投资者、新闻媒体甚至部分监管者对企业套期保值业务的认知不充分。更有甚者，个别新闻媒体为了吸引眼球，有意放大上市公司套期保值期货衍生品端的亏损，裹挟上市公司股东、监管机构、国资管理部门等加大对上市公司的关注和处理力度，资本市场对上市公司开展套期保值业务的环境总体上不太友好。在我国进入高质量发展、建设中国式现代化的新阶段，更需要培育和发挥市场监管的专业力量和市场稳定器的作用，将各方关注聚焦到辅助、扶持企业风险管理高质量发展上来。

8.8 推动审计准则更新修订，发挥社会审计监管力量

财政部门主要通过以下两个渠道开展财会监督工作：一方面通过组织实施全国会计信息质量检查，依法对相关单位和人员的违法行为实施行政

处罚等，对企业进行直接监管；另一方面则通过对会计师事务所、资产评估机构等中介机构执业质量的监督，实现对企业的间接监管。从间接监管的角度看，由于各家会计师事务所以及具体执业的会计师专业水平参差不齐，加上对套期保值业务的认知程度以及对会计准则、审计准则的理解程度等不一致，因此，对于套期保值业务的界定，特别是对企业是否符合套期会计准则适用门槛的专业判断，存在较大差异，可能会导致同一家公司同样的套期保值业务，在不同会计师事务所的审计意见不尽相同，可能会影响投资者和监管部门对上市公司业务性质的判断及后续反应。

从 7.3 节和 7.4 节所呈报的多套审计报告案例来看，只在为数不多的案例中，审计师执行了"将期货市场上平仓的远期合约与现货市场原材料采购合同进行核对，核实公司是否依据现货市场采购合同在期货市场平仓"的审计程序。较多案例中，审计师的审计计划更偏重衍生品一端这种"期现结合"的实质性审计程序更符合套期保值业务实质，也更有助于发现上市公司衍生品业务在认定层次上可能存在的重大错报风险，也是国资主管部门对企业衍生品业务进行外部监管时的常用做法，当资本市场出现过度解读或舆情炒作时，也能起到正本清源的定海神针作用。

落实到政策建议层面，本书提出以下建议：《中国注册会计师审计准则第 1632 号——衍生金融工具的审计》自 2007 年修订以来，尚未进行持续跟进，与之相对的，会计准则和资本市场监管制度已经历经多轮修订和持续更新，相应的审计准则也应当与时俱进。在进行衍生金融工具审计业务过程中，对业务性质是否属于套期保值的判断标准与最新会计准则保持一致，在套期保值业务审计过程中，则要求执业会计师履行"期现结合"的审计程序：将套期业务的现货端与衍生品端同时审计，将套期工具和被套期项目一并计算损益，判断被审计企业套期业务的真实性，在审计报告中全面、客观、真实地反映和评价上市公司的套期保值业务。

8.9 融合多方力量，加强复合型
财务、审计人才培养

从第 4 章列举的若干典型案例来看，即使是上市公司也仍然较缺乏同时熟悉财务会计和衍生品业务的复合型人才。由此可见，人才队伍的建设对于上市公司制定良好的套期保值方案，严格执行套保方案，提高套期保值效果，加强套期会计核算，依规披露套期保值的信息披露，都是至关重要的。

此外，从第 7 章列举的若干典型案例来看，部分审计人员在执行套保审计业务时，缺乏判断套期保值业务实质的执业能力，机械地遵循会计准则和审计准则的部分条款，而忽略了从业务实质角度开展实质性审计程序。因此，培养一批既懂审计业务，又熟悉衍生品业务的审计人员，将对提高财会监督质量大有裨益。

综上所述，本书建议由财政部门牵头，组织高校、期货与衍生品研究院、企业实务界等联合制订复合型专业人才的培养计划，组织财会、审计、评估等专业人员参加。搭建财务人员、审计师、套期保值业务专家、国资管理人员之间的交流平台，共同探讨共性的难点问题。

参 考 文 献

[1] 财政部会计司. 全面反映风险管理活动提升风险应对能力——国际会计准则理事会套期保值会计中国圆桌会议综述 [R/OL]. (2011 - 02 - 23) [2023 - 12 - 18]. https: //kjs. mof. gov. cn/kuaijiguanlidongtai/201103/t20110318_506205. htm.

[2] 曹国俊, 唐家艺. "黑天鹅" 过后对我国套期会计准则应用的思考——A 企业套期保值业务巨亏案例分析 [J]. 金融会计, 2019 (7): 13 - 17.

[3] 方星海. 加快期货及衍生品市场发展助力双循环新发展格局 [J]. 清华金融评论, 2021 (1): 32 - 34.

[4] 葛家澍, 占美松. 企业财务报告分析必须着重关注的几个财务信息——流动性、财务适应性、预期现金净流入、盈利能力和市场风险 [J]. 会计研究, 2008 (5): 3 - 9, 95.

[5] 国务院新闻办公室. 坚持稳字当头、稳中求进, 推动高质量发展取得新进展 [R/OL]. (2022 - 03 - 09) [2023 - 12 - 20]. https: //www. gov. cn/xinwen/2022 - 03/09/content_5678124. htm.

[6] 刘任帆, 于增彪. 选择性利率互换还是投机? ——国际金融危机期间利率互换的特征、效果及案例剖析 [J]. 世界经济与政治论坛, 2014 (3): 96 - 115.

[7] 刘淑莲. 衍生产品使用的目的: 套期保值或套期获利? ——以深南电期权合约为例 [J]. 会计研究, 2009 (11): 30 - 35, 95.

［8］商务部．多措并举助力外贸企业应对大宗商品涨价压力［R/OL］．（2021－06－17）［2023－12－22］．https：//www. gov. cn/xinwen/2021－06/17/content_5618892. htm.

［9］陶黎娟，梁爽．上市公司套期保值、会计业务处理与信息披露——道道全"套保亏损"引起的思考［J］．财会月刊，2022（22）：88－95.

［10］王晓珂，于李胜，王艳艳．衍生工具应用能改善资本市场信息环境吗？——基于分析师预测行为的视角［J］．金融研究，2020（7）：190－206.

［11］中国人民银行南京分行会计财务处课题组．上市银行衍生金融工具会计信息质量研究——基于上报信息和生成信息质量［J］．金融会计，2023（4）：16－28.

［12］中国证监会重庆监管局调研组．套期保值会计准则执行中存在的问题及其对策［J］．中国注册会计师，2007（2）：62－65.

［13］中国证券监督管理委员会，中国期货业协会．中国期货市场年鉴（2022）［M］．北京：中国财政经济出版社，2023.

［14］中国证券监督管理委员会上海监管局，上海上市公司协会，上海市证券同业公会，上海市期货同业公会，上海市基金同业公会．上海证券期货监管年度报告（2022年）［M］．上海：上海财经大学出版社，2023.

［15］Bartram S M. Corporate hedging and speculation with derivatives［J］. *Journal of Corporate Finance*，2019（57）：9－34.

［16］Bodnar G M，Hayt G S，Marston R C. Wharton survey of financial risk management by US non－financial firms［J］. *Financial Management*，1998（27）：70－91.

［17］Bodnar G M，Hayt G S，Marston R C. Wharton survey of derivatives usage by U. S. non－financial firms［J］. *Financial Management*，1995（24）：104－114.

［18］ Campbell J L, Mauler L M, Pierce S R. A Review of Derivatives Research in Accounting and Suggestions for Future Work ［J］. *Journal of Accounting Literature*, 2019 （42）: 44 – 60.

［19］ Froot K A, Scharfstein D S, Stein J C. Risk Management: Coordinating Corporate Investment and Financing Policies ［J］. *The Journal of Finance*, 1993, 48 （5）: 1629 – 1658.

［20］ Hairston S A, Brooks M R. Derivative Accounting and Financial Reporting Quality: A Review of the Literature ［J］. *Advances in Accounting*, 2019 （44）: 81 – 94.

［21］ Shao L L, Shao J, Sun Z, Xu H X. Hedging, speculation, and risk management effect of commodity futures: Evidence from firm voluntary disclosures ［J］. *Pacific – Basin Finance Journal*, 2019 （57）: 101084.

［22］ Smith C W, Stulz R. The Determinants of Firms' Hedging Policies ［J］. *Journal of Financial and Quantitative Analysis*, 1985 （20）: 391 – 405.